Liebe Leserin, lieber Leser,

wir freuen uns, dass Sie ein Buch von Galileo Press gekauft haben.

Sie wollen wissen, wie etwas geht und wie man es besser macht, und wollen zu eigenen Lösungen angeregt werden. Sie wollen wissen, welche Möglichkeiten es gibt und wie neuen Herausforderungen zu begegnen ist. Sie wollen in Ihrem Wissensbedürfnis ernst genommen werden und verlangen Informationen, die Sie wirklich weiterbringen – fachkundig, verlässlich, inspirierend. Für solche Leserinnen und Leser wollen wir unsere Bücher machen.

Damit uns das immer wieder neu gelingt, sind wir auf Ihre Rückmeldung angewiesen. Bitte teilen Sie uns Ihre Meinung zu diesem Buch mit, etwa indem Sie das Feedback-Formular auf unserer Website benutzen. Ihre kritischen und freundlichen Anregungen, Ihre Wünsche und Ideen werden uns weiterhelfen.

Wie alle Galileo-Bücher endet auch dieses nicht mit der letzten Buchseite: Ganz hinten im Buch finden Sie Ihren persönlichen Registrierungscode. Melden Sie sich damit auf unserer Website www.galileo-press.de an. Dort erhalten Sie unsere kostenlosen Zusatzangebote zum Themengebiet dieses Buches.

Eine Gewinn bringende Lektüre wünscht Ihnen

Ihr Jörg Achim Zoll
Lektorat Galileo Business

lektorat@galileo-press.de
www.galileobusiness.de

Galileo Press
Gartenstraße 24
D-53229 Bonn

Marcus Simon · Bernd Wetzenbacher

Erfolgreich verkaufen bei Amazon.de

Galileo Business

Bibliografische Information Der Deutschen Bibliothek
Die Deutsche Bibliothek verzeichnet diese Publikation in der
Deutschen Nationalbibliografie; detaillierte Bibliografische Daten
sind im Internet über http://dnb.ddb.de abrufbar.

ISBN 3-89842-350-6

© Galileo Press GmbH, Bonn 2003
1. Auflage 2003

Der Name Galileo Press geht auf den italieni-
schen Mathematiker und Philosophen Galileo
Galilei (1564–1642) zurück. Er gilt als Grün-
dungsfigur der neuzeitlichen Wissenschaft
und wurde berühmt als Verfechter des moder-
nen, heliozentrischen Weltbilds. Legendär ist
sein Ausspruch **Eppur se muove** (Und sie bewegt sich doch). Das Emblem von Galileo
Press ist der Jupiter, umkreist von den vier
Galileischen Monden. Galilei entdeckte die
nach ihm benannten Monde 1610.

Lektorat Jörg Achim Zoll **Korrektorat** Claudia
Falk, Holger Schmidt **Gestaltung des Einbands
und der Titelseite** department, Köln **Grafiken**
Kerstin Meister **Herstellung** Sandra Gottmann
Satz Typographie & Computer, Krefeld **Druck
und Bindung** Bercker Graphischer Betrieb,
Kevelaer

Inhalt

Vorwort   9

Teil 1   Fakten

1   **Amazon: Vom Buchshop zum virtuellen Marktplatz**   **13**

2   **Neu und gebraucht: Die Entwicklung der Internet-Märkte**   **17**
2.1   Marktübersicht: Bücher   **17**
2.2   Marktübersicht: Tonträger/CDs   **22**
2.3   Marktübersicht: DVDs und VHS-Kassetten   **25**
2.4   Marktübersicht: Computer-/Konsolenspiele   **27**
2.5   Marktübersicht: Consumer Electronic   **29**

3   **Interview mit Ralf Kleber**   **33**

Teil 2   Einsteiger

4   **So biete ich Waren an**   **41**
4.1   Schnelleinstieg: Wie verkaufe ich bei Amazon.de?   **41**
4.2   Der Reihe nach: Was darf angeboten werden?   **43**
4.3   Community-Regeln   **46**
4.4   Einstellen von Waren   **48**
4.5   Zustandsbeschreibung   **49**

5   **Alles rund ums Geld**   **59**
5.1   Preisfindung   **59**
5.2   Gebühren   **64**
5.3   Warum nicht versteigern?   **65**
5.4   Der erste Verkauf   **66**
5.5   Was tun, wenn der Urlaub naht?   **67**
5.6   Amazon Payments   **68**

6   **Nach dem ersten Verkauf 73**

6.1   Fulfillment **73**

6.2   Rücksendung und Gutschrift **79**

6.3   Bewertung **81**

Teil 3   Profiverkäufer

7   **Power-Anbieter 85**

7.1   Power-Anbieter werden **85**

7.2   Das Cockpit des Verkäufer-Kontos **87**

8   **Assistenten helfen 93**

8.1   Der Buch-Assistent **95**

9   **Der eigene Shop bei Amazon 103**

9.1   Gebühren **104**

9.2   Ihr zShop **105**

10   **Auktionen 113**

10.1   Gebühren für Auktionen **114**

10.2   Auktion ist nicht gleich Auktion **114**

10.3   Auktions-Assistent **119**

11   **Profis und ihre Erfahrungen mit Marketplace 125**

11.1   Enterprise CD **125**

11.2   Fun Records **127**

11.3   Jakob Film und Home Entertainment **130**

11.4   Avides Media **132**

11.5   Modernes Antiquariat Alexander Möckl **134**

Teil 4   Existenzgründer

12   Reich werden als Amazon-Partner?   139

13   So werde ich Versandhändler   147

14   **Erfolgreich verkaufen**   **159**
14.1   Angebot   **159**
14.2   Preis   **160**
14.3   Distribution   **163**
14.4   Kommunikation   **166**

Anhang

A   **Teilnahmebedingungen Amazon Marketplace**   **173**
A.1   Allgemeine Bedingungen   **173**
A.2   Besondere Bedingungen für Verkäufer   **180**
A.3   Besondere Bedingungen für Käufer   **184**
A.4   Besondere Bedingungen für Verkäufe zu Festpreisen und bei
          Auktionen   **186**

B   **Literatur**   **193**

C   **Linkliste**   **195**

D   **Glossar**   **199**

E   **Die Autoren**   **207**

          Index   **209**

Vorwort

Verkaufen Sie Bücher, Videos, CDs, DVDs, Computerspiele, Foto- und Elektroartikel über Amazon Marketplace! Dieses Buch zeigt Ihnen, wie es geht.

Stellen Sie sich einmal dieses Szenario vor: Das erfolgreiche Kaufhaus in der Innenstadt bietet anderen Händlern an, ihre Waren zu ihrem eigenen Preis auch im Kaufhaus zu verkaufen. Die Produkte der Partner dürfen sogar billiger sein als das Original-Kaufhausangebot. Allein der Kunde soll entscheiden, bei wem er kauft. »Hauptsache, er findet das Richtige«, sagt der Geschäftsführer des Kaufhauses. – Unsinn?

Nein, kein Unsinn. Genau das bietet das Internet-Warenhaus Amazon auch seinen mehreren Millionen Kunden in Deutschland. Bei Amazon Marketplace darf jeder gleich neben dem Angebot von Amazon dasselbe Produkt neu oder gebraucht zu seinem Preis anbieten. Jeden Monat melden sich Tausende neuer Verkaufspartner an, vom Privatmann, der sein Bücherregal ausmistet, bis zur Studentin, die nach den Prüfungen ihre Fachbücher loswerden will, vom Antiquariat bis zum Buchhändler, vom CD-Laden bis zum Spezialisten für Videos und DVDs. Sie alle machen gute Geschäfte. Auch Amazon.de. Das Online-Kaufhaus verbreitert seine Basis und verdient über Provisionen an jedem Euro Umsatz mit. **Gleiches Produkt wie Amazon anbieten**

Trotz Wirtschaftskrise und spektakulärer Pleiten mancher hoch gejubelter Online-Firmen bietet das Internet viele neue und sehr gute Geschäftsmodelle. Der Name Amazon wird dabei immer wieder – neben dem Online-Auktionshaus Ebay – von Experten als Beispiel für erfolgreiches Wirtschaften im weltweiten Netz genannt. Mit diesem Buch wollen wir Ihnen zeigen, wie Sie von diesem Erfolg profitieren können. **Neues Geschäftsmodell**

Im einleitenden Kapitel wird die kurze Unternehmensgeschichte von Amazon skizziert. Darüber hinaus beleuchten wir verschiedene Märkte, die über die Amazon-Plattform abgedeckt werden. Amazon ist schon lange nicht mehr ausschließlich Online-Buchhändler. Bücher bilden immer noch das Rückgrat des Retailers, doch haben sich daneben DVDs/ Videos, CDs, Softwareprodukte und Consumer Electronics als weitere Verkaufsbereiche etabliert.

Einsteiger, die noch nie über Amazon Marketplace verkauft haben, führen wir durch alle Anmeldeschritte. Detailliert erhalten Sie Auskunft darüber, was Sie tun müssen, wenn Sie zum ersten Mal ein Produkt in Marketplace **Schritt für Schritt für Einsteiger** anbieten wollen. Im Anschluss an diese Basics erfahren Sie, wie Amazon Marketplace eine Plattform für Ihre Unternehmensidee werden kann. Ein professioneller Anbieter muss anders agieren als Privatverkäufer, die eben mal rasch ein altes Buch loswerden wollen.

Professionell verkaufen bei Amazon

Amazon Marketplace bietet Ihnen die Möglichkeit, mit einem eigenen Unternehmen über die Amazon-Plattform Ihren Lebensunterhalt zu verdienen. Mit welchen Schwierigkeiten Sie dabei zu rechnen haben, und wie Sie am geschicktesten bei der Gründung Ihres Unternehmens vorgehen, zeigen wir am Ende des Buches. Bereits erfolgreich agierende Profis erhalten Tipps und Tricks, wie sie ihren Verkauf über Amazon Marketplace noch besser organisieren und damit noch profitabler gestalten können.

Unser Dank gilt den befragten Marketplace-Partnern, E-Commerce- und Buchhandels-Experten, die uns viele Anregungen und Informationen gaben. Allerdings ist Amazon auch für uns ein sehr verschwiegenes Unternehmen geblieben. Seit Jahren kommuniziert das Unternehmen – mit Rücksicht auf strenge Börsenregeln in den USA – kaum Zahlen über das Geschäft in Deutschland.

München und Augsburg, im Februar 2003

Marcus Simon und Bernd Wetzenbacher

Teil 1
Fakten

1 Amazon: Vom Buchshop zum virtuellen Marktplatz

Hier erfahren Sie zunächst etwas über die Geschichte von Amazon.com, die Leistung des Unternehmensgründers Jeff Bezos und den Erfolg auf dem deutschen Markt. Schließlich lernen Sie das Grundprinzip des Amazon Marketplace kennen.

Natürlich in der Garage! Wie andere erfolgreiche High Tech-Unternehmen wollte auch der New Yorker Investment-Banker Jeff Bezos sein Unternehmen, einen Internet-Buchhandel, standesgemäß am richtigen Ort gründen: in der Garage.

Der Weg zum Weltkonzern

Die Garage gehörte zu einem Drei-Zimmer-Haus in einer Vorstadt von Bellevue bei Seattle. Dort arbeitete Bezos mit seinen frühen Mitarbeitern bereits an den Programmen für sein virtuelles Buchgeschäft, noch bevor die ersten Möbel für das Haus eingetroffen waren.

Der Senior Vice President einer Investment-Firma an der Wall Street und Computer-Experte war bei seinem ehemaligen Arbeitgeber erstmals in Kontakt mit dem Internet und seinem enormen Wachstumspotential gekommen. Bezos schwärmte von den erwarteten Steigerungsraten der Nutzerzahlen um 2300 Prozent jedes Jahr und untersuchte die Geschäftschancen für 20 verschiedene Branchen. Auf der Liste blieben schließlich Bücher und Musikvertrieb übrig. Weil es mit über einer Million verschiedener Titel einfach mehr zu verkaufen gab, entschied er sich schließlich für Bücher. So viele Titel konnten nur online alle »gezeigt« werden, selbst die neuen Super-Stores, die damals in den Einkaufszentren eröffnet wurden, konnten ihren Kunden nicht einmal die Hälfte dieser Auswahl bieten. Für Bücher sprach auch die Struktur des Handels, selbst der Marktführer Barnes & Noble kam nur auf einen Marktanteil von zwölf Prozent in diesem 25-Milliarden-Dollar-Markt.

Für Seattle hatte sich Bezos entscheiden, weil es dort die geringsten innerstaatlichen Steuern gab, weil der wichtige Buchvertrieb Ingram in der Nähe lag und weil in dieser Region neben dem Silicon Valley die meisten High Tech-Experten saßen – bei Firmen wie Microsoft, Real Networks, Nintendo oder Adobe.

Bezos, so berichten Freunde, ließ aber die Entscheidung, wo das Unternehmen gegründet werden sollte, bis zuletzt offen. Die Möbel waren längst verladen, da machte er sich im Sommer 1994 mit seiner Frau Mackenzie in einem schrottreifen Chevy Blazer auf nach Westen. Sie fuhr, er tippte in seinen Laptop den Geschäftsplan, verhandelte am Mobiltelefon mit Investoren (Bezos: »Ich werde den gesamten Buchhandel auf den Kopf stellen«) und dirigierte schließlich den Umzugstransporter nach Seattle. Eine Entscheidung in letzter Minute, so die nie bestrittene Legende.

Das neue Unternehmen, das aus der Garage heraus die Welt des Buchhandels verändern sollte, so Bezos' unbescheidene Vorstellung, wurde am 5. Juli 1994 als »Cadabra, Inc.« im US-Bundesstaat Washington registriert. Warum Cadabra? »Like Abracadabra«, ähnlich dem Zauberspruch, soll Bezos gesagt haben. Doch er erntete nur Kopfschütteln und Lacher. Die Nähe zu »Kadaver« war dann doch zu groß. Ein neuer Name musste gefunden werden. Bezos, so berichten seine Biografen, suchte nach einem Begriff, der ganz vorne im Alphabet zu finden war und der noch geprägt werden kann. Mit dem Lexikon in der Hand entschied er sich schließlich für den größten Fluss der Welt, den Amazonas, auf Englisch: Amazon. »Zehn Mal größer als der nächst größere Fluss«, so Bezos. Der Vergleich entsprach dem Anspruch von Bezos: Das Buchgeschäft verändern, größter Internethändler der Welt werden.

Erstes Dotcom-Unternehmen der Welt
Weil der Name der Website, die im Juli 1995 online ging, Amazon.com lauten werde, setzte Bezos in den Diskussionen mit seinen ersten Mitarbeitern durch, dass der Firmenname ebenfalls »Amazon.com« lauten soll. Keiner dachte freilich daran, dass mit dieser Entscheidung das erste »Dotcom«-Unternehmen gegründet wurde, dass dieser Anhang erst für Boom und dann für Desaster stehen sollte.

Amazon.com prägte mehr als nur den Begriff für diese Ära. Die Entwickler schufen nicht nur den virtuellen Einkaufskorb, heute selbstverständlicher Standard jedes Online-Shops, sondern auch das erste Affiliate-Programm im Netz. Eine Freundin fragte Bezos, ob sie seine Buchrezensionen auf ihrer Site nutzen dürfe, wenn sie zugleich zum Shop verlinke. Daraus entstand das erfolgreichste und kostengünstigste Marketing im Internet. Heute verlinken gegen Provision Millionen Websites zu Amazon.com.

Standard für E-Commerce
Die Verbindung aus Produktkatalog, redaktionellem Text, Buchrezensionen der Kunden und der Empfehlungen anhand früherer Käufe sowie dem Verhalten ähnlicher Kunden (»Collaborative Filtering«) werden schnell zum Standard für erfolgreichen E-Commerce. 1999 ist das Unternehmen an der Börse bereits mehr wert als die beiden größten Konkurrenten zusammen. Im Sommer 2000 wird erstmals ein Umsatz von über

einer Milliarde US-Dollar erreicht. Aber da drehte sich bereits die Stimmung gegen die Internet-Branche: Die ersten Börsenanalysten senkten den Daumen. Nicht mehr schnelles Wachstum, sondern anhaltende Gewinne seien jetzt wichtig, so ihr Urteil. Ein Schuldenberg von 2,3 Milliarden US-Dollar drückte den Aktienkurs in den Keller.

Rationalisierung, Entlassungen, Preissenkungen, kostenfreier Versand, neue Produktkategorien, der Gebrauchtwaren-Marketplace und starkes Wachstum im Ausland brachten Amazon.com jetzt in Richtung Profitabilität. Im letzten Quartal 2002 wurde zum zweiten Mal in der Geschichte des Unternehmens ein Gewinn erzielt. Bei einem Umsatz von 1,4 Milliarden US-Dollar wurde ein operativer Gewinn von drei Millionen US-Dollar ausgewiesen. Im Jahr 2002 wurde ein Umsatz von 3,9 Milliarden US-Dollar erzielt, der Verlust ist von 567 Millionen US-Dollar in 2001 auf nun 149 Millionen US-Dollar gesunken.

Erfolgreich in Deutschland

Zum starken Auslandswachstum hat vor allem die deutsche Tochter beigetragen. Deren Umsatz ist um mehr als 60 Prozent gewachsen, so der Deutschland-Chef Ralf Kleber (siehe auch Interview in Kapitel 3). Branchenkenner schätzen den Umsatz auf über 220 Millionen Euro. Allein in der Vorweihnachtszeit wurden über Amazon.de 7,3 Millionen Produkte verkauft, »an Spitzentagen haben wir 250 000 Artikel versendet«, so Kleber gegenüber der Süddeutschen Zeitung.

250 000 Sendungen pro Tag

Vier Jahre zuvor hatte Amazon.com in Deutschland den Online-Buchversender ABC-Bücherdienst (elf Millionen Mark Jahresumsatz mit 90 000 Kunden) in Regensburg übernommen und sich dank eigenem Risikokapital schnell von der Konkurrenz abgesetzt. Im logistisch seit Jahrzehnten bestens organisierten deutschen Buchhandel – jedes Buch kann innerhalb von Tagen geliefert werden – und dem dank Buchpreisbindung starren Preissystem musste sich das Unternehmen von Anfang an über Kundenservice und Versandkostenfreiheit differenzieren. Heute hat das Unternehmen in Deutschland, so schätzen Marktforscher, über fünf Millionen aktive Kunden, denen nicht nur über 1,2 Millionen Bücher, 360000 CDs (mit über zwei Millionen Hörproben im Netz), DVDs, Videos, Elektronik- und Fotoartikel angeboten werden, sondern auch einen florierenden Gebrauchtmarkt, den Amazon Marketplace.

Marktplatz Amazon

Als Amazon.com-Gründer Jeff Bezos im Sommer 2002 in die Münchner Deutschlandzentrale kam, um mit allen Mitarbeitern das fünfjährige Bestehen von Amazon.de zu feiern, da betrieb er Marktforschung auf seine Art. Jeder Mitarbeiter, der schon auf dem neuen Amazon Marketplace etwas verkauft hatte, sollte aufstehen. Dann fragte er die Umsätze ab und selbst bei mehreren Tausend Euro blieben noch einige Erfolgreiche stehen.

So funktioniert Amazon Marketplace Was ist der Marketplace? Amazon bietet – gegen Provision – jedem die Möglichkeit, gebrauchte oder neue Bücher, CDs, DVDs, Videos, Computerspiele usw. zu einem Festpreis zu verkaufen. Das wäre erst einmal nichts Besonderes, denn auch beim virtuellen Auktionshaus nehmen die Festpreisangebote stark zu. Aber Amazon bietet diese Produkte direkt neben seinen eigenen Neuwaren an und übernimmt auch noch das gesamte Inkasso. So etwas wäre in einem realen Kaufhaus undenkbar: In der Parfümerie steht neben dem Produkt der deutliche Hinweis, dass gleich im Regal nebenan dasselbe Produkt von einem anderen Unternehmen günstiger verkauft wird, aber trotzdem an der Kaufhauskasse bezahlt werden kann.

Für Amazon zahlt sich der Marketplace in mehrfacher Sicht aus: Hier ist die Konkurrenz nicht wie im Web üblich »einen Mausklick entfernt«, sondern hier verkauft die Konkurrenz gleich direkt – und zahlt Gebühren an Amazon. Das erfolgreiche Beispiel Ebay zeigt, dass ein solches Vermittlungsgeschäft wirtschaftlich erfolgreicher sein kann, als selbst die Waren zu verschicken. Gegenüber den Kunden belegt das Unternehmen, dass es tatsächlich die weltgrößte Auswahl und das beste Einkaufserlebnis bietet, weil plötzlich längst vergriffene Bücher wieder zu bekommen sind.

Hohe Akzeptanz in Deutschland Das neue Angebot kommt in Deutschland gut an, die Akzeptanz bei Käufern und Verkaufspartnern war von Beginn an höher als beim Start in den USA. Trotz Verzichts auf aggressive Werbung melden sich pro Woche angeblich bis zu 5000 neue Verkäufer an. Zum Weihnachtsgeschäft 2002 legte Amazon dann auch mit der Werbung nach: Wer das falsche Geschenk bekommen habe, der könne es ja bei Amazon Marketplace gleich wieder loswerden. Mit Erfolg: Auf dem Marketplace brummte das Nach-Weihnachtsgeschäft so stark, dass die Datenbanken von Amazon zuweilen kaum nachkamen.

2 Neu und gebraucht: Die Entwicklung der Internet-Märkte

Einkaufen im Internet bedeutet für die meisten: Ich bestelle ein Buch. Es gibt jedoch weitere lukrative Märkte im Internet. Wir stellen fünf davon vor.

Was kaufen Sie im Internet ein? Auf diese Frage von Marktforschern geben die meisten Internetnutzer als erstes an: Bücher. Aus heutiger Sicht hatte Jeff Bezos Recht, als er der Buchbranche die besten Chancen für den Verkauf über das Internet einräumte und folgerichtig Amazon.com zuerst als virtuellen Buchladen gründete.

2.1 Marktübersicht: Bücher

Worin liegen die Vorteile für die Kunden gegenüber dem Schmökern, Stöbern und Einkaufen in einer stationären Buchhandlung mit fachkundiger Beratung und gemütlicher Leseecke? Die größten Pluspunkte sind ein fast vollständiges Produktangebot, das zudem detailliert beschrieben wird, die hohe Verfügbarkeit, die schnelle und kostengünstige Lieferung und der unkomplizierte Einkauf am PC daheim oder im Büro. Per Mausklick gewinnt man auch einen Überblick über die englische und andere fremdsprachliche (Fach-)Literatur.

Umsätze steigen stark

▶ **Vollständiges Produktangebot:** Der Kunde hat denselben Einblick in Katalog und Datenbank wie bislang nur der Buchhändler. In keiner Buchhandlung können die knapp 90 000 alljährlichen Neuerscheinungen, die 400 000 Titel, die auf der Frankfurter Buchmesse vorgestellt werden oder die Millionen lieferbare Bücher präsentiert werden. Aus der Produktdatenbank eines Online-Shops bekommt der Kunde zumindest die vollständigen bibliographischen Angaben, Preis und Verfügbarkeit, das Coverbild, vielleicht noch eine Beschreibung des Verlages oder der Buchredaktion des Shops – und bei Amazon bei vielen Büchern noch Rezensionen von Lesern. Das Schmökern in echten Büchern wird durch Gliederung, Zusamenfassung und Auszüge aus einzelnen Kapiteln ersetzt.

▶ **Hohe Verfügbarkeit:** Dank eigener Logistikzentren oder der Anbindung an die großen Barsortimente (Großhändler) sind die bestellten Titel mindestens so schnell in der Hand des Lesers wie bei Bestellungen durch den stationären Buchhandel. Der Kunde erfährt bei Amazon.de sogar, wenn nur noch wenige Exemplare im Bestand sind. Die Angabe der Lieferzeit, weil das Werk etwa direkt beim Verlag bestellt werden muss, ist bei Online-Buchshops Standard. Per E-Mail werden die Kunden über den Status ihrer Bestellungen auf dem Laufenden gehalten, während man bei manchem Buchhändler noch darum bitten muss, doch angerufen zu werden, wenn die Bestellung eingetroffen ist.

▶ **Schnelle und kostengünstige Lieferung:** War die Lieferung der online eingekauften Bücher anfangs noch bei fast allen Anbietern kostenlos, um den Markt auf- und den Marktanteil auszubauen, so gilt die Versandkostenfreiheit heute erst bei einem Einkauf von mehr als 20 Euro. Eine Ausnahme bildet Booxtra, das Joint Venture von Holtzbrinck Verlag, Axel Springer Verlag und Weltbild. Booxtra verschickt die Bestellung auch heute noch ohne Versandkosten ins Haus. Den möglichen Versandkosten bei anderen Anbietern von in der Regel drei Euro steht der Aufwand gegenüber, einen bei einer traditionellen Buchhandlung bestellten Titel dort am nächsten Tag oder in der nächsten Woche abzuholen.

▶ **Unkomplizierter Einkauf:** Im Gegensatz zum stationären Handel hat der Online-Shop rund um die Uhr geöffnet und ist von jedem Computer mit Internetanschluss aus mit einem Klick zu erreichen. Um Kaufhindernisse möglichst niedrig zu halten, sind die Websites von Buchshops so nutzerorientiert wie in kaum einer anderen Branche. Im Gegenteil: Viele Elemente der Homepage von Amazon.com wurden und werden so, wie sie auf der Site zu sehen sind, schnell vom Wettbewerb übernommen. Das größte Kaufhindernis sind nach wie vor Sicherheitsbedenken, dass Konto- oder Kreditkartendaten ausspioniert werden. Deshalb bieten die meisten Online-Buchshops neben Kreditkartenzahlung und Bankeinzug auch den Einkauf auf Rechnung an.

▶ **Transparenz bei fremdsprachlicher Literatur:** Auf einen Klick stehen nicht nur fremdsprachliche Kataloge zur Verfügung, sondern auch die Preise und Lieferbedingungen der verschiedenen Anbieter. Weil mancher lieber gleich das früher erschienene Original eines vielgerühmten Bestsellers online kauft, geraten deutsche Verlage bereits unter Druck: Jonathan Frantzens »Die Korrekturen« wurden von deutschen Kunden so häufig in der englischen Originalausgabe bestellt, dass der deutsche Verlag schnell handeln musste, um seinen Verkaufserfolg nicht zu gefährden. Der Verkaufsstart der deutschen Ausgabe wurde um fast ein halbes Jahr vorgezogen. Ähnliches ist für Band 5 von Harry Potter zu erwarten. Mit großem Werberummel boten die Online-Buchhändler fast ein halbes Jahr vor Erscheinen des englischen Originals das

Buch zur Vorbestellung an – mit satten Preisabschlägen von über 30 Prozent. Sofort übernahm das noch nicht erschienene Buch die Spitze der Bestellerliste von Amazon.

Dank intensivem Marketing, einer größeren Zahl von Internetnutzern und dem Internet-Hype der vergangenen Jahre ist der Umsatz der Online-Buchbranche in den vergangenen Jahren enorm gewachsen (siehe Abbildung 2.1).

Stark wachsende Umsätze

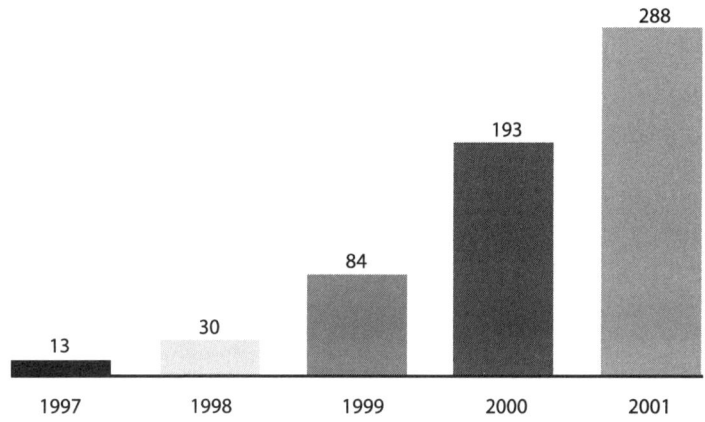

Abbildung 2.1 Gesamtumsatz von Büchern via Internet (in Mio. Euro)

Die größten Internet-Buchshops in Deutschland sind laut einer Brancheneinschätzung des Fachmagazins »Buchreport«:

Amazon führt beim Umsatz

1. Amazon.de (153 Millionen Euro Umsatz in 2001)
2. Booxtra (35 Millionen Euro)
3. BOL.de (30 Millionen Euro)
4. Buch.de (10 Millionen Euro)

Auch für das Jahr 2002 meldeten die ersten Online-Buchhändler wieder ein hohes zweistelliges Wachstum. Amazon.de-Geschäftsführer Ralf Kleber nannte bereits ein Plus von über 60 Prozent gegenüber dem Vorjahr, wobei in dieser Zahl auch das Geschäft mit CDs Videos und DVDs enthalten ist. An manchen Tagen vor Weihnachten verschickten Klebers Mitarbeiter bis zu 250 000 Pakete.

Kaum einer macht Profit Steigender Umsatz ist allerdings noch kein Garant für ein profitables Geschäft. Der Markt-Macher Amazon.com vermeldete zwar Anfang 2003 sein zweites operativ profitables Quartal in Folge, aber das Unternehmen drückt eine hohe Schuldenlast aus den Jahren des Aufbaus und der internationalen Expansion.

Das Beispiel BOL.de, der Online-Buchshop des Medienkonzerns Bertelsmann, zeigt, dass auch große »Click and Mortar«-Unternehmen – Bertelsmann sogar mit seinen etablierten Buchklubs im Rücken – es oft auch nach Jahren nicht schaffen, im Online-Geschäft profitabel zu werden. Bei einem Umsatz von zuletzt 30 Millionen Euro sollen Verluste in gleicher Höhe angefallen sein, war zu lesen. Nach dem Abgang des Bertelsmann-Visionärs Thomas Middelhoff, reagierte die neue Spitze schnell: BOL in Deutschland wird geschlossen, der Kundenstamm von einer Million an einen Wettbewerber verkauft. Den Zuschlag erhielt letztlich Buch.de, eine Tochter des Douglas-Konzerns (Thalia-Holding), wobei Bertelsmann im Zuge der Übernahme ein knappes Drittel der Anteile an Buch.de übernommen hat.

Zuvor hatte bereits Booxtra, das Gemeinschaftsunternehmen von Weltbild, Holtzbrinck, T-Online und Axel Springer Verlag die schwer angeschlagene Mediantis/Buecher.de übernommen. Booxtra gelang bereits Mitte 2001, was noch keinem Wettbewerber gelungen war: Das Online-Geschäft mit etwa einer Million Kunden ist seitdem in den schwarzen Zahlen.

Stationärer Buchhandel in der Krise

Ganz im Gegensatz zu den Online-Shops meldete die Buchbranche stagnierende oder gar sinkende Umsätze. So rechnet der Branchenbeobachter Langendorfs Dienst (www.langendorfs-dienst.de) für 2002 mit einem Umsatzrückgang von mindestens drei Prozent. Bereits im Jahr davor war der Umsatz um fast zwei Prozent gesunken. Damit ist der Buchumsatz 2002 wieder auf das Niveau von 1995 zurückgefallen. Da zwischenzeitlich natürlich die Buchpreise gestiegen sind, geht Langendorf von zehn bis 20 Prozent weniger verkauften Büchern aus. Selbst das Weihnachtsgeschäft 2002 und der Überraschungs-Bestseller »Nichts als die Wahrheit« von Dieter Bohlen konnten das verkorkste Jahr nicht mehr retten.

Die Krise des Buchhandels im Land der Dichter und Denker scheint ein gutes Stück hausgemacht zu sein. Zwar gehört das Lesen von Büchern zumindest bei den Älteren immer noch zu den wichtigsten Freizeitbeschäftigungen, aber es fällt immer schwerer, das richtige Buch zu finden.

In den rückläufigen Markt platzierten die Verlage in den letzten Jahren immer mehr Titel. Bei mehr als 90 000 Neuerscheinungen behält nicht einmal mehr der belesenste Buchhändler den Überblick. In Deutschland werden mehr Bücher pro Einwohner auf den Markt geworfen als in jedem anderen Land der Erde.

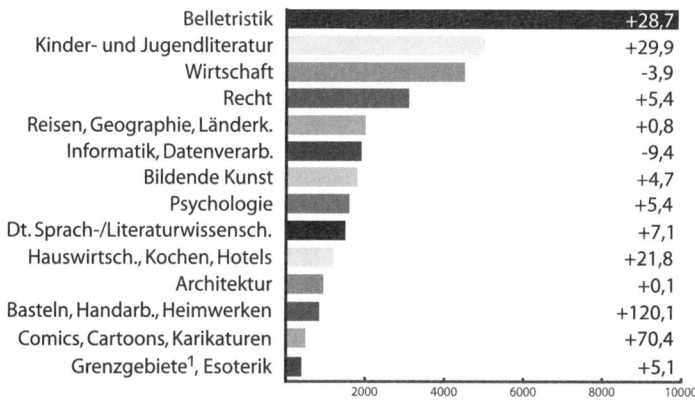

Belletristik	+28,7
Kinder- und Jugendliteratur	+29,9
Wirtschaft	-3,9
Recht	+5,4
Reisen, Geographie, Länderk.	+0,8
Informatik, Datenverarb.	-9,4
Bildende Kunst	+4,7
Psychologie	+5,4
Dt. Sprach-/Literaturwissensch.	+7,1
Hauswirtsch., Kochen, Hotels	+21,8
Architektur	+0,1
Basteln, Handarb., Heimwerken	+120,1
Comics, Cartoons, Karikaturen	+70,4
Grenzgebiete[1], Esoterik	+5,1

Abbildung 2.2 Buchtitelprodukion 2001 nach ausgewählten Sachgebieten (Veränderung gegenüber dem Vorjahr in Prozent)

Mit der Titelflut einher ging der Ausbau der Flächen. Aus so mancher engen Bücherstube wurde nach dem Vorbild von Hugendubel, Kiepert oder Dussmann ein weitläufiges Buchkaufhaus mit Bistro, ohne dass die Umsätze pro Quadratmeter mit der Entwicklung Schritt hielten. Ergebnis: Selbst die Nummer zwei des deutschen Buchhandels, Hugendubel (Umsatz 200 Millionen Euro in 2001), schickte neunzig Prozent seiner 1100 Mitarbeiter in 28 Filialen in Kurzarbeit. Kiepert in Berlin (Rang 15, 40 Millionen Euro Umsatz in 2001) musste aufgeben und mit ihm gleich mehr als ein Dutzend weiterer Buchhändler in der Hauptstadt, so dass die Medien schon besorgt auf die Metropole blicken. Allein in Berlin ist die Buch-Verkaufsfläche innerhalb von fünf Jahren von 50 000 auf 80 000 Quadratmeter gestiegen.

Titelflut und Expansion

Die Statistiken der Verbände und des Kölner Branchenvergleichs zeigen zudem: Kaum ein Buchhändler verdient mit seinem Geschäft noch Geld. Wer über fünf Prozent Umsatzrendite erwirtschaftet, muss schon mehr als zufrieden sein. Zahlreiche Bilanzen erreichen gerade noch eine schwarze Null, für viele Buchhändler ist jeder Arbeitstag Selbstausbeutung.

---

1   der Wissenschaft

Selbst der Vorsteher des Börsenvereins des Deutschen Buchhandels, Dieter Schormann, wurde im Frühjahr 2002 zum Pessimisten: »Der Buchhandel befindet sich in der schwersten Krise seit 40 Jahren. Wir haben zurzeit keine Perspektive, wann es besser wird. Das macht es so deprimierend.«

Neun Milliarden Euro für Bücher Trotzdem geben die Deutschen alljährlich über neun Milliarden Euro für Bucheinkäufe aus, so viel wie sie auch bei Aldi Süd für ihre Einkäufe an der Kasse lassen. Und die klassischen Buchhandlungen, so ein Ergebnis der Focus-Studie Communication Networks 6.0 aus dem Sommer 2002 mit über 20 000 befragten Buchkäufern, bleiben die bevorzugten Orte für den Kauf von Büchern (siehe Abbildung 2.3).

"Wenn Sie sich Bücher kaufen, wo kaufen Sie da vorwiegend ein?"

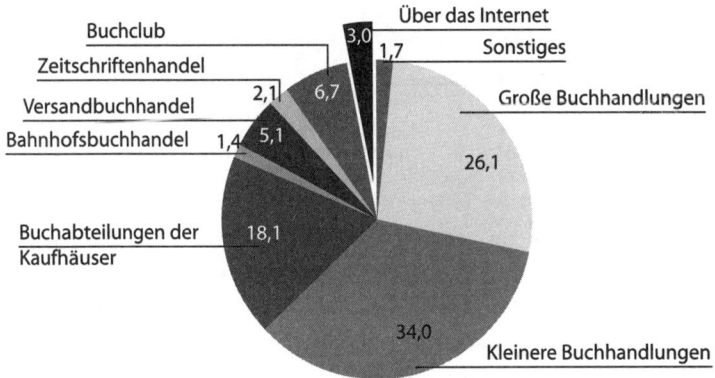

Abbildung 2.3 Bevorzugter Einkaufsort für Bücher (Angaben in Prozent)

2.2 Marktübersicht: Tonträger/CDs

Das Internet hat einen klaren Vorteil gegenüber dem stationären Handel mit Tonträgern: So ziemlich alle Tracks einer CD lassen sich online völlig problemlos anhören. So kann man sich vor dem Kauf vergewissern, ob dies tatsächlich das Lied ist, das einen seit Tagen im Radio verfolgt, oder ob die neue Scheibe irgendeines Weltstars auch das hält, was die Werbung verspricht. Auch rare Titel lassen sich über Internet schneller und zielsicherer recherchieren, als beim Gang zum CD-Händler um die Ecke, der meist nur die gängige Ware vorrätig hat.

Internet-Absatz behauptet sich gegen den Trend

Der deutsche Tonträgermarkt musste im Jahr 2001 starke Verluste hinnehmen. Der Internet-Absatz konnte sich aber gegen den Trend behaupten und sogar zulegen. Laut Bundesverband der Phonographischen Wirtschaft verringerte sich der Gesamtumsatz um 10,2 Prozent von 2,49 Milliarden Euro im Jahr 2000 auf 2,235 Milliarden Euro im Jahr 2001. Die Musiknutzung war zwar noch nie so hoch wie 2001, doch haben Musikpiraterie und Privatkopien die Verkäufe von bespielten Tonträgern in großem Umfang beeinträchtigt.

Internet-Verkauf legt zu

Interessant ist in diesem Zusammenhang, dass der Umsatzanteil des Facheinzelhandels und der Filialunternehmen im Jahr 2001 erneut zurückgegangen ist. Dagegen ist der Anteil der Direct Mailorder erneut leicht auf 19,9 Prozent gestiegen. Hierzu tragen Internet-Mailorder-Unternehmen wesentlich bei, die im Jahr 2001 bereits einen Umsatzanteil von 6,4 Prozent aufweisen, der in den nächsten Jahren nach Einschätzung des Bundesverbands weiter wachsen wird.

Vertriebsplattform Internet

Amazon bietet derzeit etwa 360 000 Tonträger an und stellt auf seiner Plattform gut zwei Millionen Hörproben zur Verfügung. Laut dem Online Reichweiten Monitor der Arbeitsgemeinschaft Internet Research (AGI-REV) gaben 32 Prozent aller Onliner-Shopper an, in den letzten zwölf Monaten mindestens einmal eine Musik-CD über das Internet bestellt zu haben. Damit rangiert die Musik-CD unter den Top Ten der online gekauften Produkte hinter dem Buch auf Platz zwei.

Problem Musik-Download und -Piraterie

Musik-Download

Da der Gesamtmarkt für Tonträger rückläufig ist, findet eine Verlagerung der Verkaufsaktivitäten ins Internet statt. Der Vertrieb einzelner Musikstücke im Internet hat längst begonnen. Das weltweit erste breit angelegte Projekt »music on demand« schuf bereits 1997 der Bundesverband Phono in Zusammenarbeit mit der Deutschen Telekom. Inzwischen gibt es eine ganze Reihe legaler Musikangebote im Internet. Seit kurzer Zeit sind in den USA die Angebote von »pressplay« und »musicnet« online, die demnächst auch in Deutschland verfügbar sein sollen. Sie integrieren ein breites Musikangebot verschiedener Hersteller. Ob sie sich gegen die kostenlose Tausch-Kultur à la Napster gerade in diesem Segment durchsetzen werden, muss sich erst noch zeigen. Weitere Ansätze gibt es auch im Bereich der Customized CDs, bei denen Konsumenten sich individuelle Compilations zusammenstellen lassen können, und beim Geschäft mit Klingeltönen für Handys, die inzwischen auch in Form von Ausschnitten aus Musikaufnahmen erhältlich sind.

Tonträgerabsatz allgemein Im Jahr 2001 wurden deutschlandweit 244,1 Millionen Tonträger abgesetzt – ein Jahr zuvor waren es noch 266,4 Millionen. In Stückzahlen verzeichnet der Tonträgermarkt insgesamt damit laut Bundesverband einen Rückgang von 8,4 Prozent.

Umsatzrückgänge durch Vervielfältigung Zum Umsatzrückgang der deutschen Musikbranche trägt Musikpiraterie wesentlich bei. Vor allem Downloads von illegalen Musikangeboten im Internet sowie die »Schulhofpiraterie«, also das verbotene Verkaufen von kopierten CDs im Freundes- und Bekanntenkreis, drücken einen Teil der CD-Käufe.

Marktdaten im Einzelnen Laut Branchenverband IFPI (International Federation of the Phonographic Industry) liegt der Wert »traditioneller«, gewerbsmäßiger Musikpiraterieprodukte in Deutschland bei rund 50 Millionen Euro. Auf die so genannte »Schulhofpiraterie« entfällt ein Wert in Höhe von 220 Millionen Euro. Rund 740 Millionen Euro beträgt der Umsatzwert für Onlinepiraterie, wenn die dort heruntergeladene Musik gekauft worden wäre. Die Verluste durch Onlinepiraterie haben sich dabei gegenüber dem Vorjahr verdoppelt. Die illegalen Erben von Napster – wie Morpheus oder Audio Galaxy – wachsen dramatisch an Zahl und Volumen der über sie getauschten Musik-Downloads. In Deutschland geht die IFPI gegen illegale Musikangebote im Internet vor und hat 2001 weit über 1200 Anbieter abgemahnt, die daraufhin ihre Angebote vom Netz nahmen.

Privatkopien	2500 Millionen Euro
Internetpiraterie	740 Millionen Euro
Schulhofpiraterie	220 Millionen Euro
Traditionelle Piraterie	50 Millionen Euro

Tabelle 2.1 Umsatzwert der Privatkopien und Piraterieprodukte in Deutschland (Quelle: GfK)

Legal, aber maßgeblich für die Umsatzverluste der Phonowirtschaft verantwortlich, ist schließlich der Bereich der Privatkopien. Aktuelle Marktforschungsergebnisse für 2001 liegen von der GfK vor. Danach steigt die Zahl der CD-Brenner in Deutschland rapide. Konnten im Jahr 2000 bereits 13 Prozent der Bevölkerung im Alter von über zehn Jahren in ihren Haushalten einen CD-Brenner nutzen, so waren es 2001 bereits 23,4 Prozent. Im Jahr 2001 sind insgesamt 332 Millionen CD-Rs/CD-

RWs verkauft worden, etwa 45 Prozent mehr als im Vorjahr. Knapp die Hälfte davon wird legal mit Musik bespielt und als Privatkopien benutzt, weitere acht Prozent fallen unter »Schulhofpiraterie«. Wäre die kopierte Musik gekauft worden, hätte sie einen Umsatzwert von etwa 3,5 Milliarden Euro gehabt.

Zwar ist nicht jede Kopie ein Kaufverlust, aber die Größenordnung des Problems liegt auf der Hand. Die GfK hat auch ermittelt, dass 17,5 Prozent aller Personen, die CDs brennen, weniger Alben kaufen, nur 4,8 Prozent kaufen mehr.

Wer CDs brennt kauft weniger

2.3 Marktübersicht: DVDs und VHS-Kassetten

Erstmals überholte 2001 der Umsatz mit verkauften DVDs denjenigen mit VHS-Kassetten. Bei den verkauften Stückzahlen liegt die VHS-Kassette nach wie vor in Front. Diese Tatsache ist großteils darauf zurück zu führen, dass die Durchschnittspreise einer Videokassette mit 12,10 Euro unter dem Durchschnittspreis einer Disc (21,50 Euro) lagen.

DVD treibt den Markt an

Seit dem Aufkommen der DVD legt die Silberscheibe ein rasantes Wachstum an den Tag. Erstaunlich ist, dass der höhere DVD-Absatz nicht auf Kosten traditioneller Videokassetten geht. Sicher: Der Umsatz mit VHS-Kassetten ist rückläufig. Nimmt man jedoch den Videomarkt in seiner Gesamtheit und summiert VHS- und DVD-Umsätze aus Vermietung und Verkauf, so zeigt sich, dass der Markt insgesamt ein enormes Wachstum verzeichnet. Erstmals wurde 2001 sogar die Milliarden-Euro-Grenze überschritten.

Der Umsatz aus dem Verkauf von DVDs und VHS-Kassetten ist im vergangenen Jahr um 33 Prozent auf 790,4 Millionen Euro gestiegen, was in erster Linie auf den weiterhin stark ansteigenden Absatz von DVDs zurückzuführen ist. Der erwirtschaftete Umsatz digitaler Bildtonträger ist von 170,4 Millionen Euro um 139 Prozent auf 406,7 Millionen Euro gestiegen. Das Minus von neun Prozent beim VHS-Verkaufumsatz wird somit mehr als kompensiert:

	Vermietung		Verkauf		Gesamt
	VHS	DVD	VHS	DVD	
1999	338	3	477	42	860
2000	328	13	423	170	934
2001	315	41	384	407	1146

Tabelle 2.2 Umsätze des deutschen Videomarktes in Millionen Euro (Quelle: GfK)

Internet-Kauf wird immer beliebter

Welche Rolle spielt dabei das Internet als Vertriebskanal? Laut ACTA 2002, einer Studie des Marktforschungsinstituts Allensbach, hat sich der Anteil der Internetnutzer, die auf elektronischem Wege DVDs oder VHS-Kassetten bestellen von 6,8 Prozent im Jahr 2001 auf 9,9 Prozent in 2002 erhöht. Der Online-Reichweiten-Monitor der Arbeitsgemeinschaft Internet Research (AGIREV) kommt zu dem Schluss, dass 19 Prozent aller Onliner-Shopper in den letzten zwölf Monaten mindestens einmal ein DVD- oder VHS-Video über das Internet bestellt haben.

Internet-Vertrieb wächst stark Wie die GfK-Marktforscher herausgefunden haben, sind im Jahr 2001 Bildtonträger im Wert von 107,8 Millionen Euro via Internet bestellt und an die Endverbraucher ausgeliefert worden – im Jahr 2000 waren es 49,1 Millionen Euro. Der elektronische Markt wächst demnach rasant. Drei Viertel des Internet-Umsatzes geht auf Kosten von Männern. Die Nutzer dieses Vertriebswegs sind am häufigsten im Alter zwischen 20 und 39 Jahren (73 Prozent). Zum größten Teil sind es Intensivkäufer (82 Prozent), mit mindestens fünf Bildtonträgerkäufen im Jahr, die das Internet als Vertriebskanal nutzen. Überdurchschnittlich häufig werden auf elektronischem Weg Spielfilme erworben: 75 Prozent im Gegensatz zu 68 Prozent Gesamtmarktumsatz. Ähnlich ist es bei Musikvideos/-DVDs, die zu acht Prozent im Internet nachgefragt werden, während sie nur fünf Prozent am Gesamtmarktumsatz ausmachen.

Reine Online-Anbieter haben die Nase vorn Bestätigt wird dieser Trend vom Bundesverband Audiovisuelle Medien (BVV). Demnach sind im Jahr 2001 bereits jede fünfte DVD und jede dreizehnte Videokassette online bestellt worden:

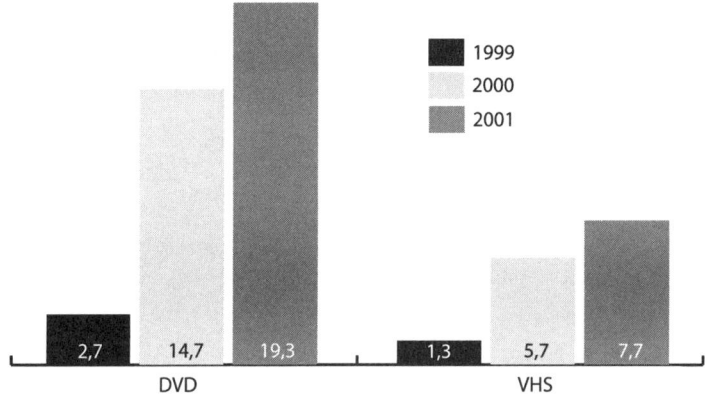

Abbildung 2.4 Marktanteil des E-Commerce am Gesamtmarkt (in Prozent)

Der Online-Bestellumsatz teilt sich laut BVV auf in 73 Prozent DVD und 27 Prozent VHS. Dabei gehen drei Viertel aller Internet-Bestellungen (77,3 Prozent) bei Anbietern ein, die ausschließlich im Internet vertreiben. Nur 22,7 Prozent der Umsätze entfallen auf stationäre Unternehmen, die auch ein Online-Bestellangebot pflegen wie Karstadt oder Weltbild. Der bedeutendste Online-Anbieter ist demnach Amazon mit einem E-Commerce-Marktanteil von 42,9 Prozent im Jahr 2001 in diesem Segment.

2.4 Marktübersicht: Computer-/Konsolenspiele

Laut dem Online-Reichweiten-Monitor der Arbeitsgemeinschaft Internet Research (AGIREV) gaben 18 Prozent aller Onliner-Shopper an, in den letzten zwölf Monaten mindestens einmal ein Computer- oder Videospiel über das Internet bestellt zu haben.

Der Markt für Unterhaltungssoftware ist in Bewegung. Microsofts X-Box und Playstation von Sony liefern sich im Segment Spiele-Konsolen einen heftigen Kampf um Marktanteile. Gleichzeitig sinken die Umsätze innerhalb des gesamten Marktes leicht – nichts Ungewöhnliches wie der Verband der Unterhaltungssoftware Deutschland (VUD) glaubt: Ähnliche Entwicklungen habe man in der Vergangenheit immer wieder bei Systemwechseln registriert.

Systemwechsel bei Konsolen

	PC-Spiele	Konsolen-Spiele
1998	661,92	479,94
1999	731,09	540,55
2000	699,76	610,15
2001	693,05	555,83

Tabelle 2.3 Umsatzentwicklung bei PC- und Konsolenspielen in Millionen Euro, jeweils bezogen auf das Gesamtjahr (Quelle: GfK)

Und tatsächlich gibt es auch hoffnungsvolle Signale: Der Absatz von PC-Spielen wuchs im Jahr 2001 um 4,6 Prozent auf 34,64 Millionen Stück. Dabei blieb der Umsatz mit 693,05 Millionen Euro etwa auf Vorjahresniveau. Der Durchschnittpreis pro verkauften Titel sank von 21,12 Euro im Jahr 2000 auf rund 20 Euro in 2001.

Absatzmarkt Konsolenspiele Ein uneinheitliches Bild zeigt sich beim Absatz von Konsolen- oder Videospielsoftware. So verzeichnen die Softwareverkäufe für die Playstation1 im Jahr 2001 einen geringen Rückgang von 2,5 Prozent gegenüber dem Vorjahr auf nun 8,72 Millionen Stück. Auf die Umsatzentwicklung hat das jedoch weit stärkere Auswirkungen: Um knapp 26 Prozent geht der Softwareumsatz für die Konsole von Sony zurück und bringt es nur noch auf 214 Millionen Euro.

Playstation Der VUD wertet diese Entwicklung als eindeutigen Beleg für die Zunahme von Zweit- und Drittvermarktungen, die immer mit einer Reduzierung des Durchschnittspreises verbunden sind. Die Absatzentwicklung bei der PlayStation2-Software stieg hingegen auf 1,78 Millionen Stück, was einem Plus von 394,4 Prozent entspricht. Der Umsatz mit Playstation2-Spielen stieg gegenüber dem Vorjahr um 437,5 Prozent auf 98,4 Millionen Euro. Insgesamt sind die Softwareverkäufe für Playstation-Konsolen von 9,3 Millionen Stück (306,9 Millionen Euro) auf 10,5 Millionen Stück (310,3 Millionen Euro) angewachsen.

Game Boy Beim Game Boy konnte der Pokémon-Boom bei den Softwareverkäufen der Vorjahre auch durch die Einführung des Game Boy Advance nicht kompensiert werden. Insgesamt lagen die Software-Absätze für den Game Boy mit 157,3 Millionen Euro im Wert zwar über dem Vergleichsjahr 2000 (153,7 Millionen Euro). Bei den Stückzahlen musste der Game Boy jedoch Federn lassen und blieb mit 4,46 Millionen unter dem Vorjahreswert von 4,73 Millionen zurück. Ebenso gingen die Software-Absätze für Nintendo 64 von 117,1 Millionen Euro (2,43 Millionen Stück) auf 71,1 Millionen Euro (1,36 Millionen Stück) zurück.

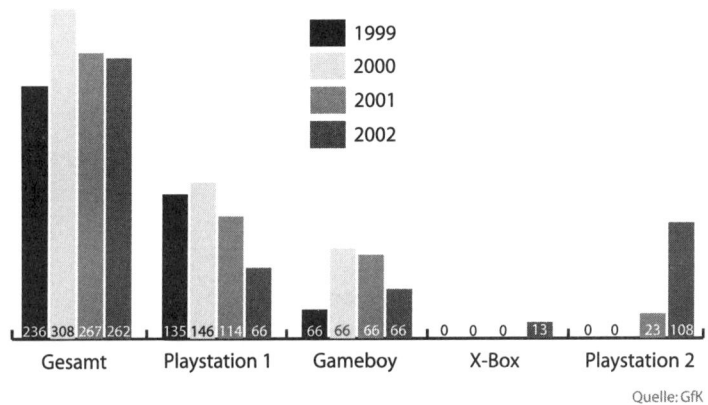

	1999
	2000
	2001
	2002

| | Gesamt | Playstation 1 | Gameboy | X-Box | Playstation 2 |

Quelle: GfK

Abbildung 2.5 Umsatzanteile im Konsolenmarkt (jeweils 1. Halbjahr in Mio. Euro)

2.5 Marktübersicht: Consumer Electronic

Die deutsche Konsumelektronik-Branche freute sich im Jahr 2000 über ein Plus von sechs Prozent im klassischen Segment für Unterhaltungselektronik. Für Fernsehgeräte, Videorecorder, HiFi-Anlagen, Handys und PCs wurden insgesamt 20,25 Milliarden Euro und damit gut 16 Prozent mehr ausgegeben als im Vorjahr.

Die klassische Unterhaltungselektronik verzeichnete inklusive Videospiele nach Angaben der Gesellschaft für Unterhaltungs- und Kommunikationselektronik (gfu) eine Umsatzsteigerung auf 9,6 Milliarden Euro. Um rund 20 Prozent kletterte der Umsatz für PCs und Peripherie auf 8,1 Milliarden Euro. Den größten Sprung machte die privat genutzte Telekommunikation, die um 62 Prozent auf 2,6 Milliarden Euro anwuchs.

Telefone gewinnen

Beim Blick auf die Stückzahlen erstaunen die drei Prozent Zuwachs bei den Farbfernsehgeräten – und das vor dem Hintergrund einer Haushaltsausstattung von 99 Prozent. Der Camcorder-Verkauf wuchs um zwei Prozent. Weniger überraschte die Experten der gfu dagegen der jeweils dreiprozentige Rückgang bei Videorecordern und HiFi-Systemen. Auf dem Weg, alle Rekorde zu brechen, befindet sich der DVD-Spieler mit einem Plus von 250 Prozent. Auch Videospiele und -konsolen legten mit 22 Prozent im Jahr 2000 ordentlich zu.

Stückzahlen nehmen zu

	1999	2000	2001
Farbfernsehgeräte	5660	5810	5890
Videorecorder	3300	3200	2950
Camcorder	650	665	675
DVD-Spieler	200	700	1400
HiFi-Systeme	2740	2645	2630
Spiele-Konsolen	2300	2860	3430
Handys	3869	12 500	12 900
Schnurlose Telefone	4315	4617	5000
Home-PCs	4077	4572	5400

Tabelle 2.4 Konsumelektronik: verkaufte Stückzahlen in Deutschland in Tausend (Quelle: GfK)

Wachstumsmotoren im Bereich Consumer Electronic sind nach wie vor die privat genutzte Telekommunikation sowie Heim-PCs. Überraschend ist die Verdreifachung des Absatzes von Mobiltelefonen auf 12,5 Millionen Stück im Jahr 2001. Hierbei spielt jedoch auch eine Rolle, dass erstmals auch der Kauf von Ausländerhaushalten in die Statistik der gfu eingeflossen ist. Etwas abgeschwächt zeigt sich der Absatz von PCs, doch bewegt sich der Zuwachs mit zwölf Prozent immer noch auf stattlichem Niveau.

Absatz wächst schneller als Umsatz Die Umsätze konnten allerdings mit der Absatzentwicklung nicht mithalten. Dabei gibt es zwei beachtenswerte Ausnahmen: Bei PCs fiel die Umsatzsteigerung mit 25 Prozent doppelt so hoch aus wie der Absatzzuwachs. Dies ist auf den erhöhten Ausstattungsgrad und Qualitätsanspruch zurückzuführen, der vor allem beim wichtiger werdenden Ersatzbedarf auftritt, stellt die gfu fest.

	1999	2000	2001
Farbfernsehgeräte	2790	2842	2859
Videorecorder	764	669	546
Camcorder	574	622	621
DVD-Spieler	99	249	387

Tabelle 2.5 Umsätze bei Consumer Electronics in Deutschland in Millionen Euro (Quelle: GfK)

	1999	2000	2001
Sat-Empfang	583	565	607
HiFi total	1602	1513	1504
Port. Audio total	596	576	576
Car Audio total	800	907	881
Unbespielte Bild- und Tonträger	329	548	597
Videospiele (Hardware & Software)	731	897	1340
Handys	596	1630	1451
Schnurlose Telefone	600	576	601
Home-PCs	4771	5984	7317
PC total (inkl. Peripherie)	6737	8055	9573

Tabelle 2.5 Umsätze bei Consumer Electronics in Deutschland in Millionen Euro (Quelle: GfK) (Forts.)

Vergleicht man Stückzahlen und Umsätze, so stellt sich heraus, dass bei den wichtigsten Geräten ein Preisrückgang zu verzeichnen ist. das trifft vor allem auf Videorecorder zu, aber auch DVD-Spieler sowie Mobil- und Schnurlostelefone bleiben von dieser Entwicklung nicht verschont.

Die Elektroeinzelhändler zeichnen sich dadurch aus, dass sie das Internet intensiver nutzen als andere Händler. Besonders große Unterschiede zeigen sich bei der Bestellung von Waren, dem Schriftverkehr via E-Mail sowie dem Datenaustausch. Überdurchschnittlich hohe Werte liefert auch eine Betrachtung der Infrastruktur. So besitzen 81,1 Prozent der Elektroeinzelhändler eine eigene Website und 57,1 Prozent stellen ihr Angebot online zur Verfügung. Bei der Nutzung des Internets für Geschäftstransaktionen ist der hohe Anteil der Online-Beschaffung von Gütern für den Weiterverkauf auffällig. Die Online-Beschaffung von Gütern für den eigenen Bedarf fällt hingegen mit nur 6,9 Prozent unterdurchschnittlich aus.

Elektroeinzelhändler und das Internet

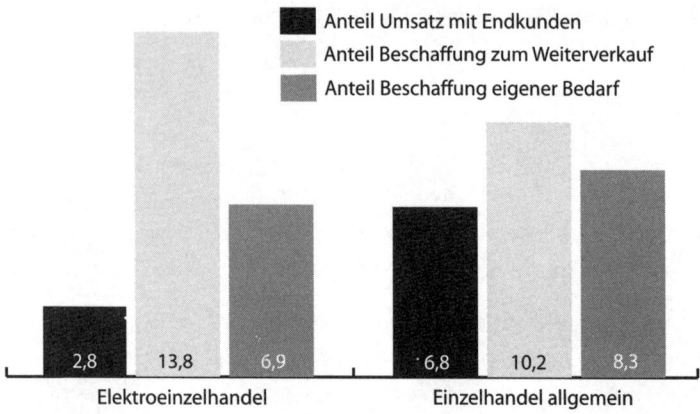

Angaben in Prozent

Quelle: Hudetz, Kai / Dach, Christian:
Internet im Handel und in ausgewählten Dienstleistungsbereichen

Abbildung 2.6 Bedeutung des Online-Umsatzes und der Online-Beschaffung bei Elektroeinzelhändlern

Laut Branchenverband gfu fällt auf, dass die Elektrohändler, die über ein Online-Angebot verfügen, die Auswirkungen ihres Internet-Auftrittes auf das traditionelle Geschäft besonders positiv einschätzen. Mit einer durchschnittlichen Bewertung von 3,47 nimmt die Branche bei diesem Kriterium den zweiten Rang hinter den Motorradhändlern ein.

3   Interview mit Ralf Kleber

Ralf Kleber ist seit Februar 2002 Geschäftsführer der Amazon.de GmbH.

Herr Kleber, welche Vorteile hat Marketplace und wie passt sich die Verkaufsplattform in die Amazon-Strategie ein?

Wenn man sich die Vision von Amazon ansieht, dem Kunden alles zu bieten, was er online kaufen möchte, dann ist Marketplace ein wesentlicher Bestandteil, um dieser Vision ein ganz gehöriges Stück näher zu kommen. Mit dieser Technologie bieten wir Tausenden von Partnern einen einfachen Zugang zu unserer Plattform. Über Marketplace kann jeder neue und gebrauchte Produkte oder Sammlerstücke einfach und bequem zum Verkauf anbieten. Zudem bekommt der Kunde an dieser Stelle oft einen besonders attraktiven Preis geboten.

Die Angebotserweiterung reicht darüber hinaus auch in Bereiche, in denen wir gar nicht als Retailer tätig sind. So kann ein Partner beispielsweise im Musikbereich, beim Vinyl, ein Segment abdecken, das sehr speziell ist, aber trotzdem auf eine Nachfrage trifft. Es gibt Experten, die entsprechende Bezugsquellen haben und eine sehr gute Vermarktung betreiben. Gleiches gilt für Musiknoten, Zeitschriften und Magazine, die in Marketplace über Partner verfügbar sind. Sie tragen somit maßgeblich dazu bei, unser Angebot für den Kunden zu erweitern.

Wir bieten dem Kunden wiederum das Umfeld, das er von Amazon gewohnt ist: Eine personalisierte Seite, Kaufempfehlungen, sicheres Bezahlen auf unserer Plattform und all die Information, die man zu einem Produkt haben kann. Unsere Partner ergänzen unser Retail-Angebot exzellent.

Wächst Amazon wegen oder mit der Hilfe von Marketplace?

Das geht Hand in Hand. Unser Retail-Bereich wächst. So hat auf dem US-Markt das Segment Buch/Musik/Video/DVD im vierten Quartal 2002 ein Wachstum von 13 Prozent gezeigt. Die neueren Bereiche wie Electronic, Toys, Kitchen weisen ein Wachstum von 21 Prozent auf. Daneben haben wir den Bereich Marketplace, der um 21 Prozent gewachsen ist. Das alles ergänzt sich sehr gut. In Deutschland wächst Marketplace in den ersten Monaten seit Einführung deutlich stärker, als es zum Start in den USA der Fall war. Natürlich sind die Zuwächse in der Anfangsphase immer sehr

»Marketplace wächst in Deutschland stärker als in den USA«

stark, aber die Art und Weise, wie Marketplace hier zu Lande angenommen wurde, darf man ruhig als außergewöhnlich bezeichnen.

Was hat der Antiquar oder Buchhändler davon, wenn er künftig bei Ihnen anbietet?

»Der Buchhändler erschließt sich 29 Millionen Kunden«
Der Antiquar oder Buchhändler erschließt sich über Marketplace auf einfache Weise ein Kundenklientel von weltweit etwa 31 Millionen aktiver Kunden (viertes Quartal 2002). Das kann er aus seiner Position heraus alleine nicht schaffen. Er erschließt sie sich zudem auf eine sehr komfortable Art und zu einem sehr günstigen Preis. Als »Power Anbieter« erhalten alle, die häufig über Amazon.de verkaufen, für einen Fixbetrag von 39 Euro im Monat eine technische Funktionalität, die auch in wirtschaftlicher Hinsicht eine optimale Handhabung der Plattform bietet. Der Antiquar erhält Informationen darüber, wie er seine Artikel auflädt, welche Features und welche Preisvergleichsmöglichkeiten es gibt. Neben der Kundenklientel verschafft sich der Partner vor allem Zugang zu einer Technologie, die er allein kaum aufbauen könnte. Amazon ist unbestritten ein Pionier im Internet und hat damit auch einen technologischen Vorsprung, der sich nicht von heute auf morgen kopieren lässt. Die Art, wie wir Kunden individuell ansprechen und beraten können, wie unsere Seite aufgebaut ist, Informationen, die innerhalb eines Kataloges angeboten werden, Bilder, Ratings, Rezensionen, Empfehlungen, nicht zuletzt sicheres Bezahlen – das alles können wir auch unseren Kunden und Partnern bieten.

Was werde ich in Zukunft über Amazon kaufen können?

Unser Ziel ist es, dem Kunden alles zu bieten, was er online kaufen möchte. Daran wird sich unser Sortiment ausrichten. Wir werden allerdings nicht mehr alle Produkte selbst anbieten, sondern mit Partnern zusammenarbeiten. Dabei müssen natürlich alle Partner in der Lage sein, den gewohnten Amazon.de-Service und qualitativ hochwertige Produkte zu günstigen Preisen zu bieten – eben das, was sich Kunden wünschen.

Werde ich irgendwann auch einmal ein Auto kaufen können oder eine Wohnung?

Warum nicht? Wenn es eine Nachfrage auf dem Markt gibt, das Modell über Internet funktioniert und ein Partner da ist, der das seriös anbieten kann, dann ist die Antwort Ja. Bleiben wir einmal beim Auto. Das ist ein sehr spezieller Kaufvorgang. Der Deutsche ist hier einen gewissen Standard gewohnt. Er will sein Auto betasten, er will es sehen, sich reinsetzen und will das Design von der Innenausstattung bis zum Motor mitbestimmen. Wenn jemand in der Lage ist, das online darzustellen – warum nicht?

Auf Ihrer Website sagen Sie dem Kunden, dass er mit seinen Käufen Geld verdienen kann, wenn er sie wieder verkauft. Trete ich aber als Verkäufer auf, muss ich feststellen: Es werden beim Kunden drei Euro Versandkosten in Marketplace erhoben, die gar nicht bei mir als Verkäufer landen. Das ist doch eigentlich eine versteckte Verkaufsgebühr.

Das ist eine Verkaufsgebühr, aber keine versteckte. Wenn man mit uns wie mit jedem anderen Händler auch in Beziehung tritt, wird man über eine Gebührenstruktur informiert. In diesem Rahmen informieren wir den Verkäufer auch, dass er von uns einen Versandkostenzuschuss erhält, der im Durchschnitt seine Versandkosten mehr als deckt. Bei einem Buch liegen die Versandkosten bei 51 bis 77 Cent. Der Versandkostenzuschuss beläuft sich auf 1,99 Euro. Schaut man sich größere Produkte an, so kann es schon mal sein, dass man in die Nähe der zwei Euro kommt. Im Mix kann das der Verkäufer sehr gut kalkulieren. Er bekommt von uns eine Benachrichtigung, wenn er über Amazon einen Artikel verkauft. Er kann seinen Verkaufspreis darauf einstellen. Die Gebührenstruktur muss transparent sein für den Kunden, er muss sie nachvollziehen können, und er muss dann die Entscheidung treffen können, ob Amazon der richtige Partner für ihn ist.

»Im Mix kann der Verkäufer sehr gut kalkulieren«

Amazon.de berechnet keine Listinggebühren – zu einem Zeitpunkt, wo der Händler noch gar nicht weiß, ob er erfolgreich verkaufen wird, entstehen ihm bei uns also auch keine Kosten. Für uns ist eine erfolgsorientierte Provisionsstaffelung wichtig: Nur wenn ein Händler Geld verdient, wollen wir auch davon profitieren.

Es gibt mit Ebay einen großen Mitbewerber, der sich etwa mit Festpreisoptionen sehr stark Ihrem Modell annähert. Sie wiederum nähern sich dem Modell von Ebay und bieten ebenfalls Auktionen an. Wo grenzen Sie sich ab?

Amazon ist Retailer. Wir haben Erfahrung, wie sich der Kunde im Bereich Retail verhält, was er nachfragt. Aus dieser Erfahrung heraus können wir den Verkäufer bei der Frage unterstützen: Was muss er tun, um selbst erfolgreich zu verkaufen? Verkäufer können auf unserer Website Durchschnittspreise vorhergegangener Verkäufe überprüfen und ihre Preise dem Angebot gegebenenfalls anpassen. Das sind Erfahrungen, die aus unserer Praxis als Einzelhändler stammen, und wo wir Unterstützung

»Wir haben Erfahrung, was der Kunde nachfragt«

geben können. Zudem haben wir als Einzelhändler gelernt, unser Sortiment strukturiert zu präsentieren. Auch davon profitiert natürlich der Verkäufer. Der Kunde kommt bei uns über einen Suchvorgang auf eine Detailseite, wo das gesuchte Produkt in vollem Umfang beschrieben wird. Das ist genau der richtige Ort, an dem man einem Verkäufer die Möglichkeit geben kann, sein Produkt zu listen. Denn an dieser Stelle trifft der Kunde seine Kaufentscheidung. Das ist demnach auch die Stelle, an welcher dem Kunden der Marketplace-Vorteil zugute kommt. Er kann zwischen verschiedenen Preisen, Zuständen und Händlern wählen und seine Kaufentscheidung treffen. Ein Student, der ein Buch für ein Semester braucht, stellt sich die Frage: Brauche ich das unbedingt neu? Eine Großmutter, die ihrem studierenden Enkel ein Buch zu Weihnachten schenken will, sagt sich vielleicht: Das hätte ich gerne neu und verpackt. Das sind unterschiedliche Angebote, die der Kunde in Marketplace sehr gut nutzen kann. Das zeichnet unser Modell als Einzelhändler besonders aus.

Glauben Sie, dass Marketplace einmal die Umsätze aus den klassischen Bereichen Buch, CD und Video übertreffen wird?

Marketplace wird unser Retail-Angebot nicht ersetzen, sondern ergänzen. Der Ausbau des Sortiments steht im Vordergrund – und gleichzeitig die Möglichkeit, zu unterschiedlichen Preispunkten anbieten zu können.

Sie stellen keine Kannibalisierung fest?

»Beide Segmente wachsen stark«

Beide Segmente wachsen außerordentlich stark nebeneinander. Die USA ist unser Referenzpunkt, weil wir dort schon länger im Markt sind. Aber auch aus den ersten sechs Monaten des Marketplaces hier in Deutschland können wir keinerlei Tendenz zu einer Kannibalisierung feststellen. Das ist für uns nicht weiter verwunderlich. Wir sind der festen Überzeugung: Wenn man einem Kunden mehr Angebot bietet, besucht er einen Shop häufiger, weil die Wahrscheinlichkeit, das gesuchte Produkt auch zu finden, steigt. Findet er das Produkt auch noch zu einem attraktiven Preis, geht er natürlich umso lieber dorthin.

Dennoch: Marketplace ist doch von Anfang an profitabler als das Retail-Geschäft. Sie erhalten Provisionen, sparen sich die Lagerhaltung und müssen keine Kataloge pflegen.

Marketplace ist ein vollkommen anderes Modell als Retail. Die Profitabilität von beiden Segmenten einfach zu vergleichen, wäre falsch. Der Retail ist für uns ein reines Mengengeschäft. Wenn wir – wie jetzt bereits seit drei Quartalen – eine gewisse kritische Menge erreicht haben, mit der wir in der Lage sind, unsere variablen Stückkosten zu decken, dann kann jede weitere verkaufte Einheit dazu verwendet werden, unsere Fixkosten abzudecken.

Grundsätzlich kann Marketplace aber doch wesentlich schneller profitabel sein, weil die teure Lagerhaltung wegfällt.

Natürlich ist eine Vorlaufinvestition in die Logistik notwendig, die längerfristig ausgelegt ist. Jeff Bezos hat immer gesagt: »It's a long term game.« Wir sind hier, um über längere Zeit erfolgreich zu agieren. Je mehr Produktlinien ich bediene und je größer die Mengen werden, die verschickt werden, desto profitabler und effizienter funktioniert die Logistik. Hinzu kommt, dass wir auf einer Lernkurve sind. Wir sind ein junges Unternehmen – sieben Jahre insgesamt, vier Jahre auf dem deutschen Markt -, und wir lernen täglich dazu. So konnten wir in der Logistik unsere Effizienz wesentlich steigern – allein im Jahr 2001 hat sich unsere Umschlagshäufigkeit weltweit um 31 Prozent verbessert. Letztendlich hat uns unter anderem das auch in die Position gebracht, in Preise zu reinvestieren.

»Unsere Umschlagshäufigkeit hat sich um 31 % verbessert«

Marketplace ist leichter verständlich. Ich glaube aber, dass beide Segmente sehr profitabel bewirtschaftet werden. Es gibt sehr viele Handelsunternehmen auf der Welt, die profitabel arbeiten. Auch Amazon konnte seine Profitabilität in den vergangenen Monaten kontinuierlich verbessern. Das Internet bietet Effizienzen. Nutzt man die richtig aus, kann man als Retailer durchaus profitabler sein als ein stationärer Händler. Über das Internet kann einem Händler eine unbegrenzte Auswahl zur Verfügung stehen. Wir müssen unsere Lagerhaltung nicht über ein Filialnetz duplizieren. Die Erfahrungen, die wir im Retail-Geschäft gemacht haben, kommen Marketplace zugute. Ohne diesen Hintergrund wären wir mit Marketplace auch nicht so attraktiv für Partner und nicht so erfolgreich.

Teil 2
Einsteiger

4   So biete ich Waren an

*Worauf muss ich beim Verkaufen in Amazon Marketplace
achten? Was darf angeboten werden und wie stelle ich Artikel online? Hier erfahren Sie alles Nötige, um Ihren ersten
Verkauf über Marketplace erfolgreich in die Wege zu leiten.*

Der Vorteil beim Verkaufen über die Marketplace-Plattform liegt auf der
Hand: Ihr Geschäft hat bei Amazon.de rund um die Uhr geöffnet – 24
Stunden am Tag und sieben Tage die Woche. Sie müssen beim Verkauf
selbst nicht anwesend sein, sondern erhalten eine Benachrichtigung,
wenn Ihr Produkt einen Käufer gefunden hat. Wie das im Einzelnen vor
sich geht, was Sie zu beachten haben und welche konkreten Schritte Sie
unternehmen müssen, um Ihren Artikel erfolgreich über Amazon.de zu
verkaufen – all das erklären wir in diesem Kapitel.

Seit langem schon staubt ein Buch in Ihrem Regal zu. Vor Jahren haben
Sie es als Geschenk bekommen, und es zählt exakt zu der Art von Literatur, die Sie absolut nicht ausstehen können. Ein Schmöker, von dem Sie
ganz genau wissen, dass Sie ihn nie aufschlagen werden. Da steht er nun,
nimmt Platz weg und ärgert Sie jedes Mal, wenn Sie Ihre Bücher neu sor-
tieren oder entstauben. Warum verkaufen Sie ihn nicht? Das geht
bequem von zu Hause aus. Alles was Sie dazu benötigen, sind ein Rech-
ner und ein Internetzugang. Und schon kann es losgehen.

4.1   Schnelleinstieg: Wie verkaufe ich bei
Amazon.de?

Wenn Sie sich entschlossen haben, das nervige Werk bei Amazon zu ver-
kaufen, sind die ersten Schritte denkbar einfach. Suchen Sie zunächst bei
Amazon.de nach dem Artikel, den Sie verkaufen möchten. Dazu haben
Sie zwei Möglichkeiten.

Klicken Sie auf der Amazon-Startseite den Button »Jetzt verkaufen!« ganz   Artikel suchen
oben auf der Internetseite an. Geben Sie nun ein Stichwort, die ISBN
oder den Titel des Artikels in die Suchmaske ein. Die andere Möglichkeit
besteht darin, auf der Homepage direkt nach dem, was Sie verkaufen
wollen, über die Suchmaske »Schnellsuche« zu fahnden. Jedem Artikel ist
exakt eine Detailseite zugeordnet. Diese müssen Sie finden.

Abbildung 4.1 Über »Jetzt verkaufen« oder die Schnellsuche gelangen Sie rasch zu Ihrem Artikel.

Verkauf starten Wenn Sie den Artikel entdeckt haben, finden Sie unterhalb der Produkt-information den Kasten »Kaufen/Verkaufen«. Hier gehen Sie auf den But-ton »Diesen Artikel verkaufen« und werden automatisch über das weitere Vorgehen informiert. Wenn Sie bereits Amazon-Kunde sind und ein Benutzerkonto eingerichtet haben, loggen Sie sich einfach mit Ihren Zugangsdaten ein. Ansonsten melden Sie sich an. Keine Sorge: Die Proze-dur dauert nicht lange. Nachdem Sie Ihre E-Mail-Adresse eingegeben haben aktivieren Sie den Punkt »Ich habe kein Amazon.de-Passwort«. Auf den nächsten Masken folgen Sie einfach den übersichtlichen Anweisun-gen. Bei der Suche nach einem geeigneten Passwort sollten Sie sich einige Gedanken machen. Sie sollten es sich leicht merken können, aber es auch nicht zu banal wählen, um Missbrauch vorzubeugen. Jetzt müssen Sie nur noch Ihre Postadresse angeben, die ebenso notwendig ist wie die Zah-lungsart, die Sie bevorzugt nutzen wollen.

Wenn Sie zum ersten Mal bei Amazon sind, sollten Sie sich nach der Anmeldung zunächst mit dem Angebot auf der Site vertraut machen. Pro-bieren Sie es doch einfach selbst aus und kaufen einen Artikel in Market-place ein. So bekommen Sie einen ersten Einblick in Funktionen und Abläufe auf dieser Plattform.

Artikel beschreiben Doch zurück zu unserem Verkauf: Sie haben den Artikel gefunden und sich erfolgreich eingeloggt. Jetzt werden Sie aufgefordert, den Artikel zu beschreiben. Ist das Buch wie neu, weil Sie es nie aufgeschlagen haben, oder hat es vom vielen Lesen Eselsohren und Flecken? Geben Sie einfach den Zustand an, in dem sich der Artikel befindet. Neu oder uralt – hier müssen Sie Farbe bekennen. Sie haben auch die Möglichkeit, in einem extra Feld eine Bemerkung zu dem Artikel zu machen.

Als Nächstes setzen Sie einen Preis fest, den Sie für angemessen halten. Dabei unterstützt Sie Amazon, indem ein Preis empfohlen wird. Er richtet sich nach den Angaben, die Sie zuvor bei der Zustandsbeschreibung gemacht haben. Natürlich müssen Sie sich nicht an diese Preisempfehlung halten und können ganz nach Belieben Ihre eigene Preispolitik betreiben. Mehr Angaben müssen Sie nicht machen. Damit haben Sie bereits Ihren ersten Artikel gelistet. Und was passiert jetzt?

Erst einmal können Sie sich zurücklehnen. Findet sich ein Käufer für Ihren Artikel, schickt Ihnen Amazon eine E-Mail. In einer zweiten Mail erfahren Sie kurz darauf die Adresse des Käufers und dass Amazon den Betrag von ihm eingezogen und Ihnen gutgeschrieben hat. Jetzt müssen Sie den Artikel innerhalb von zwei Werktagen an die in der Mail angegebene Käuferadresse senden. Schon haben Sie Ihren ersten Verkauf über Amazon Marketplace erfolgreich abgeschlossen.

4.2 Der Reihe nach: Was darf angeboten werden?

Bei Amazon.de können Sie bis auf wenige Ausnahmen Bücher, CDs, DVDs und Videos, Software, PC- und Videospiele sowie Artikel aus den Bereichen Elektronik und Foto verkaufen. Auch Stofftiere oder Spiele können Sie gebraucht anbieten. Dabei orientieren Sie sich stets am bestehenden Amazon-Katalog. Alles, was dort nicht gelistet ist, können Sie auch nicht verkaufen. Der Katalog wird jedoch ständig erweitert. So kamen vor kurzem erst rund 1,6 Millionen englische Buchtitel und 400 000 antiquarische Bücher neu hinzu.

Die Teilnahme am Marketplace unterliegt nur wenigen Beschränkungen. Allerdings müssen Sie in Deutschland wohnen, wenn Sie in Marketplace verkaufen wollen. Auch die angebotene Ware muss sich zumindest zum Zeitpunkt des Verkaufs in Deutschland befinden. Schließlich muss für die Registrierung beim elektronischen Abrechnungssystem Amazon Payments ein deutsches Bankkonto angegeben werden. Bei welcher Bank Ihres Vertrauens Sie Kunde sind, ist Amazon hingegen egal.

Sie sind für Ihre Ware verantwortlich Für Marketplace gelten wie für Auktionen und die zShops auf Amazon.de einige Grundsätze, die Sie im Regelfall auch im sonstigen täglichen Umgang mit anderen Menschen erwarten. Als Anbieter sind Sie selbst für Ihre eingestellten Artikel verantwortlich. Sie müssen sicherstellen, dass damit weder Landes- oder Bundesgesetze noch internationales Recht verletzt werden.

Vorsicht beim Copyright! Es gibt eine Reihe von Produkten, die Sie nicht anbieten dürfen. So abstrus diese auch gelegentlich klingen mögen, sehen Sie sich die Liste genau an. Die selbst gebrannte CD nutzen Sie besser alleine für sich zu Hause und versuchen nicht, sie über Amazon Gewinn bringend los zu werden. Ganz Schlaue schreiben schon mal in das Feld »Bemerkungen« »CD-ROM« hinein, wenn sie eine Musik-CD verkaufen wollen. Dieser Artikel, der offensichtlich aus einer Kopie von copyrightgeschützten Musiktiteln besteht, wird keine Chance haben. Eine Software prüft routinemäßig die Feldeingabe »Bemerkungen«. Amazon arbeitet sehr eng mit Lizenzhaltern zusammen. Sie sollten also keine Torheiten begehen und nicht versuchen, beispielsweise eine CD hundertfach zu brennen, um sie dann billig auf den Markt zu werfen. Das geht garantiert ins Auge.

Verbotene Artikel Zu den verbotenen Artikeln gehören:

▶ Software, für die keine Lizenz vorhanden ist. Unter Amazon.de Marketplace dürfen nur Originalversionen verkauft werden. Es ist ausdrücklich verboten, kopierte Software oder solche, für deren Verkauf keine Berechtigung besteht, zu verkaufen. Dies gilt insbesondere für Schüler-, Studenten- und Lehrer-Lizenzen, OEM-Versionen, Back-Up-Versionen, Firmensoftware, zu Promotionzwecken verbreitete Software, Betaversionen und vorveröffentlichte Software sowie nicht autorisierte Free- und Shareware. Zahlreiche PC-Softwareprodukte fordern den Erstkäufer bei der Installation auf, das Produkt zunächst mit einer Seriennummer oder einem Passwort zu registrieren. Falls der Erstkäufer sich entschließt, die Software zu verkaufen, muss er für die korrekte Übertragung der Lizenz sowohl die Software als auch die originale Seriennummer bzw. das Passwort an den Käufer übergeben. Nach Abschluss des Verkaufs muss der Verkäufer unter Umständen zur Übertragung der Registrierung den Hersteller kontaktieren, damit der Käufer die Berechtigung zum technischen Support und/oder zu Upgrade-Angeboten erhält. Einige Produkte erfordern zudem bei der Installation einen Aktivierungscode. Dieser Aktivierungscode befindet sich auf dem Server des Herstellers und erschwert die Übertragung des Produktes an eine dritte Person. Bitte bedenken Sie dies, wenn Sie Softwareprodukte in Amazon Marketplace anbieten. Sollte ein Käufer ein Produkt aufgrund von Problemen bei der Übertragung der Registrierung nicht anwenden können, erklärt sich der Verkäufer bereit, vollständige Erstattung zu leisten.

▶ Artikel, die Urheberrechte, Markenrechte oder Patentrechte verletzen. Verboten ist das Anbieten von illegalen Kopien von Büchern, Musik, Videos, Software oder Bildern. Verboten ist auch das Anbieten von Originalen oder Kopien, für die der Anbietende das Verbreitungsrecht nicht hat. Bei folgenden Gegenständen sollte auf jeden Fall vorab geklärt werden, ob die erforderlichen Rechte eingeräumt wurden: Videoaufnahmen von Fernsehsendungen, Videoaufnahmen von Musik- oder Sportveranstaltungen, Promotions-CDs und -filme, übersetzte Bücher, reproduzierte CDs, Musik-CDs, Vervielfältigungsstücke von urheberrechtlich geschützten Werken.

▶ Illegal reproduzierte Markenartikel. Der Verkauf nicht autorisierter Repliken von Markenartikeln, deren Raubausgaben und Fälschungen sowie Label-Imitate dürfen nicht angeboten werden. Eine Rolex-Nachbildung darf zum Beispiel bei Amazon.de nicht angeboten werden.

▶ Artikel pornografischen Inhalts, jugendgefährdende und indizierte Filme, privat gedrehte Pornofilme, Hardcore-Materialien. Artikel, die als rein erotisch einzustufen sind, dürfen angeboten werden. Dazu gehören zum Beispiel nicht indizierte Erotikvideos und -DVDs, erotische Kunst und Fotografie sowie Erotikmagazine, die typischerweise auch in einem regulären Buchladen vertrieben werden. Teile der Artikelbeschreibung oder des Produkttitels, die pornografische Inhalte aufweisen, müssen bei zShops schwarz überblendet werden. Gleiches gilt für Darstellungen von Brüsten oder Genitalien in den zu Angeboten hinzugefügten Bildern.

▶ Rassistisches, diskriminierendes oder gewaltverherrlichendes Material. Verboten sind Produkte, die den öffentlichen Frieden stören und zum Hass gegen Teile der Bevölkerung aufstacheln, zu Gewalt- oder Willkürmaßnahmen gegen sie auffordern oder die Menschenwürde anderer angreifen.

▶ Gestohlene Ware. Angebote mit Artikeln, die offensichtlich auf illegale Weise beschafft wurden oder nicht Eigentum des Verkäufers sind.

- Artikel, deren Verkauf in zShops die Privatsphäre Dritter beeinträchtigt. Ebenso verboten ist der Verkauf von Kundendateien (Listen mit E-Mail- oder Postadressen für Massensendungen etc.).

- Abbildungen von Personen, die der Abbildung in zShops oder dem Vertrieb der Abbildung nicht zugestimmt haben. Bilder und/oder Eigennamen berühmter Persönlichkeiten können nicht ohne die Genehmigung der Person oder ihres Managements gewerblich genutzt werden. Gleiches gilt für den Vertrieb von Promotionsartikeln und Produkten wie Poster, Mauspads, Uhren, Kleidungsstücke sowie nicht genehmigte Bildersammlungen berühmter Persönlichkeiten.

- Artikel, die Verkaufsförderung oder Werbung darstellen. Lockangebote in zShops, die nur als »Werbeportale« dienen, um den Käufer auf kommerzielle oder private Webseiten außerhalb von Amazon.de zu führen, sind unzulässig. Gleiches gilt für Angebote, die Informationen zu Bezugsquellen außerhalb von Amazon Marketplace bieten. Links auf kommerzielle Verkaufsseiten jeglicher Form, die nicht zu Amazon.de gehören, sind in Marketplace verboten.

4.3 Community-Regeln

Wie jede Gemeinschaft hat auch die Amazon-Community ein paar Richtlinien, die für alle Teilnehmer einen erfolgreichen, fairen und sicheren Ein- oder Verkauf gewährleisten sollen. Sollten Sie die Community-Regeln allzu sehr strapazieren, kann Ihnen im äußersten Fall der Ausschluss drohen. Also: Halten Sie Sich an die Spielregeln, denn das verlangen Sie schließlich auch von den anderen Teilnehmern.

Nur Volljährige können handeln Egal, ob Sie bei Amazon kaufen oder verkaufen wollen: Sie müssen sich anmelden und ein so genanntes Nutzer-Konto einrichten. Wie im stationären Handel auch müssen Sie mindestens 18 Jahre sein, um Waren über Amazon.de handeln zu können. Führen Sie Ihr Nutzer-Konto sorgfältig und achten Sie darauf, es immer auf dem aktuellsten Stand zu halten. Selbstverständlich sind Sie ehrlich bei den Angaben über Ihre Person. Sollten Sie sich nicht mehr einloggen können, besuchen Sie die Hilfeseite zu diesem Thema. Einmal ausgeschlossene Teilnehmer können keine neuen Nutzer-Konten mehr eröffnen.

Als Verkäufer bei Amazon.de Marketplace sind Sie verpflichtet, sich an die Grundsätze und Regeln der Gemeinschaft zu halten. Bieten Sie beispielsweise Ihre Artikel immer auf der Artikelseite an, auf der die Neuware des entsprechenden Artikeltyps von Amazon.de angeboten wird. Eine gebundene Ausgabe des Buches »Das Testament« von John Grisham darf zum Beispiel nicht auf der Amazon.de-Produktseite des Taschenbuches angeboten werden.

Beschränken Sie darüber hinaus den Kontakt zum Käufer auf das für den Verkauf notwendige Maß, und schicken Sie ihm nicht täglich eine Mail. Den Käufer interessiert es sicher nicht, zu erfahren, wie toll Sie es finden, dass er gerade dieses Stück gekauft hat, wie schwer Sie sich dennoch davon trennen, weil es eigentlich ja ein Erbstück Ihrer seligen Großmama sei, die Sie nach ihrem allzu frühen Ableben doch sehr vermissen … Also: Bleiben Sie sachlich und bedanken Sie sich in einer Mail höflich für den Kauf und das damit ausgesprochene Vertrauen. Weisen Sie darauf hin, dass Sie sich über eine gute Bewertung freuen würden – mehr nicht. Mit E-Mails geizen

Es macht auch keinen Sinn, einen nörgelnden Käufer, der Ihnen – zu Recht oder zu Unrecht – eine schlechte Bewertung gegeben hat, mit Mails zu traktieren. Während der Abwicklung eines Verkaufs auf der Marketplace-Plattform sollen Käufer und Verkäufer zwar per E-Mail miteinander in Kontakt treten. Wenn aber der Verkauf abgeschlossen ist, entfällt auch der Grund für einen weiteren Mail-Kontakt. Schreiben Sie keine Romane, sondern zielgerichtet und präzise. Höflichkeit im Kontakt mit dem Kunden versteht sich eigentlich von selbst. Sie wollen auch nicht in einem Geschäft von gelangweilten oder desinteressierten Mitarbeitern empfangen werden. Unflätige Ausdrucksweise oder die Belästigung anderer Nutzer verstößt gegen die Regeln.

Sie sollten immer daran denken, Ihr Angebot richtig und vollständig zu beschreiben. Achten Sie beim Anbieten Ihrer Artikel in Marketplace darauf, den Zustand entsprechend den Richtlinien zur Zustandsbeschreibung wahrheitsgemäß und möglichst zutreffend zu bewerten. Diese Richtlinien zur Zustandsbeschreibung stellen wir unten noch näher vor. Geben Sie im zugehörigen Textfeld für die Artikelbeschreibung bitte nur zusätzliche Informationen über den Zustand und die Qualität des Artikels ein. Fassen Sie sich dabei kurz, lange Bemerkungen wirken eher abschreckend. Es interessiert auch niemanden, welche privaten Erinnerungen an dem Artikel hängen, und wie schwer es Ihnen fällt, sich von ihm zu trennen. Ehrlich beschreiben

Jeder Käufer Ihrer Artikel hat die Chance, Ihren Verkauf zu bewerten. Er hat dazu 80 Zeichen zur Verfügung. Über ihr Bewertungsprofil können sich Teilnehmer der Gemeinschaft in Marketplace ein Bild von Ihren bisherigen Verkäufen machen. Sie haben als Verkäufer die Möglichkeit, auf eine Bewertung genau einmal mit einem Kommentar zu antworten, der zusammen mit der Bewertung gelistet wird. Missbrauchen und manipulieren Sie dieses Tool nicht. Privatfehden mit Käufern, die Sie – aus wel- Bewertungen respektieren chen Gründen auch immer – Ihrer Meinung nach nicht »richtig« beurteilt haben, sollten Sie hier auf keinen Fall ausfechten. Bewertungen können nachträglich nicht mehr geändert oder zurückgezogen werden.

Artikel muss vorrätig sein Wenn Sie jetzt noch beachten, dass Sie nur Artikel anbieten, die Sie beim Verkauf verfügbar haben und fristgerecht versenden können, dann kann nichts mehr schief gehen. In Marketplace angebotene Artikel müssen innerhalb von zwei Werktagen nach Verkaufsabschluss versendet werden. Sollten Sie in Ausnahmefällen einen Artikel nicht fristgerecht versenden können, benachrichtigen Sie den Käufer sofort und veranlassen Sie, falls notwendig, die Rückerstattung des Kaufpreises. Sie sollten Ihre Angebote stets sorgfältig verwalten. Fälle, in denen Sie Ware verkaufen, die Sie nicht oder noch nicht verfügbar haben, können sich negativ auf Ihr Bewertungsprofil niederschlagen.

4.4 Einstellen von Waren

Nachdem Sie die Community-Regeln beherzigt haben, wollen Sie nun endlich etwas verkaufen. Dazu müssen Sie zunächst den zu verkaufenden Artikel im Angebot von Amazon.de finden. Klicken Sie auf der Amazon-Homepage auf die Rubrik »Jetzt verkaufen«. Sie werden auf eine Unterseite verwiesen, auf der Sie exakte Angaben zu dem Artikel machen können, den Sie verkaufen möchten.

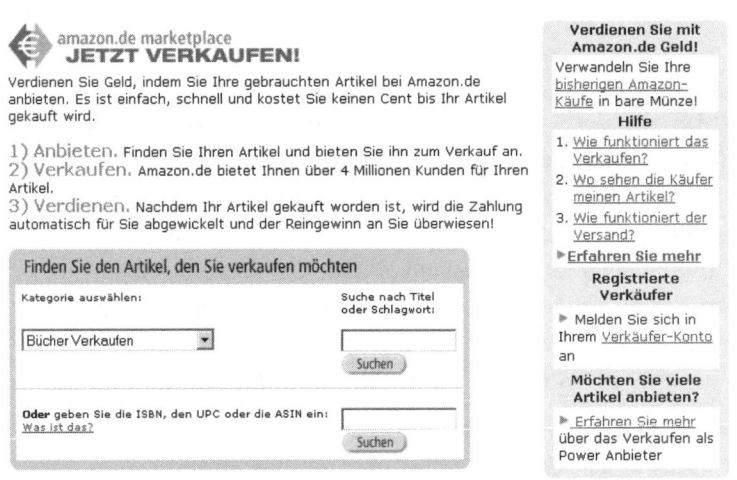

Abbildung 4.2 Suchen Sie über den Titel, Autor, Interpret oder Produktcode nach Ihrem Artikel.

Nun können Sie in der entsprechenden Leiste den Titel oder ein Stichwort zu Ihrer Ware eingeben. Sie haben zusätzlich die Möglichkeit, über den Produktcode den Artikel genau zu bestimmen. Dazu geben Sie in die Suchmaske am besten die ISBN-Nummer ein, wenn Sie ein Buch verkaufen möchten, und bei allen anderen Produkten die UPC- oder EAN-Nummer. ISBN (International Standard Book Number), UPC (Universal Product Code) und EAN (European Article Number) sind Erkennungsnummern, die einem bestimmten Artikel eindeutig zugeordnet sind. Die ISBN, UPC oder EAN finden Sie meistens auf der Rückseite Ihres Artikels oder auf der Verpackung.

Wenn Sie Ihren Artikel gefunden haben, den Sie über Marketplace verkaufen wollen, vergewissern Sie sich zunächst, ob es auch tatsächlich der richtige ist. Der Teufel steckt hier im Detail: Sie müssen unterscheiden, ob Sie die gebundene oder die Taschenbuchausgabe verkaufen wollen. Zudem gibt es von einem Buch oftmals mehrere Ausgaben und Auflagen. Achten Sie genau darauf, ob Sie auch tatsächlich die richtige Detailseite Ihres Artikels gefunden haben. Wenn ja, dann klicken Sie auf der Detailseite den Button »Diesen Artikel verkaufen«.

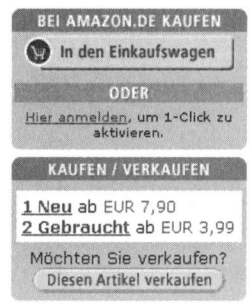

Abbildung 4.3 Rechts unten klicken Sie den Button »Diesen Artikel verkaufen«.

Anschließend loggen Sie sich einfach mit Ihrer E-Mail-Adresse und Ihrem Passwort ein, und schon es geht es weiter.

4.5 Zustandsbeschreibung

Im nächsten Schritt werden Sie aufgefordert, den Zustand des Artikels zu beschreiben. Ein Tipp: Seien Sie ehrlich. Sie haben nichts davon, wenn Sie flunkern und den Zustand des Artikels besser darstellen als er tatsächlich ist. Den Ärger haben Sie spätestens dann, wenn die Ware von dem enttäuschten Käufer zurückgeschickt wird. Nicht nur, dass Ihnen eine schlechte Verkäuferbewertung gewiss ist – Sie haben zusätzlich auch noch die Kosten der Retoursendung zu zahlen. Ein gutes Geschäft gelingt nur dann, wenn der Käufer Vertrauen entwickelt. Die Voraussetzungen dafür müssen Sie schaffen, indem der angebotene Artikel von Ihnen so beschrieben wird, wie er tatsächlich ist.

Zustand angeben Zunächst müssen Sie aus einem Pull-down-Menü den passenden Zustand für Ihren Artikel wählen.

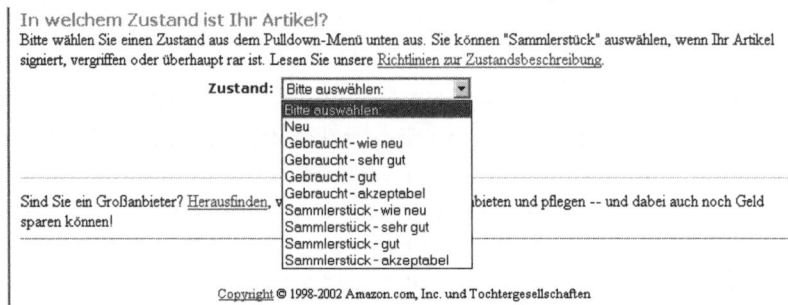

Abbildung 4.4 Geben Sie den Zustand des Artikels an.

Der folgende Leitfaden soll Sie bei der gewissenhaften Beschreibung des Zustandes Ihres Artikels unterstützen. Die ehrliche Einschätzung des Zustandes und der Qualität der in Amazon.de Marketplace angebotenen gebrauchten Artikel oder Sammlerstücke ist ein erster Schritt, um sicherzustellen, dass der Verkauf sowohl für den Käufer als auch den Verkäufer erfolgreich abläuft.

Bücher

Für Bücher gelten naturgemäß andere Kriterien bei der Zustandsbeschreibung als beispielsweise für Software.

▶ **»Neu«:** Aufgrund der Buchpreisbindung in Deutschland, Österreich und der Schweiz kann Ihr Buch im Zustand »Neu« nur zu dem entsprechenden bei Amazon.de angezeigten Preis angeboten werden. Als »Neu« gelten nagelneue, ungelesene und erkennbar unbenutzte Ausgaben in Top-Zustand.

▶ **»Wie neu«:** Damit kennzeichnen Sie offensichtlich ungelesene Ausgaben in Top-Zustand. Dabei muss der Schutzumschlag – sofern vorhanden – unbeschädigt sein. Die Seiten sind sauber und weisen weder Notizen noch Knicke irgendwelcher Art auf. Im Grunde lässt sich das Buch noch als Geschenk verwenden.

- ▶ **»Sehr gut«**: Dahinter verbirgt sich eine zwar gelesene Ausgabe, die sich jedoch in hervorragendem Zustand befindet. Die Seiten sind intakt und weisen weder Notizen noch Unterstreichungen auf. Der Buchrücken zeigt keinerlei Knicke oder andere Gebrauchsspuren.

- ▶ **»Gut«**: Gelesene Ausgabe in gutem und sauberem Zustand. Hierbei sind die Seiten und der Einband intakt, gleiches gilt für den Schutzumschlag, falls vorhanden. Der Buchrücken darf jedoch Gebrauchsspuren aufweisen, und auch Notizen oder Unterstreichungen in begrenztem Ausmaß sowie Bibliotheksstempel sind zumutbar.

- ▶ **»Akzeptabel«**: So bezeichnen Sie Ausgaben in akzeptablem und lesbarem Zustand. Seiten und Einband sind intakt, der Schutzumschlag darf fehlen. Zwar sind Notizen und Unterstreichungen in größerem Ausmaß zulässig, doch muss der Text vollständig lesbar sein.

- ▶ **»Unzumutbar«**: Angeschimmelte, verfleckte oder anders verschmutzte Bücher sowie Ausgaben mit fehlenden Seiten oder unlesbarem Text. Rein zu Werbezwecken vertriebene Bücher, Vorabausgaben und Leseexemplare dürfen generell nicht angeboten werden.

- ▶ **»Sammlerstück«**: Bücher, die entweder signiert oder nicht mehr lieferbar sind oder andere besondere Merkmale aufweisen. Sie haben die Möglichkeit, näher zu erläutern, warum es sich bei Ihrem Buch um ein Sammlerstück handelt. Der Preis sollte für Sammlerstücke höher sein als der bei Amazon.de für das gleiche Buch angezeigte Preis.

Nachdem Sie einen Zustand ausgewählt haben, bietet Ihnen Amazon auf der darauf folgenden Seite die Gelegenheit, in einem Eingabefeld kurz und knapp durch eine zusätzliche Beschreibung von maximal 200 Zeichen einen weiteren Kaufanreiz zu setzen, der Ihr Angebot von anderen des gleichen Artikels abhebt. Wenn Sie Bücher aus Restbeständen anbieten möchten, geben Sie als Kommentar an, ob das Buch einen Schönheitsfehler hat oder als Restposten ausgezeichnet ist. Eine genaue Beschreibung Ihrer Artikel dient nicht nur der Zufriedenheit der Kunden, sondern auch Ihnen selbst in Form von positiven Bewertungen. Denken Sie daran: Die Zustandsbeschreibung entscheidet neben Preis und Bewertungen wesentlich über Erfolg oder Misserfolg Ihres geplanten Verkaufs. Je mehr nützliche Angaben Sie dabei machen, desto besser. Allerdings sollten Sie nicht weitschweifig sein: Beschreiben Sie den Artikel kurz und prägnant so, dass er zum Kauf reizt, aber dabei nicht unglaubwürdig wirkt. »Einmal gelesen, Knick im Umschlag« oder »In sehr gutem Zustand. Als Remittende gekennzeichnet« oder ähnliche Beschreibungen geben potenziellen Käufern die Möglichkeit, sich ein besseres Bild von

Zusätzliche Beschreibung nutzen

Ihrem Buch zu machen, als wenn Sie lediglich die Zustandsbeschreibung aus dem Pull-down-Menü wählen.

> **Unser Tipp**
> Um sich inspirieren zu lassen, sollten Sie sich zuvor auf Marketplace etwas umsehen: Wie machen es andere Verkäufer? Würden Sie sich von deren Zusatz-Beschreibungen zum Kauf verleiten lassen? Wie wirkt deren Beschreibung auf Sie? So kommen Sie sicher auf eine Idee, wie Sie Ihren Artikel am besten beschreiben.

Musik

Neue CDs, Schallplatten und Musikkassetten können zu einem beliebigen Preis angeboten werden. Etwas Vergleichbares wie die Buchpreisbindung gibt es hierbei nicht zu beachten. Die Bewertungskriterien sind bei Musikartikeln folgende:

▶ **»Neu«**: Nagelneue, unbenutzte CD, Schallplatte oder Musikkassette in Originalverpackung und Top-Zustand.

▶ **»Wie neu«**: Offensichtlich ungeöffnete CD, Schallplatte oder Musikkassette in Top-Zustand. Die Originalverpackung ist hierbei nicht zwingend erforderlich. Weder Hülle noch der Tonträger selbst weisen Kratzer oder andere Gebrauchsspuren auf. Cover sowie eventuelle Booklets oder Schutzhüllen sind absolut unbeschädigt. Der Artikel lässt sich vom Käufer noch als Geschenk verwenden.

▶ **»Sehr gut«**: Gebrauchter, aber gut gepflegter Musikartikel, der sich in einem hervorragenden Zustand befindet. Die Tonqualität ist in keiner Weise beeinträchtigt. Hülle, Cover und Booklet dürfen leichtere Gebrauchsspuren aufweisen.

▶ **»Gut«**: Tonqualität der CD, Schallplatte oder Musikkassette ist in keiner Weise beeinträchtigt. Dabei sind Gebrauchsspuren zulässig, Hülle, Cover und Booklet müssen jedoch unbeschädigt und in gutem Zustand sein. Zudem darf der Artikel mit Namen und Adresse sowie ähnlichen Markierungen des Besitzers versehen sein.

▶ **»Akzeptabel«**: Musikartikel, bei denen die Tonqualität in keiner Weise beeinträchtigt ist, die ansonsten allerdings starke Gebrauchsspuren zeigen. Die Hülle kann beschädigt sein. Das Cover hat Gebrauchsspuren, muss allerdings vollständig und lesbar sein. CD, Schallplatte, Musikkassette oder die Hülle darf mit Namen und Adresse sowie ähnlichen Markierungen des Besitzers versehen sein.

- ▶ »**Unzumutbar**«: Artikel mit schlechter Tonqualität, Kratzer oder über-spielte Aufnahmen. Sie dürfen nicht verkauft werden. Gleiches gilt für Kopien und Aufnahmen jeglicher Art und jeglichen Formats, die das Urheberrechtsgesetz verletzen. Rein zu Werbezwecken hergestellte Tonträger dürfen nicht in Amazon.de Marketplace angeboten werden. Achtung: Fehlende Bestandteile müssen von Ihnen in der Artikelbe-schreibung explizit aufgeführt werden.

- ▶ »**Sammlerstück**«: Artikel muss entweder signiert oder nicht mehr lie-ferbar sein oder andere besondere Merkmale aufweisen. Sie haben die Möglichkeit, näher zu erläutern, warum es sich bei Ihrem Artikel um ein Sammlerstück handelt. Auch hier setzen Sie auf alle Fälle einen höheren Preis an als den bei Amazon.de für den gleichen Artikel ange-zeigten Preis.

Videos und DVDs

Auch Videos und DVDs sind nicht preisgebunden. Es gelten hier die fol-genden Bewertungskriterien:

- ▶ »**Neu**«: Videos und DVDs, die nagelneu, unbenutzt, ungeöffnet und in einem Top-Zustand sind. Solche Artikel können zu einem beliebigen Preis angeboten werden. Die vollständige Originalverpackung ist selbstverständlich.

- ▶ »**Wie neu**«: Offensichtlich ungeöffnete Videos und DVDs oder solche, die sich in einem sehr guten Zustand befinden. Die Hülle oder Box ist sauber, nicht verblichen und weist keinerlei Gebrauchsspuren auf. Selbstverständlich ist der Artikel noch mit der Originalverpakkung ver-sehen.

- ▶ »**Sehr gut**«: Artikel, die zwar gebraucht, aber gut gepflegt sind und sich in hervorragendem Zustand befinden. Der Film ist vollständig und läuft ohne Unterbrechungen oder Sprünge. Hülle, Cover oder Booklet dür-fen leichtere Gebrauchsspuren aufweisen.

- ▶ »**Gut**«: Produkte mit externen Gebrauchsspuren. Bild- und Tonqualität dürfen allerdings in keiner Weise beeinträchtigt sein. Das Video oder die DVD darf mit Namen und Adresse sowie ähnlichen Markierungen des Besitzers versehen sein.

- ▶ »**Akzeptabel**«: Videos und DVDs mit deutlichen externen Gebrauchs-spuren. Auch hier ist die Bild- und Tonqualität jedoch in keiner Weise beeinträchtigt. Die Hülle kann beschädigt sein. Cover oder Booklet zei-gen zwar Gebrauchsspuren, müssen allerdings vollständig und lesbar sein. Ebenfalls zulässig ist die Markierung des Artikels mit Namen und Adresse des Besitzers.

▶ **»Unzumutbar«:** Kopien und Aufnahmen jeglicher Art und jeglichen Formats, die das Urheberrechtsgesetz verletzen, zählen unbedingt dazu. Rein zu Werbezwecken hergestellte Medien dürfen ebenfalls nicht in Marketplace angeboten werden. Gleiches gilt für Videos oder DVDs, bei denen Teile des Films fehlen oder nicht mehr sichtbar oder abspielbar sind.

▶ **»Sammlerstück«:** Es muss entweder schwer erhältlich oder nicht mehr lieferbar sein oder andere besondere Merkmale aufweisen. Auch hier haben Sie die Möglichkeit, näher zu erläutern, warum es sich bei Ihrem Artikel um ein Sammlerstück handelt. Nutzen Sie diese Gelegenheit. Der Preis sollte auch bei Videos und DVDs für Sammlerstücke höher sein als der bei Amazon.de für den gleichen Artikel angezeigte Preis.

PC- und Videospiele

Neue wie auch gebrauchte PC- und Videospiele können zu einem beliebigen Preis angeboten werden. Die Kategorien im Einzelnen:

▶ **»Neu«:** Nagelneues, unbenutztes und ungeöffnetes PC- oder Videospiel in Top-Zustand. Originalverpackung sowie original Lieferumfang sind selbstverständlich.

▶ **»Wie neu«:** Offensichtlich ungeöffnetes PC- und Videospiel in Top-Zustand. Dabei muss die Originalverpackung nicht zwingend beiliegen. Weder Box oder Hülle noch Spiel weisen Gebrauchsspuren auf.

▶ **»Sehr gut«:** PC- und Videospiele, die zwar gebraucht, aber gut gepflegt und in sehr gutem Zustand sind. Spiel und Originalverpackung sind vollständig. Leichtere Gebrauchsspuren sind zulässig, Spiel und Verpackung sind jedoch weder markiert noch beschädigt.

▶ **»Gut«:** Artikel, die Gebrauchsspuren von häufiger Nutzung zeigen, sich aber in gutem Zustand befinden. Externe Abnutzung sowie Schäden an der Originalverpackung oder der Spielanleitung sind zumutbar. Das Spiel selbst darf jedoch in keiner Weise beeinträchtigt sein. PC- und Videospiele dürfen mit Namen und Adresse sowie ähnlichen Markierungen des Besitzers versehen sein.

▶ **»Akzeptabel«:** PC- und Videospiele, die deutliche Gebrauchsspuren aufweisen, bei denen der Spielverlauf jedoch in keiner Weise beeinträchtigt wird. Box und Anleitung können fehlen oder beschädigt sein. Der Artikel darf mit einem Namen und einer Adresse versehen sein.

► »Unzumutbar«: PC- und Videospiele, die nicht mehr spielbar oder unvollständig sind. Auch Shareware- und Freeware-Versionen dürfen nicht angeboten werden. Gleiches gilt für Spiele und Spielkopien jeglicher Art und jeglichen Formats, die das Urheberrechtsgesetz verletzen. Rein zu Werbezwecken hergestellte Medien können nicht in Amazon.de Marketplace angeboten werden. PC- und Videospiele, bei denen wesentliches Begleitmaterial fehlt, sind nicht zulässig – dabei handelt es sich nicht zwingend um die Spielanleitung oder die Hülle.

Achten Sie im Allgemeinen darauf, dass fehlende Bestandteile von Ihnen in der Artikelbeschreibung explizit aufgeführt werden.

Software

Neue wie auch gebrauchte Softwareartikel können zu einem beliebigen Preis angeboten werden. Beachten Sie jedoch dies: Zahlreiche PC-Softwareprodukte fordern den Erstkäufer bei der Installation auf, das Produkt zunächst mit einer Seriennummer oder einem Passwort zu registrieren. Falls der Erstkäufer sich entschließt, die Software zu verkaufen, muss er für die korrekte Übertragung der Lizenz sowohl die Software als auch die originale Seriennummer beziehungsweise das Passwort an den Käufer übergeben.

Nach Abschluss des Verkaufs müssen Sie als Verkäufer unter Umständen zur Übertragung der Registrierung den Hersteller kontaktieren, damit der Käufer die Berechtigung zum technischen Support und zu Upgrade-Angeboten erhält. Einige Produkte erfordern zudem bei der Installation einen Aktivierungscode. Dieser Aktivierungscode befindet sich auf dem Server des Herstellers und erschwert die Übertragung des Produktes an eine dritte Person. Bitte bedenken Sie dies, wenn Sie Softwareprodukte in Amazon Marketplace anbieten. Sollte ein Käufer ein Produkt aufgrund von Problemen bei der Übertragung der Registrierung nicht anwenden können, erklären Sie sich bereit, vollständige Erstattung zu leisten.

Codes zum Registrieren und Aktivieren beachten

► »Neu«: Nagelneue Ware, die unbenutzt und ungeöffnet ist. Originalverpackung sowie original Lieferumfang sind selbstverständlich.

► »Wie neu«: Software, die offensichtlich geöffnet wurde, bei der die Software selbst sich jedoch in einem einwandfreien Zustand befindet. Weder Box oder Hülle noch CDs weisen Gebrauchsspuren auf.

► »Sehr gut«: Software, die zwar gebraucht, aber gut gepflegt und in sehr gutem Zustand ist. Software und Originalverpackung sind vollständig. Leichtere Gebrauchsspuren sind zulässig, CD und Verpackung sind jedoch weder markiert noch beschädigt.

▶ **»Gut«:** Software, die Gebrauchsspuren von häufiger Nutzung zeigt, jedoch in gutem Zustand ist. Externe Abnutzung sowie Schäden an der Originalverpackung oder der Anleitung sind zumutbar. Die Software selbst darf jedoch in keiner Weise beeinträchtigt sein. Sie darf mit Namen und Adresse sowie ähnlichen Markierungen des Besitzers versehen sein.

▶ **»Akzeptabel«:** Software, die deutliche Gebrauchsspuren zeigt, deren Funktion jedoch in keiner Weise beeinträchtigt ist. Box und Anleitung können fehlen oder beschädigt sein.

▶ **»Unzumutbar«:** Software, die nicht mehr verwendbar oder unvollständig ist. Shareware- und Freeware-Versionen dürfen generell nicht angeboten werden. Gleiches gilt für Software und Kopien jeglicher Art und jeglichen Formats, die das Urheberrechtsgesetz verletzen. Rein zu Werbezwecken hergestellte Medien können nicht in Amazon.de Marketplace angeboten werden. Software, bei der wesentliches Begleitmaterial fehlt, kann nicht verkauft werden.

Denken Sie auch bei Softwareartikeln daran, dass fehlende Bestandteile von Ihnen in der Artikelbeschreibung explizit aufgeführt werden müssen.

Elektronik & Foto

Gebrauchte oder erneuerte Elektronik- und Fotoartikel müssen vom Hersteller selbst oder von einer entsprechenden Fachwerkstatt überholt und mit einer Garantie versehen worden sein. Der Preis für gebrauchte oder erneuerte Elektronik- und Fotoartikel ist beliebig. Der Verkauf von Neuware in der Kategorie Elektronik & Foto steht ausschließlich autorisierten Vertragshändlern offen.

▶ **»Neu«:** Artikel, die unbenutzt und ungeöffnet sind. Vollständige Originalverpackung sowie original Lieferumfang sind selbstverständlich. Die Erstgarantie des Herstellers, soweit zutreffend, ist noch gültig. Die Konditionen der Garantie müssen in der Artikelbeschreibung explizit aufgeführt werden.

▶ **»Refurbished«:** Erneuertes Produkt, das nachweislich fachmännisch überholt wurde und absolut funktionstüchtig ist. Es wurde inspiziert, gesäubert und repariert, um den Vorgaben des Herstellers zu genügen. Die Originalverpackung muss nicht zwingend vorhanden sein. Die Konditionen der vom Hersteller oder der Fachwerkstatt ausgestellten

Garantie, soweit noch gültig, sollten auf alle Fälle in der Artikelbeschreibung aufgeführt werden.

- ▶ **»Wie neu«:** Offensichtlich unbenutzter Artikel in hervorragendem Zustand. Die Ware muss nicht mehr in Folie eingeschweißt sein, die Originalverpackung ist aber ansonsten intakt. Der Artikel darf keinerlei Gebrauchsspuren aufweisen. Auf einer Bewertungsskala von 1–10 für gebrauchte Artikel muss eine Bewertung von 10– oder höher angesetzt werden können.

- ▶ **»Sehr gut«:** Gepflegte und selten genutzte Elektronikartikel, die sich in sehr gutem Zustand befinden. Produkt und Anleitung sind vollständig und unbeschädigt. Leichtere Gebrauchsspuren sind zulässig, der Artikel ist jedoch voll funktionsfähig. Auf einer Bewertungsskala von 1–10 für gebrauchte Artikel muss eine Bewertung von 9–, 9 oder 9+ angesetzt werden können.

- ▶ **»Gut«:** Artikel, die Gebrauchsspuren von häufiger Nutzung zeigen, ansonsten aber in gutem Zustand sind. Die Originalanleitung ist vollständig und lesbar, der Artikel darf mit Namen und Adresse versehen sein sowie ähnliche Markierungen oder Gebrauchsspuren des Besitzers aufweisen. Darüber hinaus ist der Artikel voll funktionsfähig und in gutem Allgemeinzustand. Auf einer Bewertungsskala von 1–10 für gebrauchte Artikel muss eine Bewertung von 8–, 8 oder 8+ angesetzt werden können.

- ▶ **»Akzeptabel«:** Artikel, die deutliche Gebrauchsspuren zeigen, deren Funktion jedoch in keiner Weise beeinträchtigt ist. Zulässig sind Kratzer, Beulen oder ähnliche Gebrauchsspuren. Nicht unbedingt notwendige Teile der Anleitung können fehlen oder beschädigt sein. Der Artikel darf mit Namen und Adresse versehen sein sowie ähnliche Markierungen oder Gebrauchsspuren des Besitzers aufweisen. Auf einer Bewertungsskala von 1–10 für gebrauchte Artikel muss eine Bewertung von 7–, 7 oder 7+ angesetzt werden können.

- ▶ **»Unzumutbar«:** Artikel, die nicht mehr voll funktionsfähig sind, sowie solche, die sich aufgrund von Beschädigungen nur noch schwer nutzen lassen. Artikel, die die Rechte des Herstellers in irgendeiner Weise verletzen oder bei denen notwendige Bestandteile fehlen, dürfen nicht angeboten werden. Auch verunreinigte Artikel sind nicht erlaubt.

Achtung: Käufer außerhalb Deutschlands können über Amazon.de Marketplace keine Elektronik- und Fotoartikel erwerben.

5 Alles rund ums Geld

Den angemessenen Preis für eine Ware zu finden, ist nicht immer einfach. Auch die Gebühren und andere Zusatzkosten müssen in Ihre Preis-Überlegungen mit einfließen.

Sie haben Ihr Produkt erfolgreich beschrieben und müssen sich nun in einem nächsten Schritt überlegen, welchen Preis Sie festsetzen möchten. Die Preisgestaltung ist ein wichtiger Teil Ihrer Einstellungen, der maßgeblich über Erfolg oder Misserfolg des Verkaufs entscheidet. Nehmen Sie sich also Zeit, um genau zu überlegen, welchen Preis Sie für Ihr Produkt angemessen finden.

5.1 Preisfindung

Für eine erfolgreiche Preisfindung gibt es einige Dinge zu berücksichtigen. Überlassen Sie möglichst wenig dem Zufall und planen Sie mit Augenmaß. Sie kennen es von Ihren eigenen Käufen: Der Preis hat enormen Einfluss auf Ihr Kaufverhalten. Sorgfalt in der Preisangabe wird somit zum entscheidenden Erfolgskriterium.

> **Unser Tipp**
> Vergleichen Sie Angebote zum gleichen Artikel auf Marketplace sowie auf anderen Plattformen wie Ebay oder ähnlicher Auktionsanbieter. Es gibt darüber hinaus genügend Preisvergleichtools im Internet, die Sie problemlos nutzen können, beispielsweise www.preistester.de, www.findmybook.de oder www.book-butler.com.

Derzeit können Sie vier Arten von Artikeln auf der Marketplace-Plattform anbieten: Neue, refurbished (erneuerte) und gebrauchte Artikel sowie Sammlerstücke. In der Preisgestaltung für Ihre Produkte sind Sie weitgehend flexibel, bis auf einige Restriktionen innerhalb der Kategorie »Neu«.

Nach wie vor gilt in Deutschland, Österreich und der Schweiz die gesetzlich vorgeschriebene Buchpreisbindung. In Deutschland zementierte der Bundestag am 14. Juni 2002 diese Besonderheit bei der Ware Buch. Einstimmig wurde das Gesetz zur Sicherung der Buchpreisbindung beschlossen, das im Oktober 2002 in Kraft trat. Bisher war die Buchpreisbindung in Deutschland auf privatrechtlicher Grundlage geregelt. Durch das neue Preisbindungsgesetz hat die Bundesregierung sichergestellt, dass feste

Buchpreisbindung beachten

Buchpreise in Deutschland stärker als bisher rechtlich und politisch abgesichert sind.

Selbstverständlich halten Sie sich an diese Restriktion und bieten Bücher in »neuem« Zustand maximal zu dem vom Verlag festgesetzten Preis an – keinesfalls darüber. Die einzige Möglichkeit, Ihr Buch flexibler und billiger anzubieten, haben Sie bei absolut neuwertigen Büchern ausschließlich, wenn die Buchpreisbindung für Ihr Buch explizit aufgehoben wurde. Gebrauchte Bücher unterliegen nicht der Buchpreisbindung. Darüber hinaus hat ein Verlag die Möglichkeit, 18 Monate nach Herstellung einer Auflage, diese von der Preisbindung zu lösen. Dies muss der Verlag jedoch öffentlich machen. Wenn ein Buch aus der Preisbindung herausgenommen wurde, finden Sie meistens einen entsprechenden Hinweis auf der jeweiligen Amazon-Detailseite. Alle nicht deutschen Titel, insbesondere englische Bücher, können frei gepreist werden.

Preisvorschlag von Amazon Um Ihnen die Suche nach dem richtigen Preis etwas leichter zu gestalten, macht Amazon zu jedem Artikel, den Sie in Marketplace einstellen möchten, einen Preisvorschlag.

Sie haben Gebraucht - wie neu **als Zustandsbeschreibung für Ihren Artikel angegeben.**
Ihr Kommentar: sehr guter Zustand

Geben Sie den Preis für Ihren Artikel ein
Wenn Ihr Artikel verkauft ist, zieht Amazon.de vom Käufer den Verkaufspreis ein und teilt Ihnen die Adresse des Käufers mit. Der Betrag wird Ihrem Amazon-Payments-Konto gutgeschrieben, abzüglich einer Verkaufsgebühr von 0,99 EUR (nicht bei Power-Anbietern) und 15% des Verkaufspreises (10% bei Artikeln aus der Kategorie Elektronik & Foto). Um Sie beim Versand zu unterstützen, gewährt Amazon Ihnen eine zusätzliche Versandkostengutschrift. Mehr über Preise und Gebühren.

Amazon.de-Preis: EUR 16,95

Empfohlener Preis: EUR 13,56
Berücksichtigt den
angegebenen Zustand

Ihr Preis: EUR [   ]

Wählen Sie Ihre Versandregion

Preisinformationen für
Ihren Artikel
Titel
Warum Männer lügen und
Frauen immer Schuhe
kaufen. (Perfect
Paperback)
Andere Marketplace-Angebote
9 Neu ab EUR 16,95
9 Gebraucht ab EUR 11,00
Durchschnittspreis offener
Vorbestellungen
(Berücksichtigt den
angegebenen Zustand)
EUR 8,26
KÄUFER WARTET!

Abbildung 5.1 Amazon empfiehlt Ihnen einen Preis, letztlich liegt die Entscheidung aber bei Ihnen.

Eine weitere große Hilfe stellt der Kasten »Preisinformationen für Ihren Artikel« dar. Dort haben Sie die Möglichkeit, bereits bestehende Angebote unterteilt in »Neu« und »Gebraucht« anzusehen. Das günstigste Angebot ist jeweils im Kasten angeführt. Wenn Sie auf die Rubrik »Neu« oder »Gebraucht« klicken, erhalten Sie alle derzeitigen Angebote zur Ansicht. Wenn bereits Vorbestellungen für diesen Artikel vorliegen, so wird das Ihnen ebenfalls in diesem Kasten angezeigt (»Käufer wartet!«).

Generell gilt, dass Sie sich keineswegs sklavisch an den Amazon-Vorschlag halten müssen. Der Preis soll Ihnen lediglich als Orientierungshilfe dienen. Die Preisgestaltung unterliegt ansonsten prinzipiell Ihrer eigenen Entscheidung.

Unser Tipp

Wenn Amazon.de den Artikel selbst anbietet, wählen Sie für neuwertige Produkte am besten einen Preis, der etwa drei Euro unter dem Amazon-Preis liegt. Bedenken Sie, dass dem Käufer in jedem Fall Versandgebühren berechnet werden, wenn er einen Artikel über Marketplace kauft. Bietet Amazon ein neues Buch zum Preis über 20 Euro an, entfallen die Versandgebühren für den Käufer. Kauft er das gleiche Buch zum gleichen Preis bei Ihnen, muss er jedoch Versandgebühren entrichten. Es liegt auf der Hand, welche Alternative er wählen wird.

Wenn bereits Vorbestellungen für Ihren Artikel vorliegen, wird Ihnen das vom System angezeigt. Mit einer Ausnahme: Derzeit ist es nicht möglich, Vorbestellungen für Produkte aus dem Bereich Consumer Electronic und Videogames abzugeben. Das soll sich jedoch ändern. Alle anderen Kategorien lassen Vorbestellungen zu. Zurzeit wird Ihnen der Durchschnittspreis aller Vorbestellungen genannt (siehe Abb. 5.1). Der Durchschnittspreis setzt sich gemeinhin aus mehreren Preisen zusammen. Sie können sich entscheiden, um wie viel Euro oder Cent Sie Ihren Artikel darüber platzieren wollen. Dabei gibt es jedoch ein Problem: Wenn nur eine einzige Vorbestellung vorliegt, ist der Durchschnittspreis auch derjenige, zu dem exakt ein Käufer bereit ist, Ihren Artikel zu kaufen. Setzen Sie den Preis höher an, verkaufen Sie nichts. — *Vorbestellungen*

Amazon plant jedoch, in Zukunft den höchsten Vorbestellungspreis zu listen, wie dies bereits in den USA praktiziert wird. Damit haben Sie quasi eine Garantie, dass Sie zu diesem Preis auch ganz bestimmt einen Käufer finden, der Ihnen den höchsten im System gelisteten Preis zu zahlen bereit ist. Zudem müssen Sie nicht lange auf den Verkaufserfolg warten. In der Regel handelt sich nur um Minuten, je nachdem, wie stark das System gerade ausgelastet ist. Sobald die Software routinemäßig Angebot und Nachfrage abgeglichen hat, erhalten Sie auch schon eine Benachrichtigung, dass Ihr Artikel verkauft wurde.

Allerdings ist es bislang eher die Ausnahme, dass Vorbestellungen zu exakt Ihrer Ware vorliegen. Damit die Chancen steigen, Ihren Artikel dennoch möglichst schnell und Gewinn bringend zu verkaufen, möchten wir — *Preistipps en détail*

Ihnen einige Tipps zur Preisgestaltung mitgeben. Grundsätzlich gilt: Am besten orientieren Sie sich an den Preisen, die Amazon selbst für den entsprechenden Artikel verlangt. Die folgende Auflistung folgt den Kategorien, die Sie bereits von der Zustandsbeschreibung Ihres Artikels her kennen. Das schlägt Ihnen Amazon vor:

- ▶ **»Neu«:** Auf keinen Fall teurer als das Amazon-Angebot. Bei Artikeln über 20 Euro empfiehlt es sich, immer mindestens drei Euro unter dem Amazon-Preis anzubieten (siehe auch »Unser Tipp«).
- ▶ **»Refurbished«:** Etwa 10 Prozent unter Amazon-Preis
- ▶ **»Gebraucht – wie neu«:** Etwa 20 Prozent unter Amazon-Preis
- ▶ **»Gebraucht – sehr gut«:** Etwa 30 Prozent unter Amazon-Preis
- ▶ **»Gebraucht – gut«:** Etwa 45 Prozent unter Amazon-Preis
- ▶ **»Gebraucht – akzeptabel«:** Etwa 70 Prozent unter Amazon-Preis
- ▶ **»Sammlerstück«:** Der Preis sollte immer über dem von Amazon.de liegen, denn Rares und Seltenes ist sicher wertvoller als der gewöhnliche Artikel. Erfahrungsgemäß sind Sammler für Liebhaberstücke bereit, vergleichsweise hohe Summen zu bezahlen.

Nochmals der Hinweis: Dies sind Richtwerte, die Amazon angibt. Ansonsten haben Sie jederzeit die Freiheit, Ihren Preis unabhängig von diesen Vorschlägen selbst zu definieren. Die Preise bei Amazon.de, an denen Sie sich orientiert haben, können sich natürlich ändern. Ihr Preis ändert sich allerdings nur, wenn Sie ihn selbst ändern. Dazu haben Sie stets die Möglichkeit, unabhängig davon, ob sich der Amazon-Preis ändert oder nicht.

Vergleichen Sie mit anderen Anbietern Neben dem Amazon-Preis gibt es einen weiteren wichtigen Richtwert, an dem sich Ihre Preisgestaltung orientieren sollte: die anderen Anbieter. Selten bieten Sie ganz alleine einen bestimmten Artikel in Marketplace an. Wenn Sie der Zwanzigste sind, der die Madonna-CD »Ray of Light« verkaufen will, dann muss sich Ihr Artikel durch irgendetwas von den anderen unterscheiden. Wenn es nicht über den Zustand der CD geht, dann muss es der Preis sein.

Meistens gelingt Ihnen das über eine intelligente Preisgestaltung. Sehen Sie sich genau an, wie Ihre Mitbewerber ihre Produkte beschreiben und welchen Preis sie dafür verlangen. Nun sind Sie an der Reihe, daraus Ihre Schlüsse zu ziehen. Wenn Sie die CD teurer verkaufen wollen als alle anderen, werden Sie vermutlich lange auf eine Erfolgsmeldung warten können. Deshalb: Verschaffen Sie sich zunächst einen Überblick über das

Angebot und nutzen Sie dieses Marktwissen geschickt aus, indem Sie mit Ihrem Preis darauf reagieren. Oft können zehn Cent mehr oder weniger schon ausschlaggebend sein für Erfolg oder Misserfolg Ihres Verkaufs. Auch sollten Sie Schwellenpreise wählen: 5,99 Euro klingen besser als runde 6,00 Euro.

Abbildung 5.2 Beobachten Sie die Preisgestaltung anderer Anbieter und setzen Sie – wie die oberste Listung zeigt – auf Schwellenpreise

Gelegentlich tritt der Fall ein, dass Sie einen Artikel verkaufen wollen, zu dem Sie keinen Preis auf den Detailseiten von Amazon.de finden, wie zum Beispiel Bücher, die nicht mehr gedruckt werden. Bei solchen antiquarischen Artikeln setzen Sie den Preis, den Sie für angemessen halten, selbst fest. Eine Buchpreisbindung müssen Sie hierbei nicht beachten – für vergriffene Bücher hat sie ihre Gültigkeit verloren.

Antiquarische Artikel

Sie sind jetzt am Ende der Einstellungsprozedur angelangt. Sichtbares Zeichen dafür, dass Sie alles richtig gemacht haben, ist eine Mail, die Sie sofort nach geglücktem Einstellen Ihres Artikels im E-Mail-Postfach vorfinden. Darin wird Ihr Angebot bestätigt und es werden im Detail noch einmal alle Einstellungen aufgelistet. Lesen Sie sich diese Mail aufmerksam durch. Allzu leicht mogeln sich kleine Fehler ein. Vielleicht haben Sie sich bei der Verkaufsmenge eines Artikels vertippt? Oder Sie glauben, dass der Artikel eigentlich doch mehr Wert sei, als Sie beim ersten Überlegen eingetippt haben? Kein Problem: Sie können Ihre Angebote in Marketplace jederzeit beenden oder Änderungen vornehmen. Dabei fallen für die Rücknahme eines Angebots in Amazon.de Marketplace keinerlei Gebühren an.

E-Mail bestätigt Ihre Angaben

Sie haben zudem die Möglichkeit, innerhalb der für Ihren Artikel vorge-schriebenen Preisgrenzen den von Ihnen festgesetzten Artikelpreis zu ändern. Auch die Einstufung des Zustands Ihres Artikels ist variabel. In diesem Fall müssen Sie jedoch das aktuelle Angebot beenden und den Artikel erneut hochladen, wenn Sie die Zustandsbeschreibung ändern möchten. Um ein aktuelles Marketplace-Angebot zu beenden oder zu ändern, klicken Sie in der Navigationsleiste von zShops und Auktionen auf den Link »Verkäufer-Konto«.

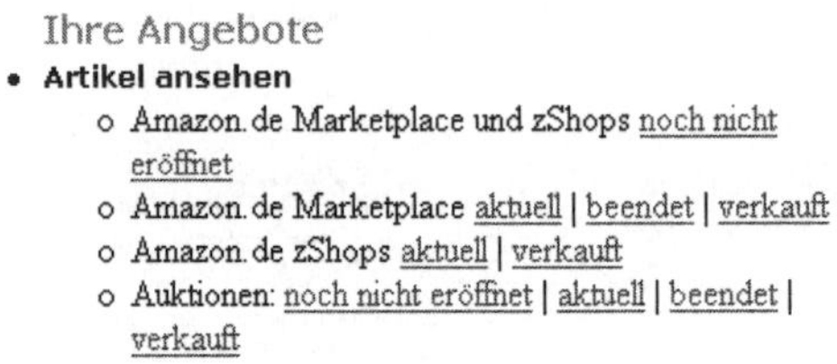

Ihre Angebote
- **Artikel ansehen**
    - Amazon.de Marketplace und zShops noch nicht eröffnet
    - Amazon.de Marketplace aktuell | beendet | verkauft
    - Amazon.de zShops aktuell | verkauft
    - Auktionen: noch nicht eröffnet | aktuell | beendet | verkauft

Abbildung 5.3 Unter dem zweiten Navigationspunkt »Amazon.de Marketplace« kön-nen Sie Preis und Zustand Ihres Artikels jederzeit ändern.

Lassen Sie sich nicht davon irritieren, dass es keinen gesonderten Naviga-tionspunkt »Marketplace« gibt – die Abgrenzung von Auktion-, zShop- und Marketplace-Bereich ist nicht immer stringent nachvollziehbar und bisweilen überhaupt nicht vorhanden. Unter »Meine Angebote« werden Ihre aktuellen Angebote in Amazon.de Marketplace aufgelistet. Wählen Sie das entsprechende Angebot aus und klicken Sie dann auf »Bearbei-ten«, um die notwendigen Änderungen vorzunehmen.

5.2   Gebühren

Amazon bietet Ihnen mit Marketplace eine Plattform, Ihre Artikel zu ver-kaufen. Dabei tritt der Online-Händler natürlich nicht als barmherziger Samariter auf, der Ihnen aus reiner Menschlichkeit diese Verkaufsmög-lichkeit umsonst zur Verfügung stellt. Der Vorteil von Marketplace ist jedoch, dass nur dann, wenn Sie auch tatsächlich eine Ware verkaufen, Gebühren anfallen. Das bloße Einstellen von Waren auf die Marketplace-Plattform kostet Sie keinen Cent. Sie zahlen keinerlei virtuelle Standmiete oder Nutzungsentgelte. Ganz gleich ob Sie ein Buch, eine CD, Musikkas-sette oder DVD, ein Video, Computer- oder Videospiel, einen Elektronik-artikel oder eine Kamera verkaufen wollen: Das Anbieten des Artikels auf den Internetseiten von Amazon ist kostenlos.

Gebühren fallen nur dann an, wenn Sie Ihren Artikel tatsächlich verkaufen. Amazon.de zieht dann vom Käufer Ihres Artikels den entsprechenden Verkaufspreis für Sie ein. Dafür, dass Sie sich nicht darum kümmern müssen, an Ihr Geld zu kommen, behält Amazon eine Verkaufsgebühr von 0,99 Euro zuzüglich 15 Prozent des Verkaufspreises ein. Bei Verkäufen von Artikeln aus der Kategorie »Elektronik & Foto« sind es zehn Prozent. Die restliche Summe wird Ihrem Benutzerkonto gutgeschrieben. Darüber hinaus erhalten Sie eine Versandkostenpauschale, um Sie bei der Deckung Ihrer Versandkosten zu unterstützen – doch dazu mehr in Teil 2, Kapitel 6, »Fulfillment«.

Gebühr fällt erst bei Verkauf an

Ihr Gewinn wird vom Benutzerkonto automatisch alle 14 Tage auf Ihr Bankkonto überwiesen. Nach dem ersten zweiwöchigen Abrechnungsturnus können Sie dann die Überweisung manuell einmal täglich veranlassen. Bei Verkäufen in Amazon.de Marketplace fallen darüber hinaus keine Gebühren an.

Sollten Sie kein Glück haben und auf Ihrem Artikel sitzen bleiben, so entstehen Ihnen daraus keine Kosten. Wird Ihr Artikel nicht innerhalb von 60 Tagen verkauft, endet Ihr Angebot automatisch, ohne dass Gebühren anfallen. Sie erhalten in diesem Fall von Amazon eine E-Mail, dass Ihr Angebot beendet ist, verbunden mit einem Hinweis, wie Sie Ihren Artikel erneut anbieten können.

Angebot endet nach 60 Tagen

5.3 Warum nicht versteigern?

Vielleicht haben auch Sie einen Bekannten, der Ihnen schon einmal vorgeschwärmt hat, wie er bei einer Internet-Auktion ein altes Möbelstück seiner Großmutter zu einem enorm hohen Preis verkaufen konnte. Schön für ihn. Aber machen Sie sich nichts vor: Der Schuss kann auch nach hinten losgehen. Denn mindestens ebenso häufig erzielen Sie bei Online-Auktionen nicht den gewünschten Preis und müssen den Artikel unter dem abgeben, was Sie sich eigentlich erhofft hatten. Dabei muss es Ihnen noch nicht einmal so schlimm gehen wie jenem Autohändler, der bei der Online-Versteigerung eines Neuwagens kein Mindestgebot festlegte. Letztlich musste er den Wagen für 26 350 DM an den Höchstbietenden abgeben – und das, obwohl der Neuwagen einen Listenpreis von 57 000 DM hatte. Vor Gericht kam der Händler mit seiner Weigerung, den Wagen zu diesem – seiner Ansicht nach zu niedrigen – Preis herauszugeben, nicht durch: Die Richter am Oberlandesgericht Hamm urteilten, dass

Verträge bei Internet-Auktionen rechtswirksam sind, ein nachträgliches Zurücktreten vom Kaufvertrag sei deshalb nicht möglich (Az.: 2U 58/00). Kein gutes Geschäft für den Händler.

Vorteil: Festpreis Der Vorteil von Marketplace liegt eindeutig darin, dass Sie den Preis festsetzen und deshalb keine bösen Überraschungen erleben können, wie sie bei Auktionen durchaus möglich sind. Unter dem fixierten Preis verkaufen Sie auf keinen Fall – mehr erzielen Sie aber auch nicht. Deshalb ist es so wichtig, dass Sie sich über den Preis ein paar Gedanken machen, bevor Sie ihn festsetzen. Marketplace gibt Ihnen die Sicherheit, genau den geforderten Preis zu erhalten, wenn es zum Verkauf kommt.

Zudem sparen Sie Zeit, denn Sie müssen nicht auf das Ende der Auktion warten. Es kann passieren, dass Sie einen Artikel auf Marketplace anbieten und schon Minuten später einen Käufer dafür haben. Nicht selten reservieren potenzielle Käufer bestimmte Artikel vor. Tauchen diese dann zu einem akzeptablen Preis in Marketplace auf, findet sie eine Suchmaschine innerhalb kürzester Zeit und der Kauf ist perfekt.

Vorteil: sicherer Geldtransfer Ein weiterer Vorteil besteht darin, dass die Transaktion in Marketplace ausschließlich über das Bezahlsystem von Amazon abgewickelt wird. Verkäufer müssen beim Anmelden Ihre Bankverbindung bei Amazon hinterlegen. Käufer können per Kreditkarte, Bankeinzug oder Rechnung bezahlen. Auf alle Fälle müssen sich beide nicht um das Geld kümmern: Es wird automatisch von Amazon bei dem einen eingezogen und dem anderen überwiesen. Wenn Sie Ihren Artikel über eine Online-Auktion versteigern, müssen Sie sich zunächst meist mit dem Höchstbieter in Verbindung setzen, Ihre Kontonummer mitteilen und dann warten, bis dieser das Geld überwiesen hat. Erst wenn Sie sicher sind, dass der Erlös auf Ihrem Konto eingetroffen ist, verschicken Sie Ihren Artikel. Diese Prozedur kann schon mal ein paar Tage dauern und birgt einige Risiken. Marketplace bietet hier einen klaren Vorteil – auch wenn Sie dafür auf den Nervenkitzel einer Auktion verzichten müssen.

5.4 Der erste Verkauf

Es ist vollbracht: Sie haben Ihren ersten Artikel in Marketplace verkauft. Direkt nachdem sich jemand für Ihren Artikel entschieden hat, erhalten Sie eine E-Mail von Amazon, die Sie über den erfolgreichen Verkauf informiert. Jetzt können Sie sich erst einmal freuen, müssen aber sonst noch nichts tun.

Kurz nach dieser Verkaufsmitteilung erhalten Sie eine zweite Mail. Diese setzt Sie davon in Kenntnis, dass der Erlös des Verkaufs Ihnen gutgeschrieben wurde. Jetzt müssen Sie aktiv werden. Erinnern Sie sich: Als Sie den Artikel zum Verkauf anboten, erklärten Sie sich damit einverstanden, im Falle eines Verkaufs den Artikel innerhalb zweier Werktage zu versenden. Sollten Sie dazu aus welchen Gründen auch immer nicht in der Lage sein, so haben Sie immer noch die Möglichkeit, eine vollständige Rückerstattung des Kaufpreises an den Käufer zu veranlassen. Wie das geht, erfahren Sie im Abschnitt 5.6, »Amazon Payments«.

Verkaufs-
mitteilung

In dieser zweiten Mail erfahren Sie die Versandadresse des Käufers. Drucken Sie den »Packzettel« aus der Mail am besten aus und legen Sie ihn dem Artikel bei. Sie haben zudem die Möglichkeit, auch via E-Mail direkt mit dem Käufer in Kontakt zu treten, denn dessen Mail-Adresse ist ebenfalls angegeben. Eine kurze Mail ist schnell geschrieben, mit der Sie sich für den Kauf bedanken und eine rasche Lieferung zusichern.

Versandadresse
des Käufers

Unser Tipp

Bedanken Sie sich in einer E-Mail bei dem Käufer für sein Vertrauen und nutzen Sie die Gelegenheit, ihn auf die Möglichkeit hinzuweisen, den Kauf zu bewerten. Eine gute Bewertung macht andere auf Sie und Ihre weiteren in Marketplace gelisteten Artikel aufmerksam.

5.5   Was tun, wenn der Urlaub naht?

Es ist Sommer, die Sonne lockt und das Meer oder die Berge rufen – Sie wollen Urlaub machen. Zögern Sie nicht, auch wenn Sie während der geplanten Urlaubszeit noch Artikel in Marketplace eingestellt haben. Wenn Sie Verkäufer sind und Urlaub planen oder Ihre aktuellen Angebote in Marketplace aus anderen Gründen vorübergehend zurückziehen wollen, ist das kein Problem. Nutzen Sie dazu die »Urlaubseinstellungen« für Verkäufer. Diese Einstellungen erlauben es Ihnen nicht nur, bei Ihrer Rückkehr sofort den Überblick über Ihre Angebote zu haben, sondern vermeiden auch für den Käufer leidige Verzögerungen beim Versand der Ware.

Sie können über die farbige Navigationsleiste in Amazon.de »Auktionen« oder »zShops« auf Ihr Verkäufer-Konto zugreifen und dort in der Kategorie »Meine Angebote« dem Link »Urlaubseinstellungen« folgen. Sobald Sie auf die Schaltfläche »Ab sofort 'in Urlaub'« klicken, werden alle Ihre

»Urlaubseinstel-
lungen« nutzen

aktuellen Angebote in Marketplace innerhalb von 36 Stunden aus den Amazon-Produktseiten und -Suchergebnissen entfernt.

Abbildung 5.4 Gönnen Sie sich eine Pause und aktivieren Sie vor Ihrer Reise die »Urlaubseinstellungen«.

Bei Ihrer Rückkehr müssen Sie nichts weiter tun, als erneut zu den »Urlaubseinstellungen« zu gehen. Klicken Sie auf die Schaltfläche »Ab sofort wieder anwesend«. Es dauert wiederum maximal 36 Stunden, bis Ihre Angebote aktiviert und in die Amazon-Produktseiten und -Suchergebnisse aufgenommen werden.

Während Ihrer Abwesenheit können Sie weder neue Angebote listen noch bestehende Angebote bearbeiten. Ein Nachteil entsteht Ihnen daraus nicht, denn Ihre Verkaufsfrist von 60 Tagen für Angebote auf der Marketplace-Plattform verlängert sich automatisch um die Tage Ihrer Abwesenheit.

5.6 Amazon Payments

Amazon Payments bietet Ihnen und dem Käufer eine praktische, schnelle und sichere Möglichkeit der Zahlungsabwicklung bei Verkäufen über die Plattform Marketplace. Jeder Teilnehmer an Marketplace – gleichgültig ob Verkäufer oder Käufer – muss bei Amazon Payments angemeldet sein. Payments ist die einzig zulässige Zahlungsmethode für diese Plattform. Die Anmeldung für Amazon Payments dauert nur wenige Minuten und ist notwendig, damit Sie als Verkäufer überhaupt tätig werden können. Das Payments-Konto ist mit Ihrem Benutzerkonto gleichzusetzen, Sie müssen also kein zusätzliches Konto einrichten. In der Regel bekommen Sie eine

PIN zugesandt, die Sie ein Mal eingeben müssen. Da es um Ihr Geld geht, geben wir hier noch einmal sehr detailliert an, welche Schritte Sie bei der Einrichtung eines Benutzer- oder Payments-Kontos vornehmen müssen.

Konto einrichten

Zunächst müssen Sie Ihre Bankverbindung angeben. Diese Informationen werden von Amazon vertraulich behandelt und auf einem sicheren Weg übermittelt. Normalerweise bestätigt Amazon Ihnen schon wenige Minuten später Ihre Anmeldung. In seltenen Fällen kann die Bearbeitung Ihrer Anmeldung jedoch bis zu 24 Stunden benötigen.

Alles, was Sie dann noch tun müssen, ist Ihre Bankverbindung für Ihr Payments-Konto selbst frei zu schalten. Gehen Sie dazu einfach in Ihr Verkäufer-Konto, klicken Sie auf »Mein Amazon Payments-Konto verwalten« und danach auf »Zusammenfassung Ihres Amazon Payments-Kontos«. Auf der dann angezeigten Übersichtskarte erscheint im rechten oberen Eck der Link »Ihre Bankverbindung jetzt bestätigen«.

Bankverbindung frei schalten

Verkäufer-Konto: Marcus Simon > Ihr Amazon Payments-Konto

- Ihre Amazon Payments-Transaktionen durchsuchen
  Sie können hier auch die Transaktionen als Datei für Ihr Tabellenkalkulationsprogramm herunterladen oder eine Rückerstattung an einen Käufer ausführen.

- Zusammenfassung Ihres Amazon Payments-Kontos
  Die Kontozusammenfassung gibt Ihnen einen detaillierten Überblick über alle aktuellen Transaktionen sowie einen Einblick in die früheren, abgeschlossenen Abrechnungszeiträume. Sie können von dieser Seite aus die Überweisung Ihrer Erträge auf Ihr Konto veranlassen.

- Einstellungen Ihres Amazon Payments-Kontos bearbeiten
  Geben Sie hier Ihre Bankverbindung ein oder ändern Sie sie.

Die Verwaltung Ihrer Online-Verkäufe ist sicher und einfach.

Wenn Ihre Artikel über Amazon Payments gekauft werden, dann zieht Amazon.de den Betrag vom Käufer ein und schreibt ihn anschließend Ihrem Amazon Payments-Konto gut. Wir benachrichtigen Sie, wenn Ihr Käufer bezahlt hat, sodass Sie sofort versenden können. Jeweils nach Ablauf von zwei Wochen wird das Guthaben auf Ihr Bankkonto überwiesen.

Abbildung 5.5 Behalten Sie jederzeit den Überblick über Ihre Transaktionen und Ihr Payments-Konto.

Sobald Sie auf diesen Link klicken und Ihre Bankverbindung bestätigen, ist Ihr Payments-Konto frei geschaltet und der 14-tägige Überweisungszyklus Ihrer Einnahmen von dem Payments-Konto auf Ihr Bankkonto kann beginnen. Sie erhalten Ihre Zahlung direkt und müssen nur noch Ihre Ware versenden. Amazon schreibt Ihrem Payments-Konto den Kaufbetrag gut und benachrichtigt Sie per E-Mail.

Die Angabe Ihrer Bankverbindung ist notwendig, da alle Zahlungsbeträge aus Ihren Verkäufen direkt auf Ihr Bankkonto überwiesen werden. Sämtliche Informationen, die Sie bei Ihrer Anmeldung angeben, werden von der Sicherheitsserver-Software SSL (Secure Sockets Layer) verschlüsselt. Um Ihre Kontoinformationen über die Amazon-Website zu ändern oder zu aktualisieren, führen Sie folgende Schritte aus:

▶ Gehen Sie in Ihr Verkäufer-Konto für Amazon.de Marketplace.

▶ Klicken Sie dann auf den Link »Mein Amazon-Payments-Konto verwalten«.

▶ Benutzen Sie dort den Link »Einstellungen für mein Amazon-Payments-Konto«.

▶ Melden Sie sich mit Ihrer E-Mail-Adresse und Ihrem Passwort an.

▶ Klicken Sie auf die Schaltfläche »Weiter«.

▶ Auf der jetzt geöffneten Seite können Sie Amazon Ihre neue Bankverbindung übermitteln.

Alle Payments-Transaktionen werden ab diesem Zeitpunkt über das neue Bankkonto abgewickelt. Beachten Sie, dass die Änderungen für bereits laufende Transaktionen nicht mehr berücksichtigt werden können. Zahlungen auf neue Konten erfolgen außerdem erstmals 14 Tage nach der Änderung.

Überweisungen auf Ihr Bankkonto können bis zu fünf Werktage benötigen. Wenn die Überweisung auch nach fünf Werktagen noch nicht auf Ihrem Konto eingegangen ist, kontaktieren Sie Ihre Bank und stellen Sie sicher, dass die verwendete Kontonummer und Bankleitzahl stimmen.

Konto verwalten

Mit Amazon Payments ist es leicht, Ihre Online-Verkäufe zu verwalten. Ganz gleich, ob Sie dem Käufer den Verkaufspreis rückerstatten, ob Sie Ihre Verkäufe im Blick behalten oder ob Sie sich die Daten Ihres Payments-Kontos herunterladen wollen: Unter dem Link »Mein Amazon Payments-Konto« innerhalb Ihres Verkäufer-Kontos finden Sie die entsprechenden Optionen.

Wenn Sie sich über den Stand der eingegangenen Zahlungen informieren wollen, können Sie dies ebenfalls über die Amazon-Site tun. In Ihrer Kontoübersicht können Sie alle Kontobewegungen im Detail überprüfen.

Öffnen Sie »Mein Konto« und klicken Sie dann auf »Verkäufer-Konto«. Folgen Sie dem Link »Mein Amazon-Payments-Konto verwalten/Umsätze anzeigen«.

Ihre Kontoübersicht listet alle Verkäufe, die Zahlungseingänge und Ihre Rückerstattungen auf. Jeder Link auf der Hauptseite der Übersicht zeigt die einzelnen, einer Zahlung zugeordneten Transaktionen an. Diese Transaktionsinformationen sind abrufbar, sobald der Käufer bezahlt. Sie sollten die Ware jedoch erst versenden, wenn der Vermerk »Zahlungsvorgang abgeschlossen« erscheint. In diesem Fall erhalten Sie von Amazon eine E-Mail mit der Aufforderung, die Ware zu versenden. Transaktionen werden häufig innerhalb von Minuten abgewickelt, können in Einzelfällen aber auch erst nach bis zu 24 Stunden abgeschlossen sein. Die Gutschrift auf Ihr Payments-Konto erfolgt, sobald der Zahlungsbetrag erfolgreich vom Bankkonto oder der Kreditkarte des Käufers abgebucht wurde.

Eine praktische Hilfe stellt die Möglichkeit dar, Tabellen mit sämtlichen Transaktionsinformationen zu erstellen und diese dann auf Ihrem PC zu speichern. Klicken Sie dazu auf den Link »Transaktionen herunterladen« und speichern Sie die exportierte Datei auf Ihrem PC. Merken Sie sich, wo Sie die Textdatei abgelegt haben, damit Sie diese später in andere Anwendungen importieren können.

Tabellen herunterladen

Transaktionslimit

Da Kunden per Bankeinzug oder Kreditkarte ihre Bezahlung tätigen, hat Amazon einige Begrenzungen für Transaktionen eingeführt, um Missbrauch des Payments-Services zu vermeiden. Verkaufslimits gibt es sowohl für einzelne Payments-Transaktionen als auch für die Gesamtbeträge Ihrer Verkäufe innerhalb eines bestimmten Zeitraums, der jeweils individuell von Amazon festgelegt wird. Für einzelne Transaktionen beträgt das Limit 2500 Euro – das ist zugleich die Höhe der Amazon A-Z Garantie: Bis zu diesem Betrag leistet Amazon dem Käufer Garantie, wenn die Ware nicht geliefert wird oder sonstige Beanstandungen auftreten. Das Limit der Gesamtbeträge Ihrer Verkäufe innerhalb eines bestimmten Zeitraums richtet sich danach, wie Amazon Ihre Anmeldung bewertet.

Im Fall, dass Sie zu 80 Prozent an Ihr Verkaufslimit herankommen, erhalten Sie von Amazon eine E-Mail mit weiteren Anweisungen. Möchten Sie über Ihr Limit hinaus verkaufen, müssen Sie sich mit Amazon in Verbindung setzen. Sie werden dann über die Verkäufe, die Sie tätigen möchten, befragt. Ein Beispiel: Sie haben in den ersten Monaten via Market-

Verkaufslimit erhöhen

place ausschließlich Taschenbücher in kleinen Mengen verkauft, die Sie auf Omas Speicher entdeckt hatten. Vor kurzem sind Sie jedoch mit einem Computerhersteller in Kontakt getreten, über den Sie günstig an Notebooks gelangen können. Sie beschließen, nun monatlich zehn bis 15 Notebooks über die Marketplace-Plattform zu verkaufen. Schon bei der ersten oder zweiten erfolgreichen Transaktion stoßen Sie an Ihr Verkaufslimit. Setzen Sie sich jetzt einfach mit Amazon in Verbindung und erklären Sie, wie es zu Ihrer neuen Händlertätigkeit kam. Wenn alles mit rechten Dingen zugeht, werden Sie auch kein Problem haben, in größerem Maßstab über Amazon verkaufen zu können. Die Verkaufslimits dienen dazu, Missbrauchsmöglichkeiten zu minimieren und Betrügern erst gar keine Chance zu lassen. Davon profitieren auch Sie als Anbieter, denn anders als manche Online-Auktionsplattform verschafft sich Amazon mit solchen Kontrollmaßnahmen den Ruf, für sicheres Ein- und Verkaufen zu stehen.

Datenschutz und Zahlungsgarantie

Die Sicherheitsserver-Software verschlüsselt Ihre gesamten persönlichen Daten wie Kreditkartennummer, Bankleitzahl, Bankkontonummer, Name und Adresse. Diese Informationen können so bei der Übertragung im Internet nicht von Unbefugten gelesen werden. Bei der Verschlüsselung werden die von Ihnen eingegebenen Zeichen in einen Code verwandelt, der sicher im Internet übertragen werden kann.

Datenmissbrauch Bei der missbräuchlichen Verwendung einer Kreditkarte oder Bankkontonummer übernehmen die meisten Banken alle Kosten, die durch die missbräuchliche Verwendung entstehen. Nur wenige Banken begrenzen Ihre Haftung auf eine Eigenbeteiligung von maximal 50 Euro. Wenn Ihre Bank Sie zur Zahlung dieses Eigenanteils verpflichtet, übernimmt Amazon.de diesen bis zu einer Höhe von 50 Euro unter der Voraussetzung, dass die missbräuchliche Verwendung Ihrer Kreditkarte oder Ihrer Bankkontonummer auf eine Transaktion zurückzuführen ist, die Sie mit dem Sicherheitsserver von Amazon.de getätigt haben, und dass der Missbrauch nicht durch einen Fehler Ihrerseits verursacht wurde.

6 Nach dem ersten Verkauf

Wie versende ich am besten meine Artikel? Mit welchen Kosten ist das Verbunden und was mache ich bei Reklamationen? Antworten gibt es in diesem Kapitel.

Sie haben es schon gemerkt: Amazon bietet Ihnen die Plattform, auf denen Sie Ihre Verkäufe tätigen können. Zudem müssen Sie sich nicht selbst um das Eintreiben des Geldes kümmern – ein enormer Vorteil. Dafür hält sich Amazon bei der eigentlichen Transaktion stark zurück: Der Kaufvertrag kommt nur zwischen Ihnen und dem Käufer zustande – Amazon selbst hat damit nichts zu tun. So müssen letztlich auch Sie selbst dafür sorgen, dass Ihr erfolgreich verkaufter Artikel beim Kunden ankommt.

6.1 Fulfillment

Sie senden Ihre Ware direkt an den Käufer. Bei einem Verkauf wird automatisch der Kaufpreis inklusive Versandkosten über Amazon Payments eingezogen. Nun sind Sie gefordert: Sie sind dazu verpflichtet, die Ware innerhalb von zwei Werktagen nach Verkauf zu versenden. Auch für die Verpackung gibt es Richtlinien, die Sie beachten sollten:

Versand innerhalb von zwei Werktagen

▶ Verwenden Sie eine saubere und professionelle Verpackung. Benutzen Sie nur Versand- und Verpackungsmaterialien, die für Ihren Artikel geeignet sind. Verschließen Sie alle Sendungen ordentlich und stellen Sie vor dem Einpacken sicher, dass die Ware weder verstaubt noch verschmutzt ist.

▶ Die Absenderadresse muss stets vollständig und gut lesbar sein. Nennen Sie in der Absenderadresse auch Ihren Verkäufernamen.

▶ Beschriften Sie Ihre Sendung gut sichtbar mit dem Vermerk »Ihre Bestellung bei Amazon.de Marketplace«.

▶ Legen Sie Ihrer Sendung den Packzettel bei, der Ihnen in der E-Mail zugesendet wird, in der Sie vom Verkauf unterrichtet und zum Versand aufgefordert werden. Markieren Sie den entsprechenden Teil dieser Mail und drucken ihn aus. Oder erstellen Sie selbst einen Lieferschein mit den korrekten Verkaufs- und Kommunikationsdaten.

Es kommt immer wieder vor, dass – aus verschiedensten Gründen – der Versand sich verzögert. Das Postamt um die Ecke hat wegen technischer

Schwierigkeiten geschlossen und Sie haben keine Möglichkeit, ein anderes aufzusuchen. Oder Sie werden kurzfristig krank und haben niemanden, der Ihnen das Paket versandfertig machen kann. Vielleicht liegt der Fehler auch bei der Post selbst, wenn Sie beispielsweise in der Vorweihnachtszeit ein Paket aufgeben und die Post aufgrund von Engpässen die Lieferung nicht in der vorgeschriebenen Zeit vornehmen kann.

Kontakt halten zum Kunden

Deshalb ist es sinnvoll, in solchen Fällen mit dem Käufer per E-Mail in Kontakt zu bleiben und ihn über eventuelle Verzögerungen sofort zu unterrichten, sofern Ihnen diese bekannt werden. Benachrichtigen Sie ihn, sobald Sie die Ware versendet haben und teilen Sie ihm Versanddatum und Versandart mit. Notieren Sie sich am besten die Paketnummer, damit Sie im Zweifelsfall bei Ihrem Paketdienstleister nachfragen können, wo die Sendung abgeblieben ist. Auf Anfrage haben Sie gegenüber ungeduldigen Käufern damit einen Trumpf in der Hand und können rasch den aktuellen Status der Auslieferung mitteilen. Sie sehen: Es empfiehlt sich auf jeden Fall, den Versand Ihrer Artikel von Anfang an immer sorgfältig und professionell zu gestalten.

> **Unser Tipp**
> Legen Sie dem versandfertigen Artikel doch einfach eine Kleinigkeit bei. Eine Packung Mini-Gummibärchen zum Beispiel oder irgendetwas anderes, das Ihren Etatrahmen nicht sprengt. Der Käufer wird Ihnen die kleine Aufmerksamkeit sicher danken – vielleicht auch mit einer sehr guten Bewertung.

Versandkosten

Von Amazon erhalten Sie einen Versandkostenzuschuss von 1,99 Euro. Je weniger Sie für Ihren Versand tatsächlich ausgeben, desto besser kommen Sie bei dem Handel weg. Ein Blick auf die unterschiedlichen Paketdienste lohnt sich. Auch beim Versandmaterial sollten Sie ganz genau hinsehen und nicht zu irgendeiner Umschlaggröße greifen, die gerade in der Nähe liegt.

Kosten für Material

In den folgenden Tabellen haben wir für Sie die Kosten für die gängigsten Versandmaterialien zusammengestellt. Es sind lediglich Beispiele, die Ihnen ungefähr den Rahmen angeben sollen, in dem sich Preise für Versandmaterial bewegen:

Kategorie	Größe (in cm)	Preis (in Euro à 10 Stück)
Versandtasche B4	25 x 35,3	0,57 bis 0,84
Versandtasche C4	22,9 x 32,4	0,43 bis 0,51
Versandtasche C5	16,2 x 22,9	0,29 bis 0,34
Versandtasche E4	28 x 40	1,02 bis 1,90
Mit Papprückwand C4	22,9 x 32,4	1,89
Mit Papprückwand C5	16,2 x 22,9	2,36
Mit Papprückwand E4	28 x 40	5,23

Tabelle 6.1 Preise für Versandtaschen bei buero-direkt.de (Stand: Januar 2003)

Kategorie	Größe (in cm)	Preis (in Euro)
Deckelboxen mit Verschlussklappen A4	31 x 22 x 4,2	52,60 (100 Stück)
Stülpverpackung Normpack A4	30,2 x 21,5 x 8	57,40 (100 Stück)
Stülpverpackung Normpack A2	60 x 42 x 8	40,70 (25 Stück)

Tabelle 6.2 Preise für Versandkartons bei officio.de (Stand: Januar 2003)

Kategorie	Größe (L x B x H in cm)	Preis (in Euro)
XS	22,5 x 14,5 x 3,5	1,50
S	25 x 17,5 x 10	1,70
M	35 x 25 x 12	1,90
L	40 x 25 x 15	2,20
XL	50 x 30 x 20	2,50

Tabelle 6.3 Preise für Packsets der Deutschen Post (Stand: Januar 2003):

Unser Tipp

Wenn Sie beim Büromaterial sparen wollen, sollten Sie gelegentlich beim Internet-Auktionator Ebay oder bei vergleichbaren Angeboten nachsehen. Dort finden Sie immer wieder Verpackungsmaterial zu günstigeren Konditionen als im Fachhandel.

Ist der Artikel verpackt, muss er zum Kunden gebracht werden. Die folgenden Tabellen zeigen einige größere Paketdienste und ihre jeweiligen Versandpreise (Stand: März 2003).

Deutsche Post www.deutschepost.de	Paketgröße (in mm)	Gewicht	Preis (Euro)
Büchersendung Standard	Länge: 140 bis 235 Breite: 90 bis 125 Höhe: bis 5	20 g	0,41
Büchersendung Kompakt	Länge: 100 bis 235 Breite: 70 bis 125 Höhe: bis 10	50 g	0,56
Büchersendung Groß	Länge: 100 bis 353 Breite: 70 bis 250 Höhe: bis 20	500 g	0,77
Büchersendung Maxi	Länge: 100 bis 353 Breite: 70 bis 250 Höhe: bis 50	1 kg	1,28
Warensendung Standard	Länge: 140 bis 235 Breite: 90 bis 125 Höhe: bis 5	20 g	0,41
Warensendung Kompakt	Länge: 100 bis 235 Breite: 70 bis 125 Höhe: bis 10	50 g	0,66
Warensendung Maxi	Länge: 100 bis 353 Breite: 70 bis 250 Höhe: bis 50	500 g	1,53
Päckchen		bis 2 kg	4,10
Postpaket		bis 5 kg	6,70
		5 bis 10 kg	9,70
		10 bis 20 kg	13,00

Tabelle 6.4 Versandpreise der Deutschen Post

Unser Tipp

Die Online-Plattform www.zvab.com für Antiquare hat mit der Post bereits Sonderkonditionen für das Paketporto vereinbart. Wenn Sie sich dort als Verkäufer anmelden, profitieren Sie von den günstigen Versandkonditionen.

United Parcel Service www.ups.de	Gewicht	Preis (in Euro)
Standard (on call), Versand in Dtld. Für Kunden ohne UPS-Kundennummer	1 kg	4,86
	2 kg	4,86
	3 kg	4,86
	4 kg	4,86
	5 kg	5,88
	10 kg	6,90
	20 kg	11,50
	30 kg	18,51

Tabelle 6.5 Versandpreise von UPS

FedEx www.fedex.com/de/	Paketgröße (H x L x B in cm)	Preise auf Anfrage
Small	29,2 x 26,9 x 2,8	
Medium	29,2 x 33 x 6	
Large	31,4 x 44,4 x 7,6	
10 kg-Box	25 x 41 x 33	

Tabelle 6.6 Versandmöglichkeiten bei FedEx

Deutscher Paket Dienst www.dpd.de	Paketgröße	Gewicht (in kg)	Preise
Standardpaket	max. 175 cm lang Gurtmaß < 3 m	max. 31,5	Je nach Depotnähe

Tabelle 6.7 Versandmöglichkeit beim Deutschen Paket Dienst

German Parcel www.germanparcel.de	Paketgröße (berechnet nach: längste Seite + kürzeste Seite)	Gewicht (in kg)	Preise (Euro)
XS-Pack	max. 35 cm		3,70
S-Pack	max. 50 cm		4,50

Tabelle 6.8 Versandpreise von German Parcel

German Parcel www.germanparcel.de	Paketgröße (berechnet nach: längste Seite + kürzeste Seite)	Gewicht (in kg)	Preise (Euro)
M-Pack	max. 65 cm		6,40
L-Pack	max. 80 cm		8,60
XL-Pack	max. Gurtmaß von 3 m	max. 40	10,50

Tabelle 6.8 Versandpreise von German Parcel (Forts.)

Versandkostengutschrift

Wenn Sie einen Artikel über die Marketplace-Plattform verkaufen, zahlt Ihnen Amazon.de eine Versandkostenpauschale, um Sie bei der Deckung Ihrer Versandkosten zu unterstützen. Die Höhe der Versandkostenpauschale richtet sich nach dem von Ihnen verkauften Produkt und dem Land, in das Sie versenden.

Pauschale deckt die meisten Kosten

Die Pauschale ist so angesetzt, dass sie den üblichen Versandkosten entspricht. Die unten angeführten Beträge für Bücher, Videos, Videospiele, Musik und DVDs entsprechen dem Porto als Standardsendung mit der Deutschen Post. Das bedeutet natürlich nicht, dass Sie keine anderen Logistik-Unternehmen mit dem Transport Ihrer Ware beauftragen dürfen. Sie haben hierbei selbstverständlich freie Wahl.

Alle Verkäufer sind verpflichtet, die für ihren Artikel übliche Versandart selbst zu wählen. Als Verkäufer müssen Sie die Ware aber auch dann versenden, wenn die Versandkostenpauschale Ihre Versandkosten nicht vollständig deckt. Solche Diskrepanzen sollten Sie bereits bei der Festlegung Ihres Verkaufspreises berücksichtigen.

Seit Februar 2002 erhebt Amazon.de bei Bestellungen unter 20 Euro Versandkosten, egal für welche Ware. Begründet wurde dieser Schritt mit dem veränderten Kaufverhalten der Nutzer. Bei Amazon.de, so Geschäftsführer Ralf Kleber, habe sich der durchschnittliche Bestellwert erhöht und der Anteil der vier Millionen Kunden, die auch Elektroprodukte ordert, wachse sehr stark. Alles über 20 Euro versendet Amazon.de versandkostenfrei. Sie müssen jedoch nicht um Ihre Versandkostenpauschale bangen: Wenn Sie über Marketplace Verkäufe tätigen, die über 20 Euro pro Transaktion liegen, zahlt Ihnen Amazon dennoch eine Versandkostenpauschale.

Die Versandkosten werden Ihnen zusammen mit dem Kaufpreis über Amazon Payments gutgeschrieben. Die Beträge werden automatisch an Sie weitergeleitet. Und so bestimmen Sie die Höhe Ihrer Versandkostenpauschale im Fall eines Verkaufes:

Was bringt die Pauschale konkret?

▶ Für Bücher, Videos und DVDs, Musik, Computer- und Videospiele sowie Software erhalten Sie bei Versand der Ware innerhalb Deutschlands 1,99 Euro.

▶ Befindet sich die Lieferadresse in Luxemburg, Liechtenstein und dem Rest von Europa, so beträgt Ihre Versandkostenpauschale 6,14 Euro.

▶ Für einen Versand außerhalb Europas erhalten Sie 12,27 Euro als Unterstützung.

Artikel aus dem Bereich Elektronik und Foto können nur innerhalb Deutschlands versendet werden. Hier beträgt die Versandkostengutschrift 5,99 Euro. Bitte beachten Sie weiterhin, dass auch für Computer- und Videospiele sowie Software Verkaufsbeschränkungen gelten: Sie können nur innerhalb der Europäischen Union (EU) versendet werden.

Nationale Sendungen sollten im Regelfall zwischen ein bis drei Werktagen nach dem Versanddatum beim Käufer ankommen. Internationale Sendungen in die Schweiz, Österreich, Liechtenstein und Luxemburg können drei bis neun Werktage dauern, alle anderen internationalen Sendungen ein bis drei Wochen. Es liegt in Ihrer Verantwortung als Verkäufer, eventuelle Nachfragen des Kunden zu verfolgen. Beachten Sie, dass Verzögerungen beim Versand zu einer negativen Verkäuferbewertung, der Rückforderung Ihrer Versandkostengutschrift durch Amazon und bei mehrmaligen Verzögerungen sogar zur Schließung Ihres Verkäufer-Kontos führen können.

Versanddauer

6.2 Rücksendung und Gutschrift

Als Verkäufer liegt es in Ihrer Verantwortung, eventuelle Schwierigkeiten und Probleme beim Verkauf in Absprache mit dem Käufer zu lösen. Die meisten Schwierigkeiten lassen sich erfahrungsgemäß aus dem Weg räumen, wenn Sie mit dem Käufer direkt in Kontakt treten: Erklären Sie zum Beispiel eine Verspätung und sichern Sie dem Käufer einen baldigen Versand zu. Im seltenen Fall, dass ein Problem längerfristig besteht, müssen Sie mit dem Käufer eine für beide Seiten zufrieden stellende Einigung erzielen. Amazon ist nicht Vertragspartner der auf der Plattform geschlossenen Verträge und hält sich aus Ihrem Geschäft heraus. Sie selbst müssen zusehen, dass Sie das Problem bewältigen.

Es kann sein, dass Sie als Verkäufer alle Richtlinien befolgt haben. Sie haben Ihren Artikel wahrheitsgemäß beschrieben, ihn sofort versendet, haben mit dem Käufer Kontakt gehalten. Trotzdem ist der Käufer nicht zufrieden. Was können Sie in diesem Fall tun? Fordern Sie den Käufer auf, den Artikel wieder zu verpacken und an Sie zurückzusenden. Liegt die Verantwortung für die Rücksendung nicht bei Ihnen, trägt der Käufer die Versandkosten für die Rücksendung. Bei Erhalt der Rücksendung erstatten Sie dem Käufer den vollen Kaufbetrag zurück. Bitte beachten Sie, dass Sie als Vertragspartner verpflichtet sind, sämtliche dem Käufer zustehende Ansprüche zu erfüllen, besonders Mangelgewährleistungsansprüche. Es ist ratsam, in solchen Fällen das Bürgerliche Gesetzbuch (BGB) zur Hand zu haben. Im Zweifelsfall können Sie dort nachschlagen, wie Sie sich zu verhalten haben.

Wenn Sie einen Artikel aus welchen Gründen auch immer nicht liefern können oder Ihre Ware beanstandet zurückgesandt wird, stellen Sie dem Käufer eine Gutschrift aus. Über Amazon Payments können Sie einem Käufer jeden beliebigen Betrag rückerstatten – bis zu der Summe des ursprünglichen Kaufpreises.

▶ Klicken Sie auf den Link »Mein Konto«, der Ihnen rechts oben auf jeder Auktions- oder zShops-Seite zur Verfügung steht.

▶ Folgen Sie dann dem Link »Verkäufer-Konto«.

▶ Klicken Sie als Nächstes auf den Link »Mein Amazon-Payments-Konto verwalten«.

▶ Nutzen Sie dann die Funktion »Payments-Transaktionen durchsuchen«.

▶ Melden Sie sich mit Ihrer E-Mail-Adresse und Ihrem Passwort an.

▶ Sie können entweder nach Transaktionsnummern suchen oder einen bestimmten Zeitraum als Suchparameter festlegen. Standardmäßig ist ein Zeitraum von 15 Tagen eingestellt.

▶ Klicken Sie auf die Schaltfläche »Suchen«, um die Ergebnisliste mit den entsprechenden Transaktionen aufzurufen.

▶ Wählen Sie diejenige Transaktion aus, die Sie bearbeiten wollen – zum Beispiel »Kaufpreis rückerstatten«. Am Ende der Seite mit den Informationen zu Ihren Transaktionen steht Ihnen ein Link für Gutschriften zur Verfügung. Im zugehörigen Nachrichtenfeld können Sie dem Käufer eine Notiz mit dem Grund für die Rückerstattung übermitteln. Fertig ist die Gutschrift.

Amazon sendet eine E-Mail mit diesen Informationen an den Käufer, sobald die Gutschrift bearbeitet wird. Ist die Rückerstattung überwiesen, wird der entsprechende Betrag automatisch von Ihrem Konto abgebucht.

Über Amazon Payments wird dem Käufer der volle Kaufpreis – einschließlich der Versandkosten – erstattet. Gleichzeitig wird von Ihrem Payments-Konto der gesamte zuvor an Sie gezahlte Betrag wieder abgebucht.

Sobald Sie dem Käufer den Kaufpreis für die Marketplace-Transaktion erstattet haben, werden Ihnen automatisch die beim Verkauf eingezogenen 15 Prozent (bei Artikeln aus der Kategorie Elektronik & Foto 10 Prozent) Verkaufsgebühr sowie die 0,99 Euro Abschlussgebühr wieder gutgeschrieben. Dafür können Sie weder weitere Gebühren vom Käufer verlangen noch eine Teilerstattung des Kaufpreises veranlassen.

6.3 Bewertung

Sie haben Ihren ersten Artikel verkauft, die Ware wurde ausgeliefert und der Zahlungseingang ist Ihnen mitgeteilt worden. Sie haben es also geschafft, eine Ware, deren Zustand Sie wahrheitsgemäß beschrieben haben, zu einem angemessenen Preis zu verkaufen und rasch zu liefern. Der Käufer wird es Ihnen danken und durch eine positive Bewertung Ihrer Leistung allen Nutzern von Amazon.de mitteilen, dass Sie ein vertrauenswürdiger Verkäufer sind.

Neben Ihrem Verkäufer-Benutzernamen erscheint bei jedem Ihrer Angebote bei Amazon.de eine Zusammenfassung Ihrer Bewertungen einschließlich der Angabe, wie viele Sterne Sie in der Fünf-Sterne-Bewertungsskala im Durchschnitt erhalten haben.

Fünf-Sterne-Bewertungsskala

Durch diese Bewertungen werden Verkäufer positiv herausgestellt, die guten Kontakt mit den Käufern pflegen und ihre Ware schnell versenden. Sehen Sie kleinere Probleme und Missverständnisse als eine Möglichkeit an, sich positiv hervorzutun. Wenn Sie flexibel, fair und professionell sind, werden Sie im Regelfall auch gut bewertet.

Sehen Sie negative Bewertungen als konstruktive Kritik an. Das ist zwar nicht immer leicht, aber es liegt in Ihrem eigenen Interesse, die Kritik gelassen anzunehmen und sich weiter für eine faire Lösung einzusetzen.

Über Ihr Mitglieder-Profil haben Sie die Möglichkeit, selbst Kommentare zu Ihren Bewertungen abzugeben. Gehen Sie auf die Seite mit Ihrem Verkäufer-Konto und klicken Sie dann auf »Mein Mitglieder-Profil«. Dort steht Ihnen die Option »Kommentare zu meinen Bewertungen abgeben«

zur Verfügung. Nutzen Sie diese Möglichkeit – wenn überhaupt – mit Umsicht. Es bringt nichts, schlechte Bewertungen Ihrer Käufer mit einer mittelschweren Beleidigungskaskade zu kontern. Zeigen Sie sich zurückhaltend und sachlich. Mit der Zeit werden Sie eine stattliche Liste an Bewertungen vorweisen können. Eine gute Gesamtbewertung ist der krönende Abschluss für einen erfolgreichen Verkauf.

Teil 3
Profiverkäufer

7 Power-Anbieter

Profis können Tausende Artikel in Amazon Marketplace anbieten und verkaufen. Sie werden Power-Anbieter genannt, und für sie gibt es Unterstützung von Amazon.

Was für das Auktionshaus Ebay die Powerseller, das sind für Amazon die Power-Anbieter. Ein eigenes Team bei Amazon kümmert sich um ihre Betreuung. Spezialisten in der Münchner Zentrale akquirieren täglich neue Händler, die bereits mit eigenem Online-Shop im Netz vertreten, bei anderen Plattformen aktiv sind oder als Wunschpartner gelten, um das Angebot von Amazon Marketplace möglichst attraktiv zu gestalten und das Sortiment abzurunden.

Artikel für Artikel einzeln hochladen, beschreiben und online stellen, das mag für den Privatmann, der nur sein eigenes Bücherregal ausmisten will, noch ganz praktikabel sein. Doch wer seinen Lebensunterhalt mit dem Verkauf von neuen oder gebrauchten Büchern, CDs, DVDs, Videos, Video- und PC-Spielen, Elektronik- oder Fotoartikeln ganz oder teilweise über Amazon Marketplace bestreiten will, der benötigt professionelle Tools für das Anbieten der Ware, Bezahlung und Fulfillment. Das Preissystem, Arbeitshilfen und die Abläufe für die so genannten »Power-Anbieter« werden in den nächsten Kapiteln vorgestellt, ausführlich beschrieben und mit Tipps von erfahrenen Profis ergänzt.

7.1 Power-Anbieter werden

Power-Anbieter kann jeder werden, niemand muss bereits einen Online-Shop oder auch nur einen Gewerbeschein haben. Denn der Power-Anbieter muss sich lediglich auf der Marketplace-Unterseite für das Programm anmelden. Einzige Ausnahme: Neue Foto- und Elektroartikel dürfen nur autorisierte Fachhändler verkaufen (Details dazu im nächsten Unterkapitel). Weil auch die Abmeldung jederzeit möglich ist, kann sich aufgrund des Preissystems das Verkaufen bereits für jemanden lohnen, der sein Bücherregal leer räumen muss, bevor er ins Ausland geht.

Einfaches Anmelden

Wer nämlich mehr als 40 Artikel pro Monat verkauft, kommt als Power-Anbieter mit einer Monatspauschale günstiger weg. Die Rechnung ist einfach: Die Monatsgebühr des Power-Anbieter-Programms beträgt 39 Euro. Dieser Betrag wird jeden Monat mit dem Payments-Guthaben ver-

Monatspauschale statt Verkaufs-gebühr

rechnet oder, falls kein Umsatz angefallen ist, von Ihrem Konto abgebucht.

Um sich anzumelden, klicken Sie auf »Ihre Käufer- und Verkäufereinstellungen bearbeiten« in Ihrem Verkäufer-Konto.

Aber jetzt die Vorteile der Power-Anbieter der Reihe nach:

▶ **Günstigeres Verkaufen:** Die Verkaufsgebühr für jeden verkauften Artikel in Marketplace von 99 Cent entfällt. Der Power-Anbieter bezahlt nur die Provision von 15 Prozent des Umsatzes (Elekronik- und Fotoartikel: 10 Prozent).

▶ **Automatischer Zugang zu zShops:** Alle Amazon.de-Marketplace-Angebote erscheinen auch in zShops. Nur die registrierten Power-Anbieter können Artikel direkt in zShops verkaufen und dort einen eigenen Händler-Shop erstellen.

▶ **Keine Listing-Gebühr bei Auktionen:** Für Power-Anbieter entfällt die Listing-Gebühr von derzeit 10 Cent pro Angebot in Auktionen.

▶ **Assistenten zum Hochladen der Angebote:** Das Hochladen von Tausenden von Artikeln für Marketplace und zShops geht mit Assistenten von Amazon einfach und schnell. Assistenten in Kombination mit Datenbank- oder Tabellenkalkulationsprogrammen wie Excel helfen auch beim Verwalten der Angebote und Verkäufe (siehe die nächsten Kapitel).

▶ **Unbegrenztes Listen in Marketplace:** In Amazon Marketplace können eine unbegrenzte Zahl von Artikeln in beliebigen Mengen angeboten werden. Nur Auktions- und zShop-Angebote sind auf je 50 000 Angebote gleichzeitig begrenzt.

▶ **Automatische Erneuerung der Angebote:** Für registrierte Power-Anbieter erneuern sich die Angebote in Marketplace und zShops automatisch. Das lästige Erneuern der Angebote nach Ablauf von 60 Tagen spart bei Tausenden von Artikeln im Angebot viel Zeit.

Das Power-Anbieter-Programm beinhaltet nur den Wegfall der Listing-Gebühren für zShops, Auktionen und Marketplace sowie die Abschlussgebühr von 99 Cent pro verkauftem Artikel in Marketplace. Die Registrierung als Power-Anbieter befreit jedoch nicht von Sonderplatzierungsgebühren bei zShops und Auktionen, wie etwa für die Platzierung im »Schaufenster«, und auch nicht von allen anderen Verkaufsgebühren. Gebühren, die nicht das Listen betreffen, werden weiter berechnet.

Ansonsten gelten natürlich auch für Power-Anbieter die gleichen Bedingungen wie für ganz normale Verkäufer (vgl. Teil 2, Kapitel 4).

> **Unser Tipp**
> Um den Einzug der Abschlussgebühr von 99 Cent für diejenigen Angebote zu vermeiden, die Sie vor Ihrer Registrierung als Power-Anbieter gelistet haben, müssen Sie diese Angebote zunächst löschen und nach Ihrer Anmeldung als Power-Anbieter erneut hochladen.

Die Abmeldung vom Power-Anbieter-Programm ist jederzeit möglich. Im darauf folgenden Monat enden dann Programm und Gebührenerhebung. Da das Abonnement also noch bis zum Ende des laufenden Monats gilt, können Sie bis zum Ende der Abo-Periode weiter Artikel anbieten. Um sich abzumelden, klicken Sie auf »Ihre Käufer- und Verkäufereinstellungen bearbeiten« in Ihrem Verkäufer-Konto. Dort finden Sie auch einen Link zum Beenden des Power-Anbieter-Abonnements. Besonders freundlich: Amazon.de fragt jeden Monat per E-Mail nach, ob Sie wirklich weiter Power-Anbieter bleiben wollen, und liefert Ihnen den direkten Link zur Abmeldung vom Programm gleich mit.

Einfache Abmeldung

> **Unser Tipp**
> Wenn Sie sich aus dem Power-Anbieter-Programm abmelden, dann verschwinden auch Ihre noch offenen Angebote. Laden Sie dann die Bücher, CDs, Videos und DVDs, die Sie weiter verkaufen wollen, manuell wieder hoch.

7.2 Das Cockpit des Verkäufer-Kontos

Jeder frisch registrierte Power-Anbieter erhält zur vereinfachten Verwaltung seiner Angebote in Marketplace, Auctions und zShops eine neue Unterseite »Mein Verkäufer-Konto«. Bislang waren diese Daten über den Button »Mein Konto« rechts oben auf den Amazon-Seiten zugänglich. Auf der Seite »Mein Konto« verweist jetzt ein neuer Button (siehe Abbildung 7.1) auf die wichtige Unterseite für die Marketplace-Angebote.

**Marketplace,
Auctions & zShops**

- Mein Verkäufer-
  Konto
- Meine Käufe und
  Gebote

Abbildung 7.1 Mein Verkäufer-Konto

Über diesen Link gelangen Sie jetzt zum so genannten »Cockpit«, von dem aus Sie alle Verkaufsaktivitäten steuern und kontrollieren können. Diese Seite teilt sich in folgende Abschnitte:

▶ Ihre Angebote

▶ Ihre Transaktionen

▶ Ihre Grundeinstellungen

▶ Ihre Profile

▶ Leitfaden für Verkäufer

▶ Service für Verkäufer

Damit hat der Verkäufer die wichtigsten Elemente seiner Aktivitäten bei Amazon Marketplace (Angebote, Verkäufe, Kontostand und Bewertungen) immer im Blick.

Angebote verwalten

In diesem obersten Abschnitt kann der Verkäufer seine Angebote in Marketplace, Auktionen und zShops beobachten, bearbeiten und seine Verkäufe auswerten (siehe Abbildung 7.2).

Ihre Transaktionen

- Über Amazon Marketplace verkaufte Artikel
- In Amazon zShops verkaufte Artikel
- Verkaufte Artikel in Auktionen
- Mein Amazon Payments-Konto verwalten
- Bisherige Rechnungen ansehen

Abbildung 7.2 Verwaltung der Marketplace-Angebote

Der Button »Artikel ansehen« bietet dem Verkäufer die Möglichkeit, seine angebotenen Produkte und die Verkäufe mit den notwendigen Daten anzusehen, zu bearbeiten oder neu anzubieten. Von diesen Unterseiten aus (siehe Abbildung 7.3) ist es zum Beispiel auch möglich, die Käufer zu bewerten, um sie ebenfalls zu einer Bewertung zu veranlassen.

Artikel ansehen
und bearbeiten

Bezeichnung	Erworbene Stückzahl	Preis	Kaufdatum	Käufer
Digitales Business. Wettbewerb im Informationszeitalter. [BARGAIN PRICE. Angebotsnummer: 1021K678897	1	EUR 4,75	16.12.2002 05:48:03 PST	Käufer: eric w meinbone @ @T-Online.de
Shipping: Standard Artikel erneut anbieten.				Vielen Dank für Ihre Beurteilung
Kanak Attack [Audio CD] Ost/Various Angebotsnummer: 1203H408741	1	EUR 10,70	12.12.2002 10:40:33 PST	Käufer: donistaffan @ @T-Online.de
Shipping: Standard Artikel erneut anbieten.				Vielen Dank für Ihre Beurteilung
Controlling. [Perfect Paperback] by Ziegenbein, Klaus Angebotsnummer: 1207B673695	1	EUR 17,90	12.12.2002 04:08:33 PST	Käufer: paroli mera @ @web.de
Shipping: Standard Artikel erneut anbieten.				Vielen Dank für Ihre Beurteilung

Abbildung 7.3 Darstellung der bisherigen Verkäufe

Während die Daten über die angebotenen Produkte zuweilen innerhalb von Minuten aktualisiert sind, kann die Darstellung der Verkäufe schon einmal bis zu 24 Stunden dauern. Diese Übersichten und die Berichte sind deshalb nicht unbedingt geeignet, um die Verkäufe abzuwickeln. Als Grundlage für Ihre Buchhaltung oder für Auswertungen mit Ihrem Warenwirtschaftssystem sind sie jedoch praktisch. Die Berichte (siehe Abbildung 7.3) werden in Excel-kompatiblen Dateien zum Download bereitgestellt. Sobald der Bericht erstellt ist, wird der Verkäufer per E-Mail benachrichtigt.

Unser Tipp

Verwenden Sie besser die E-Mail von Amazon Payments über den Verkauf eines Buches oder einer CD als Laufzettel für die Auslieferung der Kundenbestellungen. In dieser sehr zeitnahen Mail werden alle Angaben über die Bestellung mitgeschickt, inklusive der Daten für den Adressaufkleber und den Lieferschein (»Packzettel«).

Bericht über die Ausführung der Bestellungen

Verkaufte Artikel, die über Amazon Payments bezahlt wurden. Wenn Sie ein zShops-Verkäufer sind, der andere Za'
den "Bericht über verkaufte Angebote" an.
Diesen Bericht erstellen??

⦿ Nein

◯ Ja, Daten aus letztem Bericht einbeziehen: [15 ▴▾] Tage

Bericht über verkaufte Angebote

Verkaufte Artikel unter Einbezug aller Zahlungsarten. Bezahlung für in zShops verkaufte Artikel steht möglicherweise
Diesen Bericht erstellen??

⦿ Nein

◯ Ja, Daten aus letztem Bericht einbeziehen: [15 ▴▾] Tage

Bericht über offene Angebote
Diesen Bericht erstellen??

⦿ Nein

◯ Ja, Daten für derzeit offene Angebote ebenfalls anzeigen

Abbildung 7.4 Excel-kompatible Berichte über Angebote und Verkäufe ermöglichen die schnelle Weiterverarbeitung.

Einzelne oder mehrere Artikel können nicht nur direkt auf der jeweiligen Produktseite über den Button »Jetzt verkaufen!« angeboten werden. Über das »Verkäufer-Cockpit« können vor allem größere Mengen einfach hochgeladen werden (siehe Abbildung 7.5). Amazon bietet hier Assistenten an, um Excel-Dateien einfach in die Amazon-Datenbank aufzunehmen. Dieses Verfahren und der Aufbau der Dateien werden im nächsten Kapitel ausführlich beschrieben.

Verkäufer-Konto für Marketplace, Auktionen und zShops: Bernd

Ihre Angebote
- **Artikel ansehen**
  - Amazon.de Marketplace und zShops noch nicht eröffnet
  - Amazon.de Marketplace aktuell | beendet | verkauft
  - Amazon.de zShops aktuell | verkauft
  - Auktionen: noch nicht eröffnet | aktuell | beendet | verkauft
  - Berichte über Bestellungen und Angebote herunterladen
- **Verkaufen!**
  - Bieten Sie einzelne Artikel an oder laden Sie mehrere zugleich hoch
- **Status des Amazon.de-Assistenten für Marketplace und zShops**
  - Überprüfen Sie den Aufspielvorgang Ihres Bestandes (Stellen Sie sicher, dass Ihr Aufspielvorgang erfolgreich war!)
- **Urlaubseinstellung**
  - Schalten Sie die Urlaubseinstellung ein- oder aus

Abbildung 7.5 Assistenten erlauben das einfache Hochladen größerer Artikelmengen.

Damit Marketplace-Anbieter auch beruhigt in Urlaub fahren können, existiert eine Urlaubseinstellung. Wird diese aktiviert, dann werden rechtzeitig zum Urlaub alle Angebote des Verkäufers inaktiv gestellt, und sie erscheinen erst wieder auf den Amazon-Seiten, wenn der Urlaub beendet ist. Damit entfällt das lästige Löschen der Angebote vor dem Urlaub und das Aufspielen danach.

Urlaubsein-stellung

Ihre Transaktionen

Unter der Rubrik »Ihre Transaktionen« kann der Anbieter seine in Marketplace, Auktionen und zShops verkauften Artikel ansehen und bearbeiten, etwa wenn ein zShops-Kunde nicht via Amazon Payments, sondern per Überweisung bezahlt hat.

Der wichtigste und angenehmste Link dieser Rubrik führt zu »Mein Amazon Payments-Konto verwalten«. Hier sieht der Anbieter nach erneuter Passwort-Abfrage, welche Umsätze ihm bereits auf seinem Payments-Konto gutgeschrieben wurden. Das Guthaben wird automatisch alle zwei Wochen auf das angegebene Bank- oder Kreditkarten-Konto eingezahlt. Nach der ersten Anmeldung und zwei Wochen nach dem Wechsel (oder der Bestätigung) der Bankverbindung können Sie sich per Klick auf Wunsch das aktuelle Guthaben überweisen lassen. Bis der Betrag auf dem eigenen Konto gutgeschrieben wird, dauert es allerdings manchmal bis zu einer Woche.

Payments-Konto verwalten

Die Grundeinstellungen

Zu den Grundeinstellungen gehören sowohl Angaben über die eigenen Verkaufsmodalitäten (z.B. zusätzliche Zahlungsmöglichkeiten bei Verkäufen in zShops und Auktionen wie Überweisung oder Kreditkartenzahlung), aber auch die Beziehung zu Amazon.de. Hier kann jeder Anbieter einstellen, bei welchen Ereignissen er per E-Mail benachrichtigt werden will. So kann es für Power-Anbieter sinnvoll sein, sich nicht benachrichtigen zu lassen, wenn ein neuer Artikel eingestellt wird. Denn lädt man eine Datei mit 1000 Artikeln hoch, kommen 1000 E-Mails zur Bestätigung.

1000 E-Mails müssen nicht sein

Zum eigenen Käufer- und Verkäuferprofil, das hier bearbeitet werden kann, gehören der Benutzername, E-Mail-Nachrichten, die Registrierung als Power-Anbieter (die hier jederzeit gekündigt werden kann) und alle Einstellungen für die Benutzung der gesamten Amazon-Site, wie Passwort, Adresse oder 1-Click-Einstellung.

Ihre Profile

Unter »Profile« lassen sich alle die Angaben überprüfen und bearbeiten, die auch die Kunden des Amazon-Partners sehen: Das Erscheinungsbild des eigenen zShops, das Mitgliederprofil oder die Bewertungen der Kunden über Sie.

Leitfaden für Verkäufer

Amazon hat einen sehr ausführlichen Leitfaden für Verkäufer zusammengestellt. Viele Themen und Tipps dieser umfangreichen Hilfeseiten werden auch in diesem Buch beschrieben.

Service für Verkäufer

Auch bei den Händlershops bietet Amazon unter dem Stichwort »Händlershops« Unterstützung für die bessere Gestaltung und Organisation des eigenen zShops.

Schwarzes Brett Unmittelbar vor Drucklegung des Buches hat Amazon auch in Deutschland ein eigenes schwarzes Brett für die Marketplace-Verkäufer implementiert. Es dient nicht nur der offiziellen Ankündigung neuer Elemente und Verfahren für Marketplace, sondern auch, um Störungen im System schnell an möglichst viele zu kommunizieren. In den USA hat sich zudem der Erfahrungsaustausch der Verkäufer untereinander und ein erweitertes Hilfesystem sehr bewährt. Der regelmäßige Blick auf das Board sollte zur Tagesroutine des Power-Anbieters gehören.

8 Assistenten helfen

Große Artikelmengen lassen sich leichter über Assistenten pflegen, die Amazon seinen Partnern anbietet. Diese Tools sind mit gängigen Tabellenkalkulations- und Datenbankprogrammen zu bedienen.

Wer gewerblich auf Versteigerungsplattformen wie Ebay aktiv ist, der hat zur Pflege seines Angebots und der Abwicklung der Geschäfte die Auswahl zwischen mehreren günstigen Programmen, die einem die Arbeit erleichtern. »Auction Master«, »Mister Lister« und andere unterstützen bei der Vorbereitung der Auktion, bei der Verwaltung der Höchstgebote, der Verwaltung des Zahlungseingangs, dem Versand und nicht zuletzt der Abgabe von Bewertungen.

Amazon Marketplace ist in Deutschland gerade mal ein Jahr alt, deshalb gibt es bislang noch keine vergleichbaren Tools von Amazon oder Dritten. Mehrere Anbieter arbeiten an der Programmierung und Anpassung von Tools. In den USA wird von vielen Anbietern die komfortable und günstige »SellerEngine« verwendet.

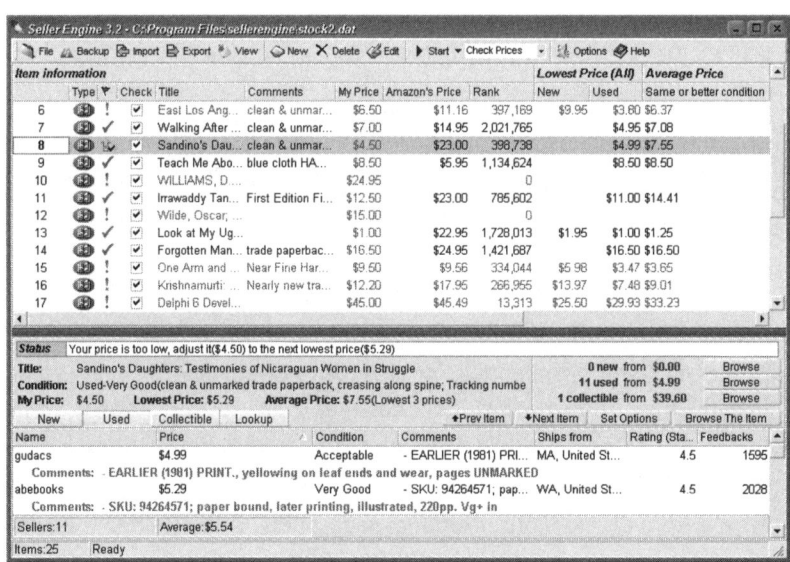

Abbildung 8.1 SellerEngine, Version 3.2 (Quelle: www.sellerengine.com)

Gemeinsam mit einem einfachen Barcode-Scanner, der die ISBN-Nummer auf dem Rück-Cover liest, lassen sich mit SellerEngine sehr schnell neue Bücher aufspielen. SellerEngine gibt nicht nur den Preisvorschlag von Amazon weiter, sondern auch den Durchschnittspreis der offenen Vorbestellungen und der bisherigen Verkäufe. Damit lassen sich ganz schnell Umsätze erzielen, weil ja bereits Käufer warten.

Bisher keine Transparenz Mit den bisherigen Assistenten von Amazon bekommen Power-Anbieter leider nur über den Umweg »Berichte« Informationen über Vorbestellungen oder zum Marktumfeld. Ganz im Gegensatz zu den »normalen« Wiederverkäufern, die wartende Käufer und deren Preisvorstellungen beim Anbieten des Produkts sofort genannt bekommen.

> **Unser Tipp**
> Wenn Sie nur 20 oder 30 Bücher hochladen, um Ihr Angebot zu ergänzen, tun Sie dies einzeln über die Eingabe der ISBN-Nummer. Nur dann sehen Sie, wo bereits ein Kunde auf den Artikel wartet, und welchen Preis er bereit ist, dafür zu bezahlen. Lieber bieten Sie zuweilen etwas billiger an, haben aber innerhalb von einer Stunde bereits Umsatz. Dann lohnt sich auch der höhere Zeitaufwand von etwa einer Minute pro Artikel.

Weitere Funktionen von SellerEngine in der Version 3.2, die Anfang 2003 vorgestellt wurde:

▶ Zu jedem der eigenen Produkte werden die vollständige Zahl weiterer angebotener Bücher, deren Beschreibungen und Zustandskategorien, die Anbieter-Namen der Wettbewerber und deren Bewertungs-Ratings angezeigt.

▶ Zu jedem Produkt wird der Amazon-Preis und dessen Position im Verkaufsranking dargestellt.

▶ Aufgeführt wird der niedrigste Preis für mit Ihrem Angebot vergleichbare Bücher, die im gleichen oder besseren Zustand angeboten werden und deren Verkäufer das gleiche oder ein besseres Bewertungs-Rating als Sie selbst haben.

▶ Eine automatische Preiserhöhung nach selbst aufgestellten Regeln, wenn das eigene Angebot zu weit vom Wettbewerb entfernt ist.

▶ Die Information, wenn eigene Angebote gegenüber der Konkurrenz zu billig oder zu teuer sind, wenn man nur noch der einzige Anbieter ist und den Preis dann anpassen kann.

Leider ist SellerEngine derzeit nur für den Marketplace von Amazon.com einsetzbar. Zwar will das Unternehmen noch nicht sagen, wann eine Version für die anderen Amazon-Marktplätze erhältlich sein wird, aber das ist wahrscheinlich nur eine Frage von Monaten.

Noch nicht in Deutschland einsetzbar

Das Beispiel SellerEngine zeigt aber bereits, welche Möglichkeiten Sie als Power-Anbieter in Zukunft auch in Deutschland nutzen können, ohne selbst aufwändig programmierte Skripts einsetzen zu müssen, um an mehr Informationen über Ihre Produkte, den Markt und das Konkurrenzumfeld zu kommen. Informationen, die der einfache Wiederverkäufer heute beim Anbieten von Artikeln schon bekommt.

Unser Tipp

Wer bereits Bücher über Abebooks verkauft, kann deren Software »Homebase« verwenden, um auch Bücher auf dem Marketplace von Amazon.de anzubieten. Nachteil: Man tritt nicht als eigenständiger Anbieter, sondern unter dem gemeinsamen Verkäufer-Namen »abebooksdeutschland« auf.

Die Power-Anbieter müssen sich vorerst mit Assistenten zufrieden geben, die aber immerhin das Aufspielen von Tausenden Produkten erleichtern. Diese Assistenten können alle mit gängigen Tabellenkalkulationsprogrammen wie Excel (ab Version 97) und Internet Browsern wie Netscape Navigator 3.0 oder höher sowie Microsoft Internet Explorer 4.0 oder höher genutzt werden. Weil die meisten Warenwirtschaftssysteme eine solche Schnittstelle haben, ist wenigstens der Datenaustausch zwischen dem eigenen System und Amazon leicht. Die Assistenten und ihre Handhabung werden in den nächsten Abschnitten im Detail vorgestellt.

8.1 Der Buch-Assistent

Um den vielen Buchhändlern, die bei Amazon.de ihre Bücher anbieten, das Hochladen ihrer Angebote und damit den Verkauf zu erleichtern, wurde der Buch-Assistent entwickelt. Bücher können nur über die ISBN in Amazon.de Marketplace gelistet werden. Was also tun bei Büchern, die keine ISBN haben?

Der Buch-Assistent verfügt über eine Technik, welche Büchern, die keine ISBN haben, automatisch die entsprechende ISBN zuweist. Dabei werden die vom Verkäufer in der Artikelbeschreibung angegebenen bibliografischen Informationen mit dem Buchkatalog von Amazon.de verglichen.

Automatische ISBN-Zuweisung

Amazon.de nennt dazu dieses Beispiel: Die Daten des folgenden Eintrages stimmen zum Beispiel nur mit einem einzigen Artikel im Buchkatalog von Amazon.de überein, obwohl Amazon.de viele verschiedene Ausgaben von »The Adventures of Huckleberry Finn« von Mark Twain führt:

Autor: Mark Twain
Titel: The Adventures of Huckleberry Finn
Verlag: Penguin
Erscheinungsdatum: 1986
Format: Taschenbuch

Beim Hochladen wird diesem Eintrag erfolgreich eine ISBN zugewiesen, und der Artikel würde unter der folgenden URL gelistet: http://www.amazon.de/exec/obidos/ASIN/0140390464/.

Je mehr bibliografische Informationen für jeden Eintrag angegeben werden, umso eher kann Amazon dem Buch eine ISBN zuweisen und es in Marketplace listen. Es ist wichtig, hier möglichst genau zu sein, um sicher zu gehen, dass ein Käufer nicht aus Versehen eine andere gebrauchte Ausgabe erwirbt als beschrieben. Eine ISBN wird daher nur im Fall einer exakten Übereinstimmung zugewiesen.

Gibt es keine Übereinstimmung, kann das Buch dann automatisch nur in zShops gelistet werden. Dazu muss beim Hochladen die Option »Marketplace und/oder zShops« aktiviert sein. Wenn Sie die Option »Nur Marketplace« gewählt haben, ist das Listen dieses Buchs nicht möglich.

Findet sich eine exakte Übereinstimmung, weist Amazon dem Angebot die ISBN zu. Zulässige Dateiformate sind »Standard Buch« und das den Buchhändlern vertraute internationale Standard-Katalogformat UIEE (Universal Information Exchange Environment).

Standard-Tabelle Mit den meisten Datenbank- oder Tabellenkalkulationsprogrammen lässt sich eine Datei im Standard-Buch-Format erstellen. Es müssen nur die entsprechenden unten stehenden Felder ausgefüllt und exportiert werden.

> **Unser Tipp**
> Amazon bietet bereits per E-Mail eine Vorlage für die Standard-Tabelle an. Senden Sie einfach eine leere Nachricht an bookloader-template-request@amazon.com. Innerhalb von Minuten ist die Vorlage in Ihrem E-Mail-Posteingang.

Tabellenfelder für zShops/Marketplace mit automatischer ISBN-Zuweisung

Die Tabellenfelder sind im Einzelnen:

▶ **author** (Autor): Name(n) des Autors. Pflichteingabefeld für ISBN-Zuweisung und für das Anbieten in zShops

▶ **titel** (Titel): Buchtitel. Pflichteingabefeld für ISBN-Zuweisung und für das Anbieten in zShops

▶ **illustrator** (Illustrator): Buchillustrator (falls zutreffend). Wahleingabefeld

▶ **publisher** (Verlag): Buchverlag. Pflichteingabefeld für noch erhältliche Bücher, Wahleingabefeld für vergriffene Bücher. Für ISBN-Zuweisung und für das Anbieten in zShops jedoch empfohlen

▶ **pub-date** (Erscheinungsdatum): Erscheinungsdatum der Ausgabe. Geben Sie bitte das vollständige Jahr an (z.B. 1991). Pflichteingabefeld für noch erhältliche, Wahleingabefeld für vergriffene Bücher. Für ISBN-Zuweisung und für das Anbieten in zShops jedoch empfohlen

▶ **binding** (Format): Formattyp (gebunden, Taschenbuch etc.). Pflichteingabefeld für noch erhältliche, Wahleingabefeld für vergriffene Bücher. Für ISBN-Zuweisung und für das Anbieten in zShops jedoch empfohlen. Hinweis: Damit Ihre Titel korrekt verarbeitet und dargestellt werden, geben Sie bitte nur die von Amazon vorgeschriebenen Einbandarten an. Bitte achten Sie darauf, bei der Eingabe der Abkürzungen (z.B. »BR«) und der Bezeichnungen genau die von Amazon angegebenen Schreibweisen zu übernehmen:

  ▷ Bibliothekseinband (für Bücher mit Bibliothekseinband)

  ▷ BR (für broschierte Bücher)

  ▷ AD (für Hörbücher auf CD)

  ▷ HC (für gebundene Ausgaben)

  ▷ AC (für Hörkassetten)

  ▷ CL (für Kalender)

  ▷ MP (für Landkarten)

  ▷ LD (Bücher mit Ledereinband)

  ▷ LN (Bücher mit Leineneinband)

  ▷ RB (Ringbücher)

  ▷ TP (Paperbacks, Softcover)

  ▷ Sondereinband (Sondereinband)

- SP (Spiralbücher)
- TP (Taschenbücher)
- unbekannter Einband (für Bücher mit unbekanntem Einband)

▶ **condition** (Zustand): Zustand des Buches (gut, sehr gut, wie neu etc.) Wahleingabefeld

▶ **edition** (Ausgabe): Angaben zur Ausgabe. Wahleingabefeld

▶ **comments** (Kommentare): Allgemeine Beschreibung des Buches und Kommentare. Wahleingabefeld

▶ **category1** (Kategorie): Numerischer Code zur Auswahl der Kategorie in zShops, in der Sie Ihren Artikel listen. Jedem Artikel muss ein eigener Kategorie-Code zugewiesen werden. Wenn Sie keine Kategorie angeben, erfolgt die Sortierung automatisch in die Kategorie 68297 (zShops > Bücher & Antiquariat > Sonstiges). Wahleingabefeld

▶ **price** (Preis): Artikelpreis in Euro durch Komma getrennt ohne Angabe der Währung (z.B. 9,80). Pflichteingabefeld

▶ **sku** (SKU): Die SKU-Nummer (»Stock Keeping Unit« = Lagerhaltungsnummer). Hier muss die eigene Artikel- oder Lagerhaltungsnummer eingegeben werden. Die Nummer muss für jeden von Ihnen angebotenen Artikel eindeutig sein, sowohl für bestehende Angebote als auch für solche, die Sie neu hinzufügen möchten. Pflichteingabefeld

▶ **add-delete** (hinzufügen-löschen): Kennzeichnen Sie Artikel, die Sie aus Ihren aktuellen Angeboten löschen wollen, mit einem d (für delete = löschen)

▶ **image-URL** (Bild-URL): Sie können Ihrem Angebot in zShops ein Bild hinzufügen. Die vollständige URL des Bildes muss immer mit http:// beginnen. Beispiel: http://www.ihreseite.de/bildname.gif. Wahleingabefeld

▶ **quantity** (Menge): Die Grundeinstellung für die Anzahl ist 1. Sie können eine Menge zwischen 2 und 1 000 festlegen. Der Artikel muss beim Verkauf verfügbar sein

▶ **browse-path** (Stöber-Pfad): Geben Sie Stöber-Pfade an, damit Ihre Käufer Artikel in Ihrem Händler-Shop bei zShops leichter auffinden können. Geben Sie den vollständigen Pfad an. Die einzelnen Angaben werden jeweils durch einen Doppelpunkt getrennt, beispielsweise: Bücher:Kinderbücher:Bilderbücher.

▶ **storefront-feature** (Artikel im Fokus): Soll ein Artikel in Ihrem Händler-Shop bei zShops erscheinen, setzen Sie in diese Spalte ein y.

- **boldface** (Fettschrift): Kennzeichnen Sie Einträge, die in den Sucher-
gebnissen und beim Stöbern im Katalog in Fettschrift angezeigt werden sollen, hier mit einem y. Für Einträge in Fettschrift wird eine
Gebühr von derzeit je 2,50 Euro erhoben.

Tabellenfelder für das Hochladen von Büchern in Marketplace

Diese Tabellenfelder sind im Einzelnen:

- **item-is-marketplace** (Marketplace-Angebot): Wahleingabefeld. Wird
jedoch empfohlen, wenn Ihr Artikel eine ISBN aufweist. Kennzeichnen
Sie Artikel, die nur bei Marketplace gelistet werden sollen, mit einem
y. Alle Angebote, die im Standard-Buch-Format mit dem Buch-Assis-
tenten hochgeladen werden und die entweder eine eigene ISBN aufweisen oder denen eine ISBN zugewiesen werden kann, werden als
Marketplace-Angebote behandelt.
- **product-ID** (Produktnummer): Die ISBN Ihres Buchangebotes (falls
zutreffend). Wahleingabefeld. Jedoch empfohlen, sofern Sie die ISBN
in Ihrer Datenbank oder anderweitig verfügbar haben.
- **product-id-type** (Produktnummerntyp): Numerischer Eintrag, der
kennzeichnet, ob es sich bei Ihrer Produktnummer um eine ISBN,
ASIN, EAN oder UPC handelt. Sofern nicht anders festgelegt, wird dieser Wert beim Hochladen mit Standard-Buch-Format standardmäßig
auf 2 (ISBN) gesetzt:
  - 1 = ASIN
  - 2 = ISBN
  - 3 = UPC
  - 4 = EAN
- **item condition** (Artikelzustand): Numerischer Eintrag, der kennzeichnet, welcher Qualitätsstufe Ihr Artikel zuzuordnen ist. Richtlinien zur
Zustandsbeschreibung der Artikel:
  - 1 = Gebraucht, wie neu
  - 2 = Gebraucht, sehr gut
  - 3 = Gebraucht, gut
  - 4 = Gebraucht, akzeptabel
  - 5 = Sammlerstück, wie neu
  - 6 = Sammlerstück , sehr gut

- ▶ 7 = Sammlerstück, gut

- ▶ 8 = Sammlerstück, akzeptabel

Wird in diesem Feld kein Wert gesetzt, der Artikel weist aber eine Produktnummer auf, oder es wird ihm beim Hochladen eine ISBN zugewiesen, benutzt der Buch-Assistent den im Feld »condition« (Zustand) gesetzten Texteintrag und versucht, den Artikel in eine der oben genannten Qualitätsstufen für gebrauchte Artikel einzuordnen. Findet er keinerlei passende Angaben, wird der Artikel standardmäßig als »Gebraucht, akzeptabel« eingestuft.

- ▶ **item-note** (Kommentar): In diesem Feld können Sie jegliche Unterschiede zur entsprechenden von Amazon.de angebotenen Neuware anführen. Die Texteingabe ist für »Gebrauchte« Artikel auf 80 Zeichen und für »Sammlerstücke« oder »Refurbished (Erneuerte)« Artikel auf 200 Zeichen beschränkt. Wahleingabefeld. Geben Sie das Erscheinungsjahr des Titels, die Auflage und die Einbandart in diesem Feld erneut an, zum Beispiel: »1. Auflage, 1996, gebundene Ausgabe, Buchrücken vergilbt, ansonsten sehr guter Zustand«.

- ▶ **will-ship-internationally** (wird weltweit versendet): Wird in diesem Feld kein Texteintrag gesetzt, werden die standardmäßigen Grundeinstellungen (der Verkaufsbedingungen) verwendet. Kennzeichnen Sie Artikel, die Sie weltweit versenden, mit einem y.

Unser Tipp

Tragen Sie in den Kopfzeilen Ihrer Tabellenvorlage alle notwendigen Tabellenfelder ein und füllen Sie jedes mit Informationen zu den Angeboten. Die optionalen Felder müssen nur dann in der Kopfzeile eingetragen werden, wenn Sie entsprechende Informationen auch aufnehmen.

So wird die Tabelle aufgebaut

Standard Buch – notwendige Felder für alle Angebote in Marketplace (einschließlich nicht mehr erhältlicher Bücher):

- ▶ author

- ▶ titel

- ▶ price

- ▶ sku

- ▶ publisher

- ▶ pub-date
- ▶ binding

Es ist zu beachten, dass für Angebote in zShops mindestens eines der folgenden Felder in der Tabellenvorlage verwendet und ausgefüllt werden muss:

- ▶ illustrator
- ▶ publisher*
- ▶ pub-date*
- ▶ binding*
- ▶ condition
- ▶ edition
- ▶ comments

Es handelt sich bei den mit Sternchen (*) gekennzeichneten Feldern zwar nicht um Pflichteingaben. Amazon empfiehlt jedoch, sie zu verwenden, wenn dem Artikel beim Hochladen eine ISBN zugewiesen werden soll.

Standard Buch – optionale Felder:

- ▶ category1
- ▶ image-url
- ▶ quantity
- ▶ add-delete
- ▶ will-ship-internationally
- ▶ item-is-marketplace
- ▶ product-id
- ▶ product-id-type
- ▶ item-condition
- ▶ item-note
- ▶ browse-path
- ▶ storefront-feature
- ▶ shipping-fee
- ▶ boldface

Wenn Sie die Tabelle vorbereitet und mit Daten gefüllt haben, kann sie nach dem Abspeichern hochgeladen werden.

9   Der eigene Shop bei Amazon

Mit zShops bietet Amazon Dritten die Möglichkeit, einen eigenen Internetshop zu eröffnen. Dieser Shop lässt sich leicht für die eigenen Bedürfnisse anpassen und sorgt für steigende Umsätze.

Mit über 200 000 Artikeln in 21 verschiedenen Warengruppen eröffnete Amazon Anfang November 1999 auch in Deutschland die zShops, einen »Marktplatz der Zukunft«, wie ihn der damalige Geschäftsführer Dr. Uwe Clausen nannte. Auf diesem Amazon-Marktplatz, direkt erreichbar unter www.amazon.de/zshops, bietet nicht Amazon, sondern bieten dessen Handelspartner ihre Waren an, egal ob neu oder gebraucht. Hinzu kommen zahlreiche Dienstleistungen. Heute gliedert sich das Angebot in Bücher & Antiquariat, Computer & Software, Elektronik & Foto, Film & Video, Musik, Spielzeug & Spiele, Telekommunikation, Weine & Gourmet.

Was sind zShops?

Bei den zShops ist nicht Amazon der Verkäufer, sondern es sind Handelspartner, die jetzt über die von Amazon angebotene Plattform ihre Produkte anbieten können. Die Verkäufer sind nicht an den Katalog von Amazon gebunden, können ihn aber nutzen. Ebenso ist Amazon Payments nicht mehr das Standard-Zahlungssystem. Jeder zShop-Betreiber kann die Zahlung per Kreditkarte, Überweisung usw. selbst in seinen Bedingungen festlegen. Allerdings müssen Käufer und Verkäufer sich selbst um die Zahlungsabwicklung kümmern, wenn nicht gleich über Amazon Payments bezahlt wird. Wichtig: Die A-Z-Garantie übernimmt Amazon aber trotzdem auch für die Einkäufe in den zShops.

Nicht an Amazon-Katalog gebunden

Mit der Einführung von Amazon Marketplace können jetzt alle Produkte auch automatisch in zShops angeboten werden. Nur wer Power-Anbieter ist, kann aber direkt in beiden Rubriken aktiv sein und selbst einen eigenen Händlershop eröffnen. Damit bieten sich für Marketplace-Partner doch noch Möglichkeiten, über Cross- und Up-Selling den Umsatz zu erhöhen. Denn wer gute Erfahrungen mit einem Anbieter gemacht hat, weil er für ein Spezialgebiet eine gute Auswahl an CDs, Videos oder Bücher hat, der kehrt vielleicht eher in dessen zShop zurück. Der eigene Shop ist dann stets unter www.amazon.de/shops/[Benutzername] erreichbar.

Eigener Händlershop

Unser Tipp

Nutzen Sie als Power-Anbieter die Gelegenheit und eröffnen Sie einen eigenen zShop. Schöpfen Sie die angebotenen Möglichkeiten aus, den eigenen Shop zu gestalten, Ihre Produkte zu präsentieren und Kunden und Interessenten über Ihr Unternehmen zu informieren. Damit heben Sie sich von der anonymen Masse der Verkäufer ab und stellen schneller Vertrauen zu Kaufinteressierten her. Wie es geht, das wird auf den nächsten Seiten beschrieben. Nennen Sie die URL Ihres Shops auf Lieferscheinen, Rechnungen, Visitenkarten und in der Absenderangabe bei E-Mails. Selbstverständlich können Sie Ihre eigene Internet-Domain oder zumindest den Bereich Shop auf Ihren zShop bei Amazon umleiten.

9.1 Gebühren

Verkaufsgebühren

Auch bei zShops gibt es keine Einstellgebühren. Ausnahme: Sonderplatzierungen. Erst wenn ein Artikel verkauft wird, bekommt Amazon eine Provision. Diese richtet sich nach dem Umsatz:

▶ Bei einem Verkaufspreis von bis zu 100 Euro werden fünf Prozent davon fällig.

▶ Bei bis zu 2000 Euro berechnet Amazon.de eine Abschlussgebühr von fünf Euro und zusätzlich 2,5 Prozent auf die Summe über 100 Euro. Beispiel: Bei einem Verkaufspreis von 1100 Euro werden die Pauschale von 5 Euro und die Umsatzprovision von 25 Euro (2,5 Prozent von 1100 Euro abzüglich 100 Euro), also insgesamt 30 Euro, berechnet.

▶ Bei über 2000 Euro betragen die Abschlussgebühren 52,50 Euro und die Provision 1,25 Prozent für den Betrag über 2000 Euro. Beispiel: Bei einem Verkaufspreis von 5000 Euro werden die Pauschale von 52,50 Euro und die Umsatzprovision von 37,50 Euro (1,25 Prozent von 3000 Euro), also insgesamt 90 Euro, berechnet.

Die Gebühren berechnet Amazon alle 30 Tage, ab dem Tag, an dem das erste Angebot eingestellt wurde. Sobald aber mehr als 100 Euro an Gebühren offen sind, wird sofort der Betrag vom Bankkonto des Anbieters eingezogen oder seiner Kreditkarte (akzeptiert werden Visa, MasterCard und American Express) belastet.

Gebühren für
Sonderplatzie-
rungen

Für Sonderplatzierungen werden bereits beim Einstellen der Waren Gebühren fällig, die auch nicht erstattet werden, wenn der Verkauf nicht zustand kommen sollte. Diese Gebühren werden auch bei einer automatischen Erneuerung der Angebote (wieder) fällig. Für folgende Leistungen berechnet Amazon.de Gebühren:

► Artikelbezeichnung in Fettschrift: 2,50 Euro pro Angebot (das können natürlich mehrere Stück sein)

► Angebote, die zusätzlich im »Schaufenster« einer bestimmten Kategorie erscheinen: 12,50 Euro pro Angebot

► Angebote, die zusätzlich im »Schaufenster« direkt auf der Auktionen-Homepage erscheinen: 99,00 Euro pro Angebot

9.2 Ihr zShop

Die Einrichtung des eigenen zShops ist ganz einfach und dauert nicht allzu lange. Jeder zShop wird aus einem Standard-Baukasten zusammengebaut. Es gibt folgende Elemente, die anschließend ausführlich beschrieben werden:

Einrichtung

► Firmenbeschreibung mit oder ohne Foto

► Stöber(n)box

► Suchbox

► Artikel im Fokus

► Kundenspezifische Linkbox

► Logoleiste

► Bewertungen

Unser Tipp

Wenn Sie mehr Produkte verkaufen wollen, dann sollten Sie sich ausführlich mit der Einrichtung Ihres zShops beschäftigen. Sie können – mit Einschränkungen – den Shop nach Ihren Gestaltungsvorstellungen (z. B. Ihre Firmenfarbe, Firmenlogo, eigenes Wording) einrichten. Nur anhand der Bewertungen und Ihres zShops kann ein Interessent mehr Informationen über seinen potentiellen Verkäufer bekommen. Nutzen Sie diese Chance, über Ihren zShop Vertrauen aufzubauen und die Kaufbarrieren möglichst niedrig zu halten. Stöbern Sie durch verschiedene zShops der Konkurrenz und nehmen Sie sie aus Kundensicht unter die Lupe. Würden Sie dort einkaufen, nach dieser Selbstdarstellung? Was hat Ihnen gefallen, was nicht? Was machen Sie besser? Wo wird der Kaufinteressent alleine gelassen? Werden noch andere Kontaktmöglichkeiten als E-Mail angeboten?

Firmenbeschreibung und Foto

Oben rechts befindet sich bei jedem Händler-Shop eine Box mit ausreichend Platz für die Firmenbeschreibung und ein Foto. Amazon.de empfiehlt: »Sie können diesen Platz nutzen, um den Kunden ein wenig über sich selbst oder über Ihre Firma zu berichten und um die Seite ein wenig persönlicher zu gestalten. Die Beschreibung kann Ihre Firmengeschichte beinhalten oder eine Beschreibung des Angebotes.«

> **Unser Tipp**
> Vergessen Sie nicht Ihre Postanschrift und eine Telefonnummer, damit Kunden mit Ihnen Kontakt aufnehmen können. Nicht jeder schreibt eine E-Mail, um Näheres zu einem Produkt zu erfahren. Am Telefon lassen sich solche Fragen allemal schneller beantworten und Sie können mit Ihren Argumenten einen Interessenten besser zu einem Kunden machen. Nutzen Sie den Platz darüber hinaus auch, um Ihre Versandbedingungen detailliert zu beschreiben.

So lässt sich die Firmenbeschreibung einfügen: Gehen Sie zu Ihrem Verkäufer-»Cockpit«, der Hauptseite »Verkäufer-Konto« und klicken Sie auf den Link »Ihren Händler-Shop in zShops bearbeiten«. Dort erscheint links oben der gelbe Button »Firmenbeschreibung und Foto«.

▶ **Firmenbeschreibung:** Schreiben Sie eine Firmenbeschreibung in die Eingabemaske. Es stehen bis zu 1500 Zeichen zur Verfügung. Amazon.de empfiehlt: »Vermeiden Sie zu viele Ausrufezeichen, die obere Tastaturreihe (#%@) oder GROSSSCHRIFT.«

▶ **Foto hinzufügen:** Wählen Sie das gewünschte Bild, eine .gif- oder .jpg-Datei in Ihrem PC, indem Sie auf »Suche« klicken. Das Foto darf nicht größer sein als 150 x 150 Pixel und 50 KB in der Dateigröße.

Mit einem Klick auf »Vorschau« können Sie sich das Ergebnis ansehen und entweder weiter bearbeiten (Button »Bearbeiten«) oder mit »Weiter« zur Seite »Bearbeiten Sie Ihren Händler-Shop« zurückkehren. Erst wenn dort auf »Abschicken« geklickt wird, werden die Änderungen in der Datenbank von Amazon aktualisiert.

Stöber(n)box

Auf der linken Seite des zShops befindet sich eine Art Navigation durch den Händler-Shop, um leichter zu den einzelnen Artikelgruppen innerhalb des einzelnen zShops zu gelangen. Amazon nennt sie »Stöberbox« oder manchmal auch – sprachlich schief – »Stöbernbox«. Als Vorlage bietet Amazon Links nach den Amazon-Kategorien, basierend auf den Hauptkategorien, in den der Shopbetreiber bereits bei Amazon Artikel angeboten hat.

Interessanter ist es aber, selbst sein Kategoriensystem zu entwickeln und zu pflegen. Dazu lässt sich jeder Artikel beim Hochladen mit dem Assistenten (Spalte »browse-path«) einer Kategorie zuweisen. Diese und den Stöberpfad dorthin kann man definieren. Wer jeden Artikel einzeln über die Website eingibt, der trägt den Stöberpfad auf der Seite »Einen Artikel in zShops anbieten« in das Feld »Händler-Shop Stöberpfad« ein.

Eigene Stöber-pfade entwickeln

Egal, wie die Artikel für den eigenen zShop eingetragen werden, die Regeln für den Stöberpfad sind immer gleich:

▶ Jede Ebene wird durch einen Doppelpunkt (kein Leerzeichen dahinter!) getrennt.

▶ Der Begriff für jede Ebene darf höchstens 35 Zeichen haben.

Ein Beispiel soll das verdeutlichen: Angenommen, Sie haben sich auf Wirtschaftsbücher zum Thema Marketing und Qualitätsmanagement spezialisiert, dann könnten Ihre Stöberpfade so aussehen:

▶ Bücher:Qualitätsmanagement

▶ Bücher:Qualitätsmanagement:Qualitätstechniken

▶ Bücher:Qualitätsmanagement:Nachschlagewerke

▶ Bücher:Qualitätsmanagement:Lehrbücher

▶ Bücher:Qualitätsmanagement:ISO 9000f

▶ Bücher:Qualitätsmanagement:EFQM

Hinzu käme:

▶ Bücher:Marketing

▶ Bücher:Marketing:Lehrbücher

▶ Bücher:Marketing:Nachschlagewerke

▶ Bücher:Marketing:Direktmarketing

▶ Bücher:Marketing:Direktmarketing:E-Mail-Marketing

▶ Bücher:Marketing:Online-Marketing

Die letzten beiden Pfade zeigen, dass dieses System wohl überlegt werden muss, denn E-Mail-Marketing kann natürlich auch unter Online-Marketing einsortiert werden.

Suchbox Jeder Händler-Shop hat auf der linken oberen Seite eine Suchbox. Diese Suchbox ermöglicht es den Kunden, durch Eingabe eines Titels oder einer Beschreibung, Artikel aus dem gesamten Angebot des zShops zu finden. Über das Drop-Down-Menü kann auch in den übrigen zShops gesucht werden. Die Suchbox kann vom zShop-Betreiber nicht bearbeitet oder gar gelöscht werden. Damit die Kunden bessere Suchergebnisse bekommen ist es natürlich nötig, dass jeder Artikel so gut wie möglich beschrieben wird.

Logo-Leiste Jeder Händler-Shop und dessen Detailseiten werden von der »Logo-Leiste« des Händlers eingerahmt, damit den Kunden die Orientierung in den zShops leichter fällt. Um diese Orientierung zu vereinfachen, kann die Logo-Leiste durch eine eigene Farbgebung und das eigene Firmenlogo individuell angepasst werden. Die Grundeinstellung der Logoleiste ist grau.

Wie kann die Logoleiste verändert werden? Auch diese Arbeiten werden über das »Cockpit« »Verkäufer-Konto« über den Link »Ihren Händler-Shop in zShops bearbeiten« erledigt. Klicken Sie anschließend auf den gelben »Bearbeiten«-Knopf, den Sie am Seitenanfang und -ende auf der Logoleiste finden. Sie werden dann gebeten, die folgenden Informationen einzugeben:

▶ **Firmenname:** Amazon.de nimmt als Voreinstellung den Benutzernamen, gefolgt von »zShops«, also z. B. Markus_Meier zShops. Hier kann man den Namen der Firma einsetzen

▶ **Adresse:** Geben Sie hier die Kontaktadresse Ihrer Firma an (diese ist möglicherweise abweichend von der Rechnungsadresse, die Sie bei der Registrierung angegeben haben).

▶ **Textfarbe für Firmennamen und die Adresse:** Benutzen Sie das Dropdown-Menü um die Farbe für Ihren Text in der Logoleiste auszuwählen oder geben Sie einen Hexadezimalwert ein. Ein Hexadezimalwert ist ein 6-stelliger Code aus Zahlen und Buchstaben, der unter anderem in HTML zur Festlegung von Farben dient. Alle Farben auf Ihrem Computermonitor existieren in verschieden, variablen Stärken von Rot, Grün und Blau (auch bekannt als RGB-Farben). Die Buchstaben und Nummern in einem Hexadezimalwert legen die Intensität der einzelnen Farben fest. Die ersten zwei Zeichen bestimmen die Intensität von Rot, die nächsten beziehen sich auf Grün usw.

▶ **Hintergrundfarbe für die Logoleiste:** Benutzen Sie wieder das Menü oder geben Sie einen Hexadezimalwert ein

▶ **Ersetzen des Firmennamens durch ein Logo:** Sie können den Firmennamen links oben in der Ecke durch Ihr Firmenlogo ersetzen. Das Logo kann 480 x 45 Pixel haben und bis zu 20 KB groß sein.

▶ **URL und E-Mail-Adresse:** Die URL für Ihren Händler-Shop und die E-Mail-Adresse für das Amazon.de-Konto werden am unteren Ende der Logoleiste angezeigt. Weder die URL noch die E-Mail-Adresse können bearbeitet werden. Die E-Mail-Adresse kann nur verändert werden, indem vom »Verkäufer-Cockpit« aus die Standardeinstellungen für Amazon.de überarbeitet werden. Diese neue Mail-Adresse gilt dann aber auch für alle Benachrichtigungen von Amazon über Verkäufe, die eigenen Einkäufe usw.

Alle Eintragungen können über die Vorschau kontrolliert und mit »Bearbeiten« wieder korrigiert werden. Die Änderungen werden erst dann aktiv, wenn sie mit »Weiter« bestätigt werden. Dann automatisch auf die Hauptseite »Bearbeiten Sie Ihren Händler-Shop« zurückkehren und den Button »Abschicken« anklicken.

> **Unser Tipp**
> Mit Grafikprogrammen, wie z.B. Adobe Photoshop, können Sie einen bestimmten Punkt in einem Bild auswählen und sich den RGB-Wert dieses Bildpunktes anzeigen lassen. Wenn Ihre Logo-Leiste z.B. eine Farbe Ihres Logos haben soll, öffnen Sie das Logo im Grafikprogramm, klicken Sie auf den Punkt, dessen Farbe Sie verwenden möchten, und geben Sie den Hexadezimalwert dieses Punktes auf der Seite »Namen, Farben und Kontaktadresse für Ihren Shop bearbeiten« ein.

Artikel im Fokus

Bis zu fünf Artikel werden gleich rechts auf der Hauptseite eines zShops angezeigt. Diese »Artikel im Fokus« werden entweder nach dem Zufallsprinzip von Amazon ausgewählt oder vom Shopbetreiber beim Auflisten als »Artikel im Fokus« markiert.

Für die »Artikel im Fokus« muss beim Anbieten über die Seite »Einen Artikel in zShops anbieten« unter »Sonderplatzierungen« das Kästchen »Feature in Ihrem Händler-Shop« angeklickt werden. Arbeitet der zShop-Betreiber mit dem Amazon-Assistenten, dann gibt er in der Spalte »storefront-feature« ein »y« ein. Amazon bietet auch an, über den Link »zShops Artikel ansehen, bearbeiten, wiederauflisten« auf der Seite »Verkäufer-Konto« die »Artikel im Fokus« auszuwählen.

> **Unser Tipp**
> Verwenden Sie dieses kostenlose Präsentationstool, damit die Kunden möglichst viel von Ihrem Angebot nutzen und markieren Sie möglichst alle Ihre Artikel als »Artikel im Fokus«. Abwesechselnd werden jeweils fünf gezeigt. Wählen Sie weniger als fünf aus, ergänzt Amazon aus Ihrem Angebot weitere Artikel. Lediglich wenn Sie zu bestimmten Aktionen wie Weihnachten oder Muttertag nur bestimmte Artikel auf der ersten Seite Ihres zShops stehen haben wollen, ist es sinnvoll, sich auf fünf Artikel zu beschränken.

Kundenspezifische Linkbox Für Schnäppchen und andere Angebote hat jeder zShop auf der linken oberen Seite eine Linkbox. »Ein gutes, verkaufsförderndes Serviceangebot« nennt Amazon.de diese Möglichkeit, »mit dem Sie die Schlagwortsuche für Ihr Angebot erstellen können.« Wenn im zShop Fahrräder verkauft werden, dann könnte der Link »Offroad-Fahrräder« heißen. Wird auf diesen Link geklickt, dann erscheinen alle Artikel aus Ihrem Angebot mit den Wörtern »Mountain«, »Fahrrad« und »BMX«, so das Beispiel von Amazon.

»Unsere Renner« Diese Suchfunktion kann wieder über den Link »Ihren Händler-Shop in zShops bearbeiten« auf der Seite »Verkäufer-Konto« erstellen oder bearbeiten« individuell verändert werden. Dort klicken Sie auf den gelben »Bearbeiten«-Knopf links oben in der Linkbox. Tragen Sie dann dort Folgendes ein:

▶ **Kopfzeile:** Der Shopbetreiber kann die Box umbenennen. Häufige Titel sind: »Unsere Renner«, »Schnäppchen« oder »Top-Angebote«.

▶ **Link-Name:** Hier kommen die Namen für die Links, die später die Kunden sehen. Diese müssen nicht mit den Bezeichnungen in der »Suche« übereinstimmen.

▶ **Schlagwortsuche:** Der Begriff oder die Begriffe, die in der Suche enthalten sein sollen. Es ist wichtig, dass die Artikel im aktuellen Angebot diese Wörter oder Bezeichnungen im Titel oder in der Artikelbeschreibung enthalten. Wird mehr als ein Suchbegriff eingegeben, dann ermittelt die Suchmaschine nur die Artikel, die beide Wörter oder Bezeichnungen im Titel und/oder in der Artikelbeschreibung haben.

▶ **Titel oder Titel und Beschreibung:** Wählen Sie bitte aus, ob die Schlagwortsuche nur nach dem Titel suchen soll oder ob sowohl im Titel als auch in der Artikelbeschreibung nach Treffern gesucht wird.

All diese Einträge werden wieder wie die anderen genannten zShop-Tools über die Vorschau kontrolliert und später live geschaltet

Unser Tipp

Nutzen Sie auch dieses wirksame Mittel, um den Interessenten und Kunden Ihre Angebote besser vorstellen zu können. Viele zShops verzichten leider immer noch auf dieses Tool, mit dem sich zusätzlicher Umsatz generieren lässt.

Übrigens: Für die Suche in der »kundenspezifischen Linkbox« gelten die meisten Regeln, wie sie auch von gängigen Suchmaschinen angewandt werden: Leerzeichen werden automatisch als ein »und« gewertet. Ein Sternchen (*) ist eine so genannte Wildcard, und steht für die letzten Buchstaben, wenn ein Begriff mit mehreren möglichen Endungen gesucht wird. Ein vorangestelltes Minuszeichen (-) ohne Wortzwischenraum schließt den anschließend genannten Begriff aus. Wenn der Suchbegriff in Anführungszeichen steht, wird nur nach diesem exakten Begriff gesucht. Eine Pipe (|) ersetzt in der Suche ein »oder«. Es muss ein Leerzeichen zwischen dem ersten Begriff und der Pipe sein und nach der Pipe muss sofort der nächste Suchbegriff kommen.

Auktionen stehen zwar nicht im Zentrum von Amazon.de, aber wie der Bereich Amazon Auktionen gewinnbringend genutzt werden kann und welche Unterstützung das Unternehmen den Power Anbietern gibt, wird im nächsten Kapitel beschrieben.

10   Auktionen

Das Lager räumen, schnell eine hohe Stückzahl absetzen, das ist mit Internet-Auktionen möglich. Und die Nutzer schätzen das spielerische Einkaufen und den Kitzel, ein Schnäppchen zu machen und doch noch überboten zu werden.

Auktionen gehören sicher nicht zum wichtigsten Bereich von Amazon.de. Auf der Homepage muss man zunächst suchen, bevor man den Navigationspunkt »Auctions« im Kästchen links unter »Unsere Shops« findet. Die Übermacht von Ebay und anderer Konkurrenten ist wohl schon so groß, dass für diesen Bereich nur noch wenig Marketing gemacht wird. Von vielen Kunden werden die Auktionen dennoch gern genutzt, es ist also wieder eine Chance, Kunden für seine Produkte zu gewinnen. Power-Anbietern macht es Amazon leicht, denn für sie entfällt die Listing-Gebühr von zehn Cent pro Angebot.

Warum Artikel in Marketplace, zShops und noch zusätzlich bei Auktionen verkaufen? Auktionen gehören gerade in Deutschland zu den meistgenutzten Angeboten im Netz. Sie werden immer beliebter, je höher die »Geiz ist geil«-Welle schwappt und je länger sich die Kunden generell in Kaufzurückhaltung üben. Was für Käufer die Chance ist, Schnäppchen zu machen und noch unterhalten zu werden, das ist für die Anbieter die Möglichkeit, innerhalb von kurzer Zeit möglichst viele Waren an Mann und Frau zu bringen, etwa bei Lagerräumung, Sortimentswechsel und Ähnlichem.

Viel Umsatz in kurzer Zeit

Unser Tipp

Im Gegensatz zu Marketplace ist der Auktionsbereich nicht so eng mit der Produkt-Hauptseite verbunden, was eine unterschiedliche Preisgestaltung möglich macht. Es gibt durchaus Händler, die zeitgleich ein Sachbuch aus den USA (Originalpreis: 114 US-Dollar) für 68 Euro in Marketplace anbieten, während bei Auktionen der Anfangspreis bei 47 Euro liegt – und zugleich das Buch vom gleichen Anbieter bei Ebay für 39 Euro (Sofortkauf zu 41 Euro) zu haben ist. Aber Vorsicht: Über die Amazon-Suche werden auch die Artikel der Auktionen angezeigt.

Wer mit dem Amazon-System bereits vertraut ist, der wird Auktionen sehr schnell genauso hochladen und abwickeln wie seine Angebote in Marketplace und zShops. Die Preise, Regeln und der Auktions-Assistent werden auf den folgenden Seiten vorgestellt.

10.1 Gebühren für Auktionen

Für Amazon Power-Anbieter entfällt die Einstellgebühr, aber die Abschlussgebühren für jede erfolgreiche Auktion werden trotzdem fällig. Die Preise orientieren sich am Niveau der Verkaufsprovisionen für Artikel in zShops:

▶ Bei einem Höchstgebot von bis zu 100 Euro wird eine Abschlussgebühr von 5 Prozent fällig.

▶ Beim Zuschlag bis zu 2000 Euro beträgt die Gebühr fünf Euro und 2,5 Prozent des Betrages über 100 Euro.

▶ Fällt erst bei über 2000 Euro der virtuelle Auktionshammer, dann muss der Verkäufer 52,50 Euro und 1,25 Prozent der Summe über 2000 Euro bezahlen.

Ausnahme: Bei einer so genannten »Preissturzauktion« (siehe unten) ist die Gebühr abhängig vom niedrigsten Gebot und wird dann mit der Zahl der verkauften Exemplare multipliziert.

Zuschläge für Extras Ähnlich dem Preismodell anderer Internet-Auktionshäuser sind noch Zuschläge fällig, wenn die Angebote besonders hervorgehoben werden sollen – unabhängig davon, ob die Artikel auch einen Käufer finden. So verlangt Amazon.de:

▶ Für die Artikelbezeichnung in Fettschrift 50 Cent pro Angebot

▶ Für Angebote, die zusätzlich im »Schaufenster« einer bestimmten Kategorie erscheinen sollen, 5 Euro

▶ Für Angebote, die im »Schaufenster« direkt auf der Auktionen-Startseite erscheinen, 49 Euro

10.2 Auktion ist nicht gleich Auktion

Auktionen benötigen ein starres, aber einfaches Regelwerk, damit möglichst viele Bieter bei gleichen Chancen mitmachen können. Eine ganze Reihe von Grundregeln wurde von den Vorreitern Ebay & Co. geprägt. Wer bereits auf diesen Plattformen als Anbieter erste Erfahrungen gesammelt hat, wird sich auch in den Auktionsbereich von Amazon schnell einarbeiten. Amazon verwendet jedoch eine ganze Reihe von Regeln und

Begriffen, die auf anderen Plattformen nicht üblich sind, etwa dass eine Auktion nach dem letzten Gebot automatisch verlängert wird, um die spannenden, aber sehr manipulationsanfälligen Bieterwettkämpfe in den letzten Sekunden zu vermeiden. Aber der Reihe nach.

Auktionsdauer

Eine Auktion beginnt immer dann, wenn sie bei Amazon hochgeladen und eröffnet wird. Der Anbieter bestimmt auch die Dauer der Auktion: Einen Tag, drei Tage, fünf, sieben oder 14 Tage.

Welche ist die ideale Auktionsdauer? Bei kürzeren Auktionen geben die Interessenten schneller ein Gebot ab, bei längeren ist die Chance größer, von mehr Leuten gefunden und beachtet zu werden. Darüber kann man mit Auktionsprofis stundenlang diskutieren, ebenso über den richtigen Moment für das Ende der Auktion. Ist Sonntagabend wirklich ideal? Oder besser ein Dienstagvormittag für diejenigen, die sich im Büro langweilen?

Unser Tipp

Wichtiger als der vermeintlich richtige Zeitpunkt ist es, dass der Anbieter sich nach dem Auktionsende per Mail beim Gewinner der Auktion meldet, um Details wie Zahlung und Versand zu vereinbaren. Dies ist wie bei zShops alleinige Aufgabe von Käufer und Verkäufer. Amazon bietet zwar sein Bezahlsystem Payments an, aber Sie können sich auch auf Überweisung oder Kreditkartenzahlung einigen.

Amazon verhindert einen Bieterstreit in den letzten Sekunden vor Ablauf, indem nach Abgabe des letzten Gebotes immer mindestens zehn Minuten folgen müssen. Wird also in der letzten Minute der regulären Auktionszeit noch ein Gebot abgegeben, dann geht die Auktion in Verlängerung. Kommt in diesen nächsten zehn Minuten das nächste Gebot, verlängert sich die Auktion wiederum. Die Auktion geht dann so lange, bis zehn gebotsfreie Minuten erreicht sind.

Kein Bieterwettstreit in letzter Sekunde

Gebote

Wie üblich ist das Anfangsgebot der Preis, zu dem der Artikel bei Auktionsbeginn angeboten wird. Das erste Gebot bestätigt diesen Preis. Werden keine weiteren Gebote abgegeben, muss der Anbieter zu diesem Preis auch verkaufen.

Je nach Höchstgebot gibt es unterschiedliche Mindesterhöhungen für die nächsten Gebote. Während z. B. Ebay schon bei Geboten von einem Euro nur Steigerungen um 50 Cent zulässt, erlaubt Amazon.de das Bieten bis zu einem Höchstgebot von 9,95 Euro in kleineren Schritten. Tabelle 10.1 zeigt die Steigerungsschritte im Überblick.

Aktuelles Gebot	Mindeststeigerung
EUR 0,01–0,99	EUR 0,05
EUR 1,00–9,99	EUR 0,25
EUR 10,00–24,99	EUR 0,50
EUR 25,00–99,99	EUR 1,00
EUR 100,00–249,99	EUR 2,50
EUR 250,00–499,99	EUR 5,00
EUR 500,00–999,99	EUR 10,00
EUR 1000,00–2499,99	EUR 25,00
EUR 2500,00–4999,99	EUR 50,00
über EUR 5000,00	EUR 100,00

Tabelle 10.1 Die Mindesterhöhungen für die nächsten Gebote richten sich nach dem Höchstgebot.

Erstbieterrabatt

Um eine Auktion von Beginn an attraktiver zu machen, können Verkäufer dem ersten Bieter einen Rabatt versprechen, wenn er auch noch am Ende der Auktion der Meistbietende ist. Amazon nennt dies »Erstbieterrabatt«. Eine Auktion mit Erstbieterrabatt wird mit dem Symbol »10 % Rabatt für 1. Bieter« gekennzeichnet. Erfahrungsgemäß versuchen die Erstbieter dann auch, möglichst lange auch die Höchstbieter zu sein, damit ihnen der Preisabschlag auch gesichert bleibt.

Wird zugleich ein Mitnahmepreis (siehe unten) angeboten, dann erhält der Erstbieter auf diesen keinen weiteren Rabatt mehr.

Mindestpreis

Amazon.de lässt einen so genannten Mindestpreis zu, der geboten werden muss, damit der Artikel verkauft wird. Dieser liegt über dem Anfangspreis, zu dem ein Artikel eingestellt wird. Der Mindestpreis wird nur im Auktionssystem hinterlegt, er wird gegenüber den Bietern nicht angezeigt. Ein Mindestpreis sorgt dafür, dass auf der einen Seite die Bieter mit einem niedrigen Startpreis gelockt werden, aber auf der anderen Seite der Anbieter sich so vor einem zu niedrigen Verkaufspreis absichert.

Dem Bieter nicht bekannt

Mitnahmepreis

Wann immer Sie einen Gegenstand bei Amazon.de Auktionen zur Versteigerung anbieten, können Sie einen Mitnahmepreis bestimmen. Dieser Preis wird in Ihrer Auktion als der Preis angegeben, zu dem Sie bereit sind, die Auktion vorzeitig zu beenden und den angebotenen Mitnahmebetrag zu akzeptieren.

Beispiel: Nehmen wir an, Sie bieten einen gebrauchten Golfschläger zur Versteigerung an. Sie sind sich nicht sicher, wie viel er wert sein könnte, und geben ein Mindestgebot von 20 Euro an. Sie wissen aber, dass Sie sicher nicht mehr als 100 Euro erzielen können – Sie geben diesen Betrag als Mitnahmepreis an.

Beispiel

Solange die Gebote unter 100 Euro liegen, hat der Mitnahmepreis keine Auswirkung auf Ihre Auktion. Wenn sich die Gebote aber den 100 Euro langsam nähern, wird es für die Bieter immer verlockender, sich den Golf-schläger für 100 Euro sofort zu sichern. Nehmen wir an, ein Bieter ent-scheidet sich am dritten Tag einer sieben Tage dauernden Auktion, den Artikel zum Mitnahmepreis von 100 Euro zu ersteigern bzw. zu kaufen. Sobald das passiert, ist die Auktion beendet und das Geschäft abgeschlos-sen.

Wenn Sie einen Mitnahmepreis anbieten, müssen Sie in der Lage sein, jederzeit mit dem Bieter in Kontakt zu treten. Der Artikel könnte schon in der ersten Minute Ihrer Auktion verkauft werden! Den Mitnahmepreis Ihrer Auktion können Sie ändern, bis das erste Gebot eingegangen ist. Sobald ein Gebot vorliegt, ist er unwiderruflich. Mitnahmepreise sind bei Preissturzauktionen nicht möglich.

Preissturzauktion

Alternative für
größere Mengen

Preissturzauktionen sind interessant für Verkäufer, die mehr als nur ein Exemplar desselben Artikels zur Versteigerung anbieten möchten. Bieter bei einer Preissturzauktion müssen in ihrem Gebot sowohl die gewünschte Stückzahl als auch einen Preis pro Stück angeben. Bei einer Preissturzauktion gibt es in der Regel mehrere Bieter, die den Zuschlag erhalten.

Wer erhält den Zuschlag? Das sind diejenigen mit den höchsten Geboten für die vorhandene Menge des zur Versteigerung angebotenen Artikels. Der Stückpreis wird durch das Zuschlagsgebot bestimmt, das den nied-rigsten Stückpreis geboten hat. Zunächst allerdings hat derjenige Bieter, der den höchsten Stückpreis geboten hat, Anspruch auf seine gewünschte Menge. Er bezahlt aber nicht seinen gebotenen, sondern lediglich den niedrigeren Preis. Die verbleibende Menge wird nun nach und nach – je nach Höhe des gebotenen Stückpreises – auf die Bieter ver-teilt.

Wenn Sie nicht das höchste Gebot abgegeben haben, erhalten Sie mögli-cherweise weniger Artikel, als Sie in Ihrem Gebot angegeben haben. In diesem Fall sind Sie dennoch verpflichtet, auch die geringere Anzahl abzunehmen. Anbieter, die nicht alle der gelisteten Artikel verkauft haben, sind ebenso verpflichtet, diese geringere Menge abzugeben.

Beispiel

Beispiel: Susi und Stefan sind die beiden Meistbietenden in einer Preis-sturzauktion von 30 Lampen. Susi gefallen die Lampen, sie hätte gerne zehn davon und ist bereit, 65 Euro pro Lampe auszugeben. Auch Stefan findet die Lampen dekorativ und würde gerne alle 30 Lampen kaufen. Er bietet 20 Euro pro Stück. Da Susis Gebot (65 Euro) höher ist als das von Stefan (20 Euro), bekommt Susi den Zuschlag für alle zehn Lampen, für die sie geboten hatte. Sie muss nur 20 Euro pro Lampe zahlen, da das niedrigste erfolgreiche Gebot den Stückpreis bestimmt. Stefan bekommt den Zuschlag für die restlichen 20 zu je 20 Euro, obwohl er ursprünglich für 30 Lampen geboten hatte.

Kategorien

Die Seite »Auktionen« von Amazon.de umfasst ein paar Hundert Kategorien und Unterkategorien. Bieten Sie Ihr Verkaufsobjekt in der Kategorie an, in der auch der Gelegenheitssurfer einfach und direkt das entdecken kann, was er sucht oder braucht.

Sehen Sie sich doch einmal die Liste aller Kategorien an, die Sie für Ihre Auktion wählen können (Hilfe > Verkaufen bei Amazon.de > Auktionen & zShops > Glossar für Auktionen > Kategorien).

Bitte achten Sie darauf, möglichst passende Kategorien auszuwählen. Eine Reise in der Kategorie Elektronik & Foto anzubieten oder ein Datenkabel in der Kategorie Bücher & Antiquariat zu listen, nützt weder Ihnen noch potenziellen Interessenten. Es lässt einzig den Verkäufer unprofessionell wirken.

10.3 Auktions-Assistent

Auch für Auktionen steht Power-Anbietern ein eigener Assistent zur Verfügung, eine einfache Excel-Datei. Mit seiner Hilfe lassen sich bis zu 500 Auktionen auf einmal hochladen. Das Verfahren gleicht demjenigen beim Hochladen von Büchern oder dem des zShops-Assistenten.

Wie bei allen anderen Amazon-Assistenten werden einfache Excel-Dateien verwendet, die Sie selbst erstellen und dann mit Ihren Auktionsdaten füllen können. Amazon empfiehlt, Microsofts Excel ab Version 97 zu verwenden. Der Assistent akzeptiert aber auch Tabellen aus anderen Datenbank- oder Tabellenkalkulationsprogrammen, die Tabellen im Textformat (Einträge durch Tabulatoren getrennt) ausgeben können.

Tabelle erstellen

Wer die Tabelle lieber selbst anlegt, als die vorformatierte Tabelle von Amazon zu verwenden, trägt in der ersten Zeile der Datei die im nächsten Kapitel beschriebenen Spaltenüberschriften (Zellenformat: »Text«) ein.

Notwendige Tabellenfelder

Folgende Tabellenfelder müssen ausgefüllt werden:

- **item-name (Produktname):** Bezeichnung des Artikels, maximal 80 Zeichen lang. HTML-Code ist nicht zulässig.

- **item-description (Produktbeschreibung):** Beschreibung des Artikels. Die Beschreibung darf zusammen mit den »Details zur Verkaufsabwicklung« bis zu 4000 Zeichen umfassen. Einfaches HTML darf verwendet werden.

- **category1 (Kennziffer der Kategorie):** Zahlencode der Kategorie, in der der Artikel angeboten werden soll. Für jeden Artikel muss ein eigener Code angegeben werden.

- **min-bid (Anfangsgebot):** Anfangsgebot in Euro

Mit diesen wenigen Angaben lassen sich bereits Auktionen hochladen und starten. Doch haben die Auktionen so weder Bilder noch lassen sich die Feinheiten des Auktionssystems nutzen. Dies erreichen Sie vielmehr über die nachfolgend beschriebenen »Optionalen Tabellenfelder«.

Optionale Tabellenfelder

Diese Felder stehen Ihnen über die Pflichtfelder hinaus zur Verfügung:

- **sku »Stock Keeping Unit« (Lagerhaltungsnummer):** Die eigene Artikel- oder Lagerhaltungsnummer, die für jeden Artikel eindeutig sein muss

- **image-url (Bild-URL):** Vollständige URL der Bilddatei, die den Auktionsgegenstand zeigt. Beispiel: http://www.meinesite.de/bild.gif

- **shipping-fee (Versandkosten):** Produktspezifische Kosten für den Versand innerhalb Deutschlands in Euro

- **reserve-price (Mindestpreis):** Mindestpreis in Euro. Bei einer Preis-sturz-Auktion kann kein Mindestpreis eingetragen werden.

- **take-it-price (Mitnahmepreis):** Mitnahmepreis für den Sofort-Kauf

- **first-bidder-discount (Erstbieterrabatt):** Wenn derjenige Bieter, der das erste Gebot abgegeben hat, die Auktion gewinnt, erhält er auf das Höchstgebot einen Rabatt von zehn Prozent. Wird diese Option gewünscht, ist in der Spalte ein »y« einzutragen.

- **quantity (Menge):** Die Voreinstellung für diese Spalte beträgt 1. Hier kann die Menge auf bis zu 1000 erhöht werden. Bei Auktionen führt das Listen einer höheren Stückzahl als 1 automatisch zu einer Preisstur-zauktion.

- **boldface (Fettdruck):** Tragen Sie ein »y« ein, wenn die Produktbe-zeichnung in Fettbuchstaben erscheinen soll, wofür derzeit eine Gebühr von 50 Cent pro Angebot erhoben wird.

- **feature-in-category (Sonderplatzierung in Kategorie):** Wird wieder ein »y« eingetragen, erscheint die Auktion in der Sonderplatzierung auf der Kategorieseite. Zusätzliche Kosten: fünf Euro pro Angebot.

Unser Tipp

Geben Sie die Versandarten und die Gebühren für das Ausland am besten in der Artikelbeschreibung an.

Modalitäten prüfen

Die abgespeicherte Tabelle lässt sich dann wiederum vom »Verkäufer-Cockpit« aus hochladen. Während dieses Vorgangs werden Sie aufgefor-dert, »Details zur Verkaufsabwicklung« anzugeben. Das sind: Zahlungs- und Versandoptionen (die zutreffenden Optionen anklicken), der Ver-sandort der Artikel und die Serviceleistungen.

Unser Tipp

Amazon benachrichtigt die Anbieter automatisch, wenn Auktionen auslaufen oder wieder neu aufgespielt werden. Bei Großanbietern führt das schnell zu einer wahren E-Mail-Flut nach dem Hochladen. Dies lässt sich aber vermeiden: Gehen Sie auf die »Mein Konto«-Seite bei Auktionen, und wählen Sie unter »Ihre Einstellungen beim Ein-kauf« den Link »Käufer- und Verkäufereinstellungen bearbeiten«. Hier deaktivieren Sie die automatische E-Mail-Benachrichtigung unter dem Punkt »E-Mail-Einstellungen«.

Der Auktions-Assistent wendet die Verkaufsmodalitäten auf alle Angebote an, die in der Tabelle aufgespielt werden. Wenn die Einstellungen für die gesamte Tabelle geändert werden sollen, hilft der Link »Klicken Sie bitte hier, um Ihre Verkaufsmodalitäten zu bearbeiten«. Die Geschäftsbedingungen dürfen bis zu 1000 Zeichen und auch einfaches HTML beinhalten.

Konditionen verändern
Die Einstellung für einzelne Artikel können so verändert werden: Rufen Sie die Tabelle auf und gehen sie zu »meine Auktionen verwalten« oder in »Mein Konto« auf »Ihre Auktionen verwalten« bzw. »Ihre Angebote in den zShops verwalten«. Wenn Sie weniger als 500 Produkte gleichzeitig aufspielen, kann jeder einzelne Artikel geändert werden, solange er im Bereich »wird bald eröffnet« steht. Wenn über 500 Produkte gleichzeitig aufgespielt werden, können die einzelnen Angebote über »Aktuelle Auktionen ansehen und bearbeiten« bzw. »Aktuelle Angebote ansehen/bearbeiten/löschen« geändert werden.

> **Unser Tipp**
> Die Richtlinien zur Verkaufsabwicklung können jederzeit über »Mein Konto« geändert werden. Allerdings haben diese Änderungen keine Auswirkung auf Ihre bereits aufgespielten Angebote. Sie müssen Ihre Angebote mit der Option »entfernen und ersetzen« neu aufspielen, damit diese Änderungen angenommen werden können.

Einträge überprüfen und freigeben

Gut drei Stunden nach Ende des Aufspielvorgangs schickt Amazon eine Benachrichtigung per E-Mail, ob die Daten aufgespielt wurden oder ob Dateifehler den Aufspielvorgang verhindert haben. Sobald der Status des Aufspielvorgangs Ihres Bestandes angezeigt wird, kann im Verkäuferkonto unter »Ihr Bestand« der Befehl »Stand der Aufspielvorgänge« angeklickt werden. Hier kann bei jedem Datensatz der Status, das Datum und die Uhrzeit, zu der der Aufspielvorgang vorgenommen wurde, sowie das Ergebnis des Aufspielvorgangs einzeln geprüft werden.

Quick-fix-Datei
Wenn Dateifehler den Aufspielvorgang ganz oder teilweise verhindert haben, wird dies im Statusreport angezeigt. Mit Hilfe der Fehlerprotokolldatei können Fehler ausgebessert und die Daten erneut aufgespielt werden.

Amazon nennt dieses Beispiel für eine Fehlermeldung innerhalb des Statusreports:

▶ **Ergebnis:** 111 Artikel aktiviert (6 mit Warnung), 5 Artikel nicht aktiviert aufgrund von Fehlern.

▶ **Warnungen** sind Listings, die noch auf das System aufgespielt werden, deren äußere Form aber verändert sein kann, beispielsweise dann, wenn die Artikelbezeichnung die maximal zulässige Stellenanzahl überschritten hat und abgeschnitten worden ist.

▶ **Fehler** sind Listings, in denen unangemessene Informationen enthalten sind, oder Angebote, bei denen Informationen fehlen, aufgrund derer sie nicht auf die Seite aufgespielt werden können (z. B. »unanständige Ausdrücke«, fehlende Eingabefehler, keine Preisangabe).

Die Fehlerprotokolldatei ist eine Aufstellung, die Informationen über eventuelle Fehler oder Warnungen im aufgespielten Datensatz enthält. Sie kann mit einem Texteditor wie Windows Notepad oder mit Excel geöffnet werden. Das Fehlerprotokoll enthält die Zeilennummer jedes erkannten Fehlers oder einer Warnung, die SKU und die Artikelbezeichnung. Es enthält weiter den Nachrichtentyp (Statusnachricht, Datenfehler, Tabellenfehler etc.) und die Nachricht selbst. So lassen sich die Fehler ausbessern und die Daten neu aufspielen.

Die Quick-fix-Datei von Amazon liefert eine durch Tabs getrennte Aufstellung über gescheiterte Listings bei Marketplace Sie enthält nur die Zeilen, die Fehler enthalten und aufgrund fehlender oder unangemessener Informationen nicht auf die Seite aufgespielt werden konnten. Von hier aus können die erkannten Fehler berichtigt und die Datei aufgespielt werden. Angebote, die erfolgreich von der Quick-fix-Datei aufgespielt werden konnten, erscheinen dann in einem neuen Datensatz.

Unser Tipp
Bei allen Problemen mit den Assistenten für Marketplace, Autionen und zShops bietet Amazon Hilfe per E-Mail an. Bitte schicken Sie Ihre Fragen an produktdatenuebertragung-hilfe@amazon.de.

11 Profis und ihre Erfahrungen mit Marketplace

Wir haben fünf Unternehmen gefragt, was ihr Geschäft über Amazon Marketplace erfolgreich macht, welche Tipps sie geben können und worauf man als Neueinsteiger achten sollte.

11.1 Enterprise CD

Firma und Ansprechpartner

Enterprise CD Handels GmbH
www.cds-24.de
André Hoch
Tel.: 0211 326446
Fax: 0211 322923

Interview mit André Hoch

Seit wann gibt es die Firma, und womit verdienen Sie Ihr Geld?

Die Firma gibt es seit 1987. Wir handeln mit neuen und gebrauchten CDs, DVDs und Schallplatten. Derzeit sind rund 30 Mitarbeiter in drei Filialen (Einzelhandel) beschäftigt. Pro Jahr erwirtschaften wir einen Umsatz von über zwei Millionen Euro.

Seit wann ist das Unternehmen im E-Business?

Der eigene Webshop www.cds-24.de ist seit etwa zwei Jahren online, demnächst im erweiterten Design und mit mehr Infos zu den Produkten. Wir nutzen verschiedene Verkaufsplattformen. Ebay nutzen wir ähnlich intensiv wie Amazon. Das Internet-Auktionshaus bietet bessere Möglichkeiten zur Eigenwerbung.

Warum verkaufen Sie über Amazon Marketplace?

Die Absätze sind ordentlich aufgrund hoher Frequenz auf der Site.

Welche Erfahrungen haben Sie mit Marketplace gemacht, auch im Vergleich zu anderen Plattformen?

Ich kann Ihnen sagen, wie viele Kunden wir auf unsere Seite von Ebay geleitet bekommen. Bei Amazon.de ist dies nicht möglich. Unser Umsatz liegt bei Amazon.de weitaus höher als bei Ebay. Jedoch wird bei Amazon.de das Angebot vorangestellt, das heißt, Amazon freut sich auch über Kunden, die CDs beispielsweise für 1,99 Euro im Angebot finden. Bei Ebay gilt nur der Umsatz, der durch Gebühren erzielt wird. So kann jemand, der bei Ebay im Monat vielleicht zehn Autos verkauft, aus Sicht von Ebay ein besserer Kunde sein, als jemand, der im Monat 100 Artikel für je 1,99 Euro verkauft. Dies ist ein trauriges Statement, sollte aber mal gesagt werden.

Der Aufwand zum Einstellen der Artikel bei Ebay ist zurzeit noch sehr hoch und zeitintensiv. Das soll sich aber laut Aussage von Ebay in naher Zukunft ändern. Einspielungen bei Amazon.de über den EAN-Code sind dort weitaus einfacher, demnächst ist das aber bei Ebay vielleicht auch möglich. Das komplette Payment-System von Amazon.de ist hervorragend und ein großer Vorteil gegenüber Ebay. Jedoch sind 15 Prozent Amazon-Anteil und ein Drittel des Portos – wofür Amazon.de nichts leistet – zu hoch, weshalb wir auch einige Produkte dort nicht anbieten.

Wie viele Produkte haben Sie gelistet? Wie viele Verkäufe registrieren Sie pro Tag oder Woche?

Wir verkaufen über unsere zurzeit drei Accounts etwa 200 Artikel pro Tag. Insgesamt haben wir knapp 38 000 Artikel gelistet.

Welche Erfahrungen haben Sie mit unterschiedlichen Produkten gemacht?

Da Amazon.de geschickt ist und einige Produkte nicht so leicht einstellen lässt, gehen diese dann natürlich nicht. Ansonsten laufen Hörspiele sehr gut. Einen speziellen Trend kann ich nicht erkennen.

Wie ist das Verhältnis zwischen Online- und Offline-Umsatz?
Alle Online-Verkäufe machen bei uns 20 Prozent des Umsatzes aus.

Seit wann sind Sie Verkäufer bei Marketplace? Wie haben sich Aufwand und Umsatz entwickelt?

Wir sind seit Beginn, also Ende März 2002, dabei. Auch wir entwickeln uns weiter, so dass wir ein größeres Angebot als noch im März anbieten. Der Aufwand war am Anfang sehr hoch, weil Amazon.de große technische Probleme hatte. Durch eine individuell erstellte Software ist die Abwicklung umgänglich. Der E-Mail-Verkehr bleibt aber auch hier und ist nicht unwesentlich!

Haben Sie Verbesserungsvorschläge für den Marketplace? Wo klemmt das System?

Zunächst einmal muss dem Kunden die Möglichkeit gegeben werden, mehrere CDs von einem Anbieter zu kaufen, ohne für jede CD drei Euro Porto zu zahlen. Dies ist ein hartnäckiges Thema, soll auch von Amazon.de in Zukunft angegangen werden, jedoch lässt es auf sich warten. Es würden dann viel mehr Käufe getätigt werden. Weiterhin ist der Raum für Eigenwerbung nicht ausreichend. Unsere Internetadresse kann beispielsweise nicht genannt werden.

Bei Käufen aus dem Ausland kann der Kunde den Versandwert selber eingeben. Die Folge sind oftmals zu niedrig eingegebene Werte, was zu einem hohen E-Mail-Aufwand führt. Außerdem gibt Amazon.de feste Auslieferungszeiten an die Kunden weiter, welche durch die Verkäufer manchmal nicht eingehalten werden können.

Ihr wichtigster Insider-Tipp?

Den ausländischen Markt nicht vergessen!

11.2 Fun Records

Firma und Ansprechpartner

Fun Records
www.funrecords.de
Michael Mozdzan
Hegestraße 29
20249 Hamburg

Interview mit Michael Mozdzan

Seit wann gibt es die Firma, und womit verdienen Sie Ihr Geld?

Wir handeln seit 1991 mit Second-Hand-Tonträgern. Unser Umsatz beträgt 1,5 Millionen Euro im Jahr.

Seit wann ist das Unternehmen im E-Business?

Seit 1998 betreiben wir E-Business. Zusätzlich zu Amazon.de nutzen wir Amazon.co.uk Marketplace, www.gemm.com und www.netsounds.com. Auf Ebay greifen wir nur für den Verkauf von Restposten zurück.

Warum verkaufen Sie über Amazon Marketplace?

Wir verkaufen über alle Plattformen, bei denen zum einen die Umsätze stimmen und sich zum anderen die Abwicklung automatisieren lässt – so auch bei Amazon Marketplace.

Welche Erfahrungen haben Sie mit Marketplace gemacht, auch im Vergleich zu anderen Plattformen?

Bei Marketplace laufen sehr viele kleine Bestellungen ein – meist nur eine CD. Dafür sind es aber sehr viele. Käufer geben im Durchschnitt pro Kauf etwa zehn Euro aus.

Über den eigenen Webshop machen wir mehr Umsatz, haben aber weniger Bestellungen. Dabei kaufen die Leute im Durchschnitt etwa für 50 Euro ein. Stammkunden neigen natürlich dazu, auch den eigenen Shop für größere Bestellungen zu nutzen. Die Kosten bei Verkauf über Marketplace liegen mit Sicherheit unter denen für den Verkauf auf der eigenen Seite. Marketplace ist zudem noch ein Instrument der Neukundengewinnung.

Wie viele Produkte haben Sie gelistet? Wie viele Verkäufe registrieren Sie pro Tag oder Woche?

Insgesamt sind derzeit 130 000 Produkte in unserem Angebot bei Amazon, davon etwa 38 000 in Marketplace, der Rest findet sich in zShops. Täglich setzen wir etwa 45 bis 60 Stück ab – natürlich an sieben Tagen in der Woche.

Welche Erfahrungen haben Sie mit unterschiedlichen Produkten gemacht?

Da es auf Marketplace sehr viele Anbieter gibt, verkaufen wir fast ausschließlich Produkte, die weder Amazon noch andere Anbieter haben. Standard-CDs, beispielsweise Top 10-CDs, die vor zwei Jahren in den Charts waren, werden Sie immer bei einigen privaten Anbietern für weniger Geld finden.

Wie ist das Verhältnis zwischen Online- und Offline-Umsatz?

Insgesamt etwa 60:40. Zum Online-Umsatz steuert Marketplace etwa 15 Prozent bei.

Seit wann sind Sie Verkäufer bei Marketplace? Wie haben sich Aufwand und Umsatz entwickelt?

Wir sind seit Beginn Verkäufer in den zShops. Früher war die Abwicklung eher mühselig, und wir haben das dann eher als Instrument zur Neukundengewinnung gesehen. Erst seit Amazon die Payments selbst abwickelt, ist Marketplace ein wirklicher Faktor in unserer Kalkulation. Wir haben mittlerweile eine Mitarbeiterin, die nur Marketplace abwickelt.

Wir laden die Datei mit den Verkäufen täglich von der Amazon-Seite und lesen die Verkäufe mit Hilfe eines Access-Programms in unsere Warenwirtschaft ein. Hierbei müssen eigentlich nur Adressdaten verglichen und eventuell Schreibfehler des Kunden korrigiert werden. Das nimmt täglich etwa 45 Minuten in Anspruch. Dann geben wir die Aufträge ins Lager. Die Erstattungen für Portoüberzahlung und nicht lieferbare Artikel nehmen wir einmal in der Woche manuell vor.

Der größte und einzige Aufwand ist Fulfillment, wir beobachten die Preise der anderen Anbieter auf Marketplace nicht. Preisfindung findet natürlich schon immer statt, läuft aber unabhängig vom Verkauf über Marketplace. Dort stellen wir die Produkte in der Regel für unseren Preis plus einen pauschalen Aufschlag ein, da wir ja in Marketplace mit relativ niedrigen Portokosten leben müssen. Bei uns laufen 4,40 Euro pauschal an Versandkosten auf, gleichzeitig bekommen wir von Marketplace nur 1,99 Euro erstattet. Ein weiteres Problem ist, dass der Versand fast ausschließlich einzeln erfolgt, also für eine CD ein Paket.

Haben Sie Verbesserungsvorschläge für den Marketplace? Wo klemmt das System?

Ganz klarer Schwachpunkt ist der Upload-Prozess. Das System nimmt maximal 40 000 Artikel je Datei, und diese müssen manuell auf der Seite in kleinen Portionen eingelesen werden. Standard ist eine genormte Datei per FTP, die dann vom jeweiligen Systembetreiber von allein gefunden und importiert wird. Da der Upload-Prozess mühselig ist, sind natürlich die Daten nicht immer aktuell. Der Upload-Prozess ist zudem nicht fehlerfrei.

Des Weiteren wäre eine klare Regelung für den Fall, dass der Kunde eine Sendung nicht bekommt, wünschenswert. Man sollte den Betrag im Zweifelsfalle über die A-Z Garantie dem Kunden erstatten können, anstatt sich hier mit immer den gleichen Leuten, bei denen die Post nie ankommt, rumzuärgern, die man selbst schon lange nicht mehr beliefert.

Ihr wichtigster Insider-Tipp?

Bei Amazon unbedingt die Lieferzeiten einhalten! Wir liefern die über Marketplace bestellten Artikel bevorzugt aus.

11.3 Jakob Film und Home Entertainment

Firma und Ansprechpartner

Jakob GmbH
Film und Home Entertainment Großhandel und Dienstleister
www.jakob.de
Claudia Semmelmann
Tel.: 0921 7969–18
E-Mail: c.semmelmann@jakob.de

Interview mit Claudia Semmelmann

Seit wann gibt es die Firma, und womit verdienen Sie Ihr Geld?

Die Jakob GmbH gibt es seit zirka 20 Jahren. Anfangs hatten wir einen eigenen Verleih. Seit etwa zehn Jahren betreiben wir einen Großhandel mit Zentrallager.

Seit wann ist das Unternehmen im E-Business?

Wir sind von Anfang an dabei und haben auch einen eigenen Webshop. Teilweise nutzen wir auch andere Verkaufsplattformen wie Ebay.

Warum verkaufen Sie über Amazon Marketplace?

Amazon hat einen »Namen« und das Know-how.

Welche Erfahrungen haben Sie mit Marketplace gemacht, auch im Vergleich zu anderen Plattformen?

Die Erfahrungen sind eigentlich nur gute. Das Problem für einen Händler ist natürlich, dass auch Privatkunden Produkte einstellen, die – wenn Sie nur einen Artikel loswerden wollen – Dumpingpreise anbieten, die für uns teilweise nicht zu realisieren sind.

Wir hatten uns entschlossen, in der Anfangsphase nur deutschlandweit zu versenden, dadurch kam es zu folgender netten Geschichte: Ein Kunde aus dem Ausland gab seine Adresse an – allerdings mit dem Länderkennzeichen D für Deutschland; dadurch wurde seine Bestellung an uns weitergeleitet. In einem Gespräch bestätigte er mir dann, dass er es einfach mal versucht hatte, weil er den Artikel schon lange sucht. Wir haben ihm dann seinen Wunschtitel trotzdem geliefert.

Wie viele Produkte haben Sie gelistet? Wie viele Verkäufe registrieren Sie pro Tag oder Woche?

Derzeit sind über 9000 Artikel gelistet. Im Monat verkaufen wir zirka 700 bis 900 Artikel.

Welche Erfahrungen haben Sie mit unterschiedlichen Produkten gemacht?

Videos, die normalerweise neu nicht mehr lieferbar sind, gehen ganz gut. Probleme machen natürlich die VHS, die mittlerweile neu schon als Low-Budget verkauft werden. Die Nachfrage geht immer mehr in Richtung DVDs. Auch Spiele werden immer mehr gefragt sein, da der Neupreis im Allgemeinen sehr hoch ist.

Wie ist das Verhältnis zwischen Online- und Offline-Umsatz?

Dazu möchte ich nichts sagen.

Seit wann sind Sie Verkäufer bei Marketplace? Wie haben sich Aufwand und Umsatz entwickelt?

Wir sind seit der Einführung dabei und verzeichnen einen stetigen Umsatzanstieg. Da wir viele Artikel einstellen, sind alle Aktivitäten, die man für Marketplace machen muss, natürlich in irgendeiner Weise aufwändig. Wir laden uns beispielsweise die Bestellungen runter und spielen diese in unser hauseigenes System ein.

Haben Sie Verbesserungsvorschläge für den Marketplace? Wo klemmt das System?

Sicherlich gibt es noch einige Verbesserungsvorschläge, zum Beispiel die Portobelastung pro bestelltem Artikel. Außerdem gibt es beim Einlesen und Abfragen der aktuellen Bestellungen Punkte, die sehr aufwändig sind, und die man sicherlich verbessern könnte. Darüber hinaus wünschen wir uns verschiedene Auslandsportopauschalen.

Ihr wichtigster Insider-Tipp?

Neulingen kann ich keinen Tipp geben, ich denke jeder hat andere Wünsche oder Vorstellungen.

11.4   Avides Media

Firma und Ansprechpartner

Avides Media AG
www.avides.com
Ralf Hastedt
Am Sägewerk 6a
27386 Hemsbünde
E-Mail: amzshops@avides.com
Tel.: 04261 962882

Interview mit Ralf Hastedt

Seit wann gibt es die Firma, und womit verdienen Sie Ihr Geld?

Wir waren von 1997 bis 2000 unter dem Namen IMS Internet Media Service auf dem Markt. Ab 2000 dann als Avides Media AG. Im Moment sind fünf Mitarbeiter bei uns beschäftigt. Unsere Hauptgeschäftsfelder sind der Import von englischen Videos und DVDs sowie das gesamte deutschsprachige Video- und DVD-Sortiment. Wir haben eine Umsatzsteigerung von etwa 100 Prozent jährlich.

Seit wann ist das Unternehmen im E-Business?

Wir sind schon seit April 1997 online. Unseren Shop finden Sie unter www.avides.com. Wir nutzen auch Ebay, allerdings in kleinerem Umfang.

Warum verkaufen Sie über Amazon Marketplace?

Amazon Payments ist eine gute Lösung. Zudem verlangt Amazon keine Einstellgebühren und bietet einen sehr großen Kundenstamm, speziell im Bereich Video und DVD. Die Katalogdaten von Amazon eignen sich sehr gut, um unsere Angebote zu präsentieren.

Welche Erfahrungen haben Sie mit Marketplace gemacht, auch im Vergleich zu anderen Plattformen?

Ein sehr wichtiger Punkt ist das Amazon Payment. Im eigenen Shop haben wir mit hohen Zahlungsausfällen zu kalkulieren. Durch Payments gibt es praktisch keine Ausfälle. Der Kundenstamm von Amazon ist um ein Vielfaches größer als wir ihn jemals im eigenen Shop aufbauen können. Nachteile gegenüber dem eigenen Shop sind sicher die Abschlussgebühren, welche im Video/DVD und Softwarebereich recht hoch sind. Wir sind nach anfänglichen technischen Problemen sehr zufrieden mit den Verkäufen im Marketplace. Der zShop hat für uns praktisch keinen Nutzen mehr, da nahezu alle Artikel im Marketplace gelistet werden können.

Wie viele Produkte haben Sie gelistet? Wie viele Verkäufe registrieren Sie pro Tag oder Woche?

Wir haben etwa 32 000 Artikel aus den Bereichen Video/DVD, Software/Games und Consumer Electronics wie Handys, PDA, DVD-Player und Ähnliches gelistet. Davon machen DVDs/Videos etwa 30 000 Artikel aus. Verkäufe richten sich sehr stark nach der Qualität der angebotenen Produkte und danach, auf welchem Verkaufsrang der Titel sich befindet. Bei Consumer Electronic spielt die Bewerbung seitens Amazon eine entscheidende Rolle, beispielsweise auf der »Gebraucht«-Seite. Im Moment registrieren wir etwa 100 Verkäufe täglich, mit steigender Tendenz.

Welche Erfahrungen haben Sie mit unterschiedlichen Produkten gemacht?

Im Marketplace ist nahezu alles verkaufbar, was preislich attraktiv ist. Bei Consumer Electronic und Software ist entscheidend, wie alt die Produkte sind. Ältere Produkte sind schwierig oder gar nicht zu vermarkten. Bei Video und DVD spielt das Alter des Produktes eine untergeordnete Rolle. Hier ist ein breites Angebot zu einem attraktiven Preis wichtiger. Die Kunden sind oft auf der Suche nach Klassikern oder längst vergriffenen Titeln. So manche ehemalige Ladenhüter entwickeln sich plötzlich zu wahren Schätzen.

Wie ist das Verhältnis zwischen Online- und Offline-Umsatz?

Wir haben kein Ladengeschäft.

Seit wann sind Sie Verkäufer bei Marketplace? Wie haben sich Aufwand und Umsatz entwickelt?

Wir sind seit dem ersten Tag dabei. Die Umsätze haben sich – sicher auch durch das Weihnachtsgeschäft – sehr positiv entwickelt. Wir erwarten für 2003 eine Vervielfachung unserer Umsätze. Der größte Aufwand ist die Aktualisierung der eingespielten Artikel, Preiskorrekturen vorzunehmen und den Artikelstamm zu pflegen.

Haben Sie Verbesserungsvorschläge für den Marketplace? Wo klemmt das System?

Wünschenswert ist eine längere »item-note«. Viele Fragen von Kunden könnten so im Vorfeld beantwortet werden. 80 Zeichen sind bei Consumer Electronic definitiv zu kurz. Auch das wäre eine Verbesserung: Die Möglichkeit, auf Bewertungen von Kunden antworten zu können, wobei die Antwort direkt unter der Bewertung des Kunden sein sollte. Oft werden wir negativ bewertet, für Dinge, auf die wir keinen Einfluss haben.

Ihr wichtigster Insider-Tipp?

Die Gebührenstruktur für Marketplace-Verkäufe genau studieren und verstehen! Kundenfragen schnell und ehrlich beantworten.

11.5 Modernes Antiquariat Alexander Möckl

Firma und Ansprechpartner

Modernes Antiquariat Alexander Möckl
www.modernes-antiquariat.de
Alexander Möckl
Tel.: 0821 563080
Fax: 0821 555707
E-Mail: mail@modernes-antiquariat.de

Interview mit Alexander Möckl

Seit wann gibt es die Firma, und womit verdienen Sie Ihr Geld?

Das Moderne Antiquariat gibt es seit 15 Jahren. Wir verkaufen gebrauchte Bücher, Remittenden, CDs und Schallplatten.

Seit wann ist das Unternehmen im E-Business?

Im Internet sind wir schon lange, auf der eigenen Website betreiben wir seit drei Jahren einen Online-Shop. Seit Frühjahr 2002 nutzen wir zum Verkauf auch andere Plattformen.

Warum verkaufen Sie über Amazon Marketplace?

Der Verkauf über Amazon Marketplace ist absolut unkompliziert. Wir müssen nur die Liste mit unseren Angeboten hochladen und die verkauften Bücher verschicken. Ideal ist, dass wir keine Rechnungen schreiben müssen, und das aufwändige Inkasso komplett von Amazon übernommen wird.

Welche Erfahrungen haben Sie mit Marketplace gemacht, auch im Vergleich zu anderen Plattformen?

Wir bieten auch über Abebooks, Booklooker und ZVAB an. Der Amazon Marketplace hat einen Umsatzanteil von etwa 70 Prozent, dann kommt ZVAB mit etwa 20 Prozent und Abebooks mit zehn Prozent. Über Booklooker erzielen wir kaum Umsatz. Amazon Marketplace ist für uns am einfachsten zu handhaben und für die Kunden anscheinend der attraktivste Platz, um gebrauchte Bücher im Internet zu kaufen.

Wie viele Produkte haben Sie gelistet? Wie viele Verkäufe registrieren Sie pro Tag oder Woche?

Wir haben etwa 4000 Artikel gelistet. Täglich werden 30 bis 50 verkauft. Jede Woche kommen etwa 200 neue Bücher dazu. Das ist Routine.

Welche Erfahrungen haben Sie mit unterschiedlichen Produkten gemacht?

Zurzeit sind Ratgeber ein Renner. Kunstbücher und ehemals teure Bildbände gehen auch sehr gut.

Wie ist das Verhältnis zwischen Online- und Offline-Umsatz?

Im Laden verkaufen wir nur noch jedes dritte Buch.

Seit wann sind Sie Verkäufer bei Marketplace? Wie haben sich Aufwand und Umsatz entwickelt?

Seit Ende März 2002. Die Umsätze waren sofort da und sind – mit Ausnahme von saisonalen Schwankungen wie dem Weihnachtsgeschäft – gleich geblieben. Das erste Buch haben wir bei Amazon Marketplace zehn Minuten nach dem Aufspielen der Angebote bereits verkauft.

Haben Sie Verbesserungsvorschläge für den Marketplace? Wo klemmt das System?

Amazon Marketplace funktioniert sehr gut, wir sind sehr zufrieden. Einzige Anregung: Das Versprechen der kurzen Lieferzeit ist oft nicht zu schaffen, weil einfach die Post länger braucht.

Ihr wichtigster Insider-Tipp?

Achten Sie auf das Gewicht der Bücher! Wenn das Verhältnis von Preis zu Gewicht nicht stimmt, zahlen Sie als Verkäufer wegen des höheren Portos drauf.

Teil 4
Existenzgründer

12   Reich werden als Amazon-Partner?

Kann Amazon Marketplace eine Säule Ihrer beruflichen Existenz sein? In diesem Kapitel werden die Chancen und Risiken dargestellt, konkrete Modelle durchgerechnet und erste Tipps zur erfolgreichen Existenzgründung gegeben.

Ihr Bücherschrank ist bis auf die liebsten Schmöker, von denen Sie sich nicht trennen können, leer geräumt. Im Regal für »Verkäufe« stehen nur noch die Ladenhüter. Amazon hat die ersten Umsätze auf Ihr Konto überwiesen, und Sie überlegen jetzt, ob Sie Ihre Lebensgefährtin bitten, ihre Krimis wiederverkaufsfreundlicher zu lesen. Sie mustern bei Freunden und Bekannten die Regale nach dem Wiederverkaufswert und verlassen deren Wohnung bereits mit der ersten Tüte voll Bücher und CDs. Spätestens wenn es so weit ist, sollten Sie sich ernsthaft überlegen, zumindest nebenberuflich Amazon-Wiederverkäufer zu werden.

Amazon Marketplace macht einem den Einstieg in den E-Commerce leicht. Ohne erst Tausende von Euro in den Aufbau eines eigenen Webshops, das Marketing, Inkasso und Fulfillment zu investieren, können Sie mit einem Artikelstamm sofort mit dem Verkaufen beginnen. Sie zahlen für diese »Dienste« dann die Provision an Amazon, obwohl die vielleicht noch billigere Konkurrenz nur einen Mausklick entfernt ist.

Das Unternehmenskonzept

Ihr Entschluss steht also fest: Sie wollen über Marketplace in großem Stil Bücher, CDs oder andere Artikel verkaufen. Um Anfangsinvestitionen werden Sie nicht herumkommen und sehen sich deshalb nach Fördermitteln um. Dabei merken Sie rasch: Das Geld liegt nicht auf der Straße. Wer gefördert werden will, muss plausibel machen, dass sein geplantes Unternehmen auch tatsächlich die Investition lohnt.

Wie könnte also Ihr »Business« mit Amazon aussehen? Noch ist das Geschäftsmodell in Deutschland gerade mal ein Jahr alt, noch fehlen wie beim stationären Buchhandel kalkulierbare Branchenvergleiche (»Kölner Betriebsvergleich«), die es einem möglich machen, sein Geschäftsvorhaben realistisch zu kalkulieren. Amazon schweigt zu allen wirtschaftlichen Daten, die Partner über seine Plattform erzielen.

Deckungsbeitragsrechnung

Basis für den Businessplan ist die Deckungsbeitragsrechnung. Was ist der Deckungsbeitrag? Damit sind die Umsatzerlöse abzüglich der direkt der Produktgruppe anrechenbaren Kosten (variable Kosten) gemeint. Dazu gehören zum Beispiel der Einkaufspreis oder Materialkosten, Fertigungslöhne, Maschinen- oder Lizenzkosten. Zu den Gemeinkosten gehören in unserem Fall die Miete für Laden und Lager, Energiekosten sowie Verwaltung (Buchhaltung, Steuerberater). Diese Rechnung hat den Vorteil, dass sie jederzeit an die eigenen Verhältnisse angepasst werden kann. Ein Antiquar kann so schnell berechnen, ob er nur mit vorhandenem Personal sein Online-Geschäft wirtschaftlich betreiben kann, oder ob er auch noch dann profitabel wirtschaftet, wenn er Mitarbeiter nur für das Online-Geschäft (Einstellen und Bearbeiten des Angebots, Kundenservice per E-Mail, Versand usw.) abstellt.

Für unsere Musterberechnungen greifen wir auf Annahmen von Stephen Windwalker aus seinem Buch »Selling Used Books Online« für sein Businessplan-Muster zurück und passen es an die deutschen Strukturen an. Wir verwenden dabei die Deckungsbeitragsrechnung. Ebenso wie er, rechnen wir drei Modelle anhand verschiedener Verkäufer-Typen vor:

▶ Hobby-Verkäufer

▶ Guter Verkäufer

▶ Profi-Verkäufer

Windwalker, selbst ein erfolgreicher Amazon Marketplace-Verkäufer, geht in seinen Annahmen für die sehr konservative Modellrechnung davon aus, dass auch der nebenberufliche Gebrauchtbuchhändler monatlich weniger als zehn Prozent des Artikelbestandes verkaufen kann, aber durch kontinuierlichen eigenen Einkauf sich sein Lagerbestand um monatlich zehn Prozent erhöht. Langfristig wird so immer mehr Kapital im Warenlager gebunden.

Jeder Businessplan sieht anders aus Grundsätzlich erscheinen diese Überlegungen auch den befragten Antiquaren, CD- und Videohändlern in Deutschland plausibel. Aber jeder muss seinen Businessplan mit seinen eigenen Annahmen erstellen und später mit seinen echten Umsätzen und Kosten laufend anpassen (z.B. Zahl der verkauften Artikel im letzten Monat, Kosten für den Einkauf). Unser Muster kann Ihnen aber eine Hilfestellung für Ihre eigenen Berechnungen und Prognosen (optimistisch, pessimistisch, durchschnittlich) sein.

Unser Rechenmodell basiert auf den folgenden Voraussetzungen und Vereinfachungen:

▶ In dieser Rechnung werden aus Gründen der Vereinfachung Anfangsinvestitionen wie Computerausstattung, Regale und Schreibtisch nicht berücksichtigt. Gleiches gilt für Raumkosten.

▶ Der Hobby-Verkäufer beginnt mit einem Bestand von 200 Büchern. Diese Erstinvestition von 100 Euro wurde vernachlässigt. Bei einer Gewinn- und Verlustrechnung fällt sie kaum ins Gewicht.

▶ Der Einkaufspreis pro Artikel muss sehr niedrig sein. Wir gehen bei dieser Kalkulation von 50 Cent pro gebrauchtem Buch aus. Dieser Preis lässt sich sicher nur bei der Abnahme von größeren Mengen erzielen, ist aber nicht unrealistisch.

▶ Im Monatsdurchschnitt kauft der Hobby-Verkäufer 20 neue Artikel ein, verkauft aber nur 18 Stück an Marketplace-Kunden. Damit wächst der Lagerbestand innerhalb eines Jahres um zwölf Prozent.

▶ In diesem einfachen Businessplan fehlen die Verrechnung der Amazon-Verkaufsgebühr und der pauschale Zuschuss von Amazon für Porto und Versand. Deshalb wird ein »Netto-Verkaufspreis« angegeben, der dem Betrag entspricht, den Amazon dem Verkäufer nach Abzug der Verkaufsprovision und Gutschrift der Versandkostenbeteiligung bezahlt.

▶ Die Versandkosten (Porto und Verpackung) wurden nur grob geschätzt.

▶ Mögliche geringe Erträge durch die Verrechnung der Mehrwertsteuer auf den eigenen Umsätzen mit derjenigen auf den eigenen Kosten wurden in dieser Modellrechnung nicht berücksichtigt.

Der Hobby-Verkäufer

Hier jetzt unser Businessplan für einen »Hobby-Verkäufer«:

Einnahmen	
Gelistete Artikel	200
Neue Artikel pro Monat	20
Durchschnittlicher Netto-Verkaufspreis pro Artikel	10,00 EUR
Zahl der Verkäufe pro Monat	18
Durchschnittlicher Monatsumsatz	180,00 EUR
Jahresumsatz	2160,00 EUR

Tabelle 12.1 Deckungsbeitragsrechnung »Hobby«

Ausgaben	
Einkaufskosten pro Artikel	0,50 EUR
Jährliche Einkaufskosten	120,00 EUR
Deckungsbeitrag 1	2040,00 EUR
Ausgaben (monatlich)	
Kommunikation	30,00 EUR
Versandkosten (1,20 EUR pro Artikel)	21,60 EUR
Summe Monat	90,60 EUR
Summe Jahr	1087,20 EUR
Deckungsbeitrag 2	1420,80 EUR

Tabelle 12.1 Deckungsbeitragsrechnung »Hobby« (Forts.)

Zusatzangebot von Galileo Business
Die aktuelle Musterkalkulation für Ihren Businessplan und Ihr Control-ling mit allen Erläuterungen und Aktualisierungen gibt es als Excel-Datei im Download-Bereich dieses Buches unter www.galileobusi-ness.de. Diese können Sie dann jederzeit auf Ihre individuelle Situa-tion (Einkaufspreise, Kosten usw.) anpassen.

Stellschrauben

Auf den ersten Blick sieht das unversteuerte Ergebnis (Deckungsbeitrag 2) klasse aus. Aber Vorsicht: Schon wer an einer Stellschraube dreht, kann das Modell ins Wanken bringen. Sinkt etwa der durchschnittliche Netto-Verkaufspreis auf 7,50 Euro, also um 25 Prozent, dann schlägt das für den Laien unerwartet auf den Gewinn vor Steuern durch: Aus 1420 Euro wer-den so nur 880 Euro, ein Einbruch um über 40 Prozent. Gelingt es Ihnen aber dank ein paar echten Schätzen in Ihren Kisten, den Durchschnitts-preis um 25 Prozent auf 12,50 Euro zu steigern, so schnellt der Gewinn vor Steuern auf 1960 Euro hoch.

Dieser so genannte Hebel ist bei einer Veränderung des Einkaufspreises längst nicht so stark: Selbst wenn er sich pro Artikel auf zwei Euro vervier-facht hat, sinkt der Gewinn vor Steuern um weniger als ein Drittel auf 1060 Euro.

Bleibt trotz allem Hin- und Herrechnen die Frage: Lohnt sich der Aufwand für diesen Nebenverdienst? Sie müssen mindestens zweimal täglich
Ihre E-Mails abrufen, haben im Schnitt jeden Werktag nur einen Artikel
zu verschicken. Lohnt es sich vielleicht eher, alles professioneller anzuge-
hen?

**Lohnt sich der
Aufwand?**

Der nebenberufliche Verkäufer

Auch für die Musterrechnung zum nebenberuflichen Verkäufer gelten die
im vorigen Abschnitt gemachten Einschränkungen und Vereinfachungen.
Zusätzlich ist noch zu berücksichtigen, dass sich bei monatlich 200 verkauften Büchern, CDs, DVDs oder Videos das Abonnement als Power-
Anbieter (derzeit 39 Euro pro Monat) lohnt. Damit die Rechnung ver-
gleichbar bleibt, wird ein höherer durchschnittlicher Verkaufspreis erzielt,
weil ja die Verkaufsprovision pro Artikel entfällt.

Nicht berücksichtigt wurde in dieser Musterrechnung, dass bei größeren
Mengen auch der Einkaufspreis pro Stück sinkt. Der semiprofessionelle
Verkäufer bekommt wahrscheinlich schon einen besseren Preis pro Arti-
kel als der Hobby-Verkäufer.

Einnahmen	
Gelistete Artikel	2000
Neue Artikel pro Monat	200
Durchschnittlicher Netto-Verkaufspreis pro Artikel	11,00 EUR
Zahl der Verkäufe pro Monat	180
Durchschnittlicher Monatsumsatz	1980,00 EUR
Jahresumsatz	23 760,00 EUR
Ausgaben	
Einkaufskosten pro Artikel	0,50 EUR
Jährliche Einkaufskosten	1200,00 EUR
Deckungsbeitrag 1	22 560,00 EUR

Tabelle 12.2 Deckungsbeitragsrechnung »Nebenberuflich«

Ausgaben (monatlich)	
Kommunikation (DSL-Flatrate)	30,00 EUR
Amazon-Power-Anbieter	39,00 EUR
Versandkosten (1,20 EUR pro Artikel)	216,00 EUR
Summe Monat	285,00 EUR
Summe Jahr	3420,00 EUR
Deckungsbeitrag 2	19 140,00 EUR

Tabelle 12.2 Deckungsbeitragsrechnung »Nebenberuflich« (Forts.)

Auch dieses Ergebnis (Deckungsbeitrag 2) lässt sich diskutieren. Sinkt der durchschnittliche Netto-Verkaufspreis auf 7,50 Euro, dann fällt der Deckungsbeitrag 2 schon um fast die Hälfte auf nur 11 580 Euro. Steigt er umgekehrt auf 12,50 Euro, weil Sie mehr dicke Bildbände als billigere Taschenbücher verkaufen, dann steigt der Deckungsbeitrag 2 auf 22 380 Euro. Das könnte ein Grund sein von Taschenbüchern die Finger ganz zu lassen.

Dem Verkäufer bleibt wenig Spätestens als halbprofessioneller Verkäufer müssen Sie aber in einer nächsten Stufe der Deckungsbeitragsrechnung auch Personalkosten, Kosten für Lager, Büro usw. ansetzen, um eine realistische Aussage über ein mögliches »Nebeneinkommen« machen zu können. Denn schon bei angenommenen Raumkosten von 3 000 Euro im Jahr bleiben Ihnen unversteuert etwa 16 000 Euro. Wird dieses Einkommen zusätzlich zu Ihrem Hauptberuf erzielt, dann müssen Sie den Betrag zu Ihrem Grenzsteuersatz versteuern. Zusammen mit Gewerbesteuer, IHK-Beiträgen usw. können Sie also ruhig noch einmal die Hälfte abziehen. Also bleiben nur noch etwa 8 000 Euro.

Jetzt sehen Sie sich Ihren Aufwand an: Täglich müssen Sie die Bestellungen abrufen, E-Mails beantworten, die Artikel verpacken und schließlich verschicken. Mit der Pflege des Angebots und dem eigenen Einkauf kommen Sie so ganz schnell auf zwei Stunden pro Werktag. Bei 220 Verkaufstagen – Sie machen natürlich auch mal Urlaub – bleibt Ihnen ein Netto-Stundenlohn von knapp 19 Euro. Ob sich der Aufwand dafür lohnt, müssen Sie selbst entscheiden.

Der Profi-Verkäufer

Auch für den Profi-Verkäufer gelten die bereits bei der letzten Muster-rechnung gemachten Annahmen und Vereinfachungen. Für den Profi (z.B. etablierte Buchhandlung, Antiquariat, MA-Verwerter usw.) kann man eher noch geringere Einkaufspreise ansetzen oder – weil z.B. auch neue Bücher über Marketplace verkauft werden – den durchschnittlich erzielten Verkaufspreis erhöhen. Auch diese Hebelwirkung ist nicht zu unterschätzen.

Einnahmen	
Gelistete Artikel	50 000
Neue Artikel pro Monat	5000
Durchschnittlicher Netto-Verkaufspreis pro Artikel	11,00 EUR
Zahl der Verkäufe pro Monat	4250
Durchschnittlicher Monatsumsatz	46 750,00 EUR
Jahresumsatz	561 000,00 EUR
Ausgaben	
Einkaufskosten pro Artikel	0,50 EUR
Jährliche Einkaufskosten	30 000,00 EUR
Deckungsbeitrag 1	**531 000,00 EUR**
Ausgaben (monatlich)	
Kommunikation (DSL-Flatrate)	30,00 EUR
Amazon-Power-Anbieter	39,00 EUR
Versandkosten (1,20 EUR pro Artikel)	5100,00 EUR
Summe Monat	5169,00 EUR
Summe Jahr	62 028,00 EUR
Deckungsbeitrag 2	**468 972,00 EUR**

Tabelle 12.3 Deckungsbeitragsrechnung »Profi«

Nach dieser Musterrechnung eignet sich Amazon Marketplace für »Profis« wie Buchhändler, Moderne Antiquariate, CD-Geschäfte usw. besonders gut. Selbst wenn man die nächsten Stufen der Deckungsbeitragsrechnung angeht, bleiben die Zahlen positiv. Denn der professionelle Händler hat ja bereits jetzt Kosten für die Ladenmiete, Lager und Personal und er kann das Versandgeschäft leichter in sein Stammgeschäft integrieren. Zwar muss der Buchhändler vielleicht zusätzliche Mitarbeiter im Versand beschäftigen, aber er hat den Vorteil, nicht alle Bücher auf Lager haben zu müssen. Organisiert er sein Geschäft auf dem Amazon Marketplace gut, dann kann er die Vorteile der Logistikkette des Buchmarktes voll ausschöpfen (Barsortimenter liefert über Nacht) und mehrere Fliegen mit einer Klappe schlagen: Er hat ein sehr großes Angebot, die Lagerkosten bleiben niedrig und er kann die von Amazon vorgeschriebene Lieferfrist in der Regel problemlos einhalten.

Fazit

Diese Rechnungen werden immer modellhaft bleiben und müssen immer wieder mit den Ergebnissen in der Realität gegengerechnet werden. Gelingt es Ihnen, günstiger einzukaufen, mehr Umsatz mit höheren Preisen zu machen, dann erhöht sich der jeweilige Deckungsbeitrag signifikant. Haben Sie aber nur Taschenbücher mit geringem Wiederverkaufswert, der noch dazu von vielen »Amateuren« ständig gedrückt wird, im Angebot, dann kommen Sie sehr schnell in die roten Zahlen. Die Modellrechnungen lassen aber schon Schlüsse zu.

Der professionelle Verkauf in Amazon Marketplace lohnt sich demnach vor allem für zwei Gruppen:

▶ Verlage, Buchhändler und andere Einzelhändler, die ein zweites Standbein suchen und in das E-Business einsteigen wollen, ohne große Investitionen tätigen zu müssen

▶ Antiquare und Gebrauchtwarenhändler, die bereits auf anderen Plattformen aktiv sind. Ohne großen Aufwand wird deren Angebot einer noch größeren Kundengruppe zugänglich.

13   So werde ich Versandhändler

Hier geben wir Ihnen einige Tipps zur Existenzgründung, zu den Fördermöglichkeiten und zu steuerlichen Aspekten.

Im stationären Handel stagnieren die Umsätze mit Büchern und CDs oder gehen sogar zurück. Das Internet als Vertriebskanal trotzt dieser Entwicklung. Im Netz wächst der Markt, und warum sollten Sie nicht davon profitieren? Der Weg vom privaten Verkäufer, der seine Garage leert und die Fundsachen in Marketplace erfolgreich verkauft, hin zum Power-Anbieter, der als gewerblicher Händler auftritt und damit seinen Lebensunterhalt verdient, ist nicht allzu weit.

Internet trotzt der Stagnation im Handel

Die Chancen sind da. So verlagert sich beispielsweise der antiquarische Buchmarkt zusehends ins Internet. Der Online-Antiquar Abebooks schätzt aufgrund von Umfrageergebnissen, dass mittlerweile 13 bis 16 Prozent aller antiquarischen Bücher online verkauft werden – im Jahr 2001 waren es noch 10 Prozent. Damit ist der Internet-Anteil im antiquarischen Markt etwa fünfmal so hoch wie im Neubuchmarkt. Beim Verkauf von DVDs – 278 Millionen Euro Umsatz im Jahr 2002 in Deutschland – ist das Internet längst Absatzkanal Nummer eins, noch vor den großen Unterhaltungselektronik-Ketten und -Fachgeschäften.

Die meisten DVDs werden online verkauft

Doch egal, ob Sie mit Büchern, DVDs oder CDs handeln wollen: Bevor Sie den Schritt in die Existenzgründung wagen, sollten Sie in jedem Fall zunächst einige wichtige Überlegungen anstellen.

Existenzgründung

Sie haben Geschmack am Verkauf beispielsweise von Büchern oder CDs gefunden und wollen nun groß in das Versandhandelsgeschäft einsteigen. Schön, aber der Entschluss allein ist noch keine tragende Gründungsidee. Im Vorfeld müssen Sie sich Gedanken darüber machen, ob Sie sich etwa auf ein bestimmtes Buchsegment spezialisieren oder alles anbieten wollen. Wie sehen überhaupt Ihre Marktchancen aus? Kennen Sie den Buchhandelsmarkt gut genug, um Ihre Lücke in dem großen, bereits bestehenden und auch online verfügbaren Angebot zu finden? Von wem beziehen Sie Ihre Ware? Machen Sie sich von einem Lieferanten abhängig, oder versuchen Sie, das Lieferrisiko zu streuen, um auch pünktlich und zuverlässig Ihre Kunden bedienen zu können? Welche Marketingmaßnahmen ergreifen Sie?

Detaillierte Planung	Sie sehen schon aus diesen Fragen: Um einen Versandhandel zu gründen, bedarf es einer detaillierten Planung. Auf einige grundlegende Dinge wollen wir im Folgenden kurz eingehen. Eine erschöpfende Antwort auf alle Fragen rund um die Existenzgründung können wir dabei nicht bieten. Nehmen Sie es als Anregung und Leitfaden, der Sie bei Ihren Überlegungen begleiten soll.

Unser Tipp

Lassen Sie sich persönlich beraten. Suchen Sie eine kompetente Stelle auf, bei der Sie sich eingehend informieren. Für den Anfang gibt es viele unentgeltliche Beratungsanbieter, etwa die regionalen Industrie- und Handelskammern (IHK). Dort müssen Sie ohnehin Pflichtmitglied werden, also nutzen Sie auch das Know-how der Abteilung Handel. Vielfach gibt es auch regionale Initiativen, bei denen altgediente Fach- und Führungskräfte aus der Wirtschaft ihre Erfahrungen an Existenzgründer weitergeben. Wenn Ihre Geschäftsidee konkreter wird, dann sollten Sie den Gang zum Steuerberater oder einem anderen Experten nicht scheuen.

Ohne Konzept kein Geld	Wenn Sie Fördermittel beantragen wollen, müssen Sie der Hausbank oder der jeweiligen staatlichen Stelle ein schlüssiges Unternehmenskonzept vorlegen. Dieses Konzept sollte in der Regel mindestens drei Jahre umfassen und auf folgende Punkte eingehen – je detaillierter, desto besser. Formulieren Sie so, dass jemand, der absolut nichts von Ihrer Geschäftsidee weiß, Ihre Gedankengänge nachvollziehen kann:

▶ Sie stellen sich vor, berichten über Ihre Ausbildung, Ihren beruflichen Werdegang sowie über spezielle Kenntnisse und Qualifikationen. Ein Lebenslauf gehört ebenso dazu wie Arbeitszeugnisse und Referenzen.

▶ Anschließend beschreiben Sie Ihr Vorhaben. Gehen Sie detailliert auf Ihre Geschäftsidee ein, und wählen Sie eine Rechtsform für Ihr geplantes Unternehmen.

▶ Definieren Sie Ihr Leistungsangebot, stellen Sie den Kundennutzen dar, und gehen Sie darauf ein, an welche Zielgruppe Sie sich wenden.

▶ Beschreiben Sie die interne Organisation Ihres Unternehmens. Gehen Sie auf Betriebsabläufe ein: Wie wollen Sie Ihre Ware effektiv ins Internet einstellen, wie organisieren Sie den Versand etc.

▶ Beschreiben Sie die Markt-, Branchen- und Konkurrenzsituation, und berücksichtigen Sie dabei Ihren geplanten Standort.

- Stellen Sie bereits bestehende Geschäftsverbindungen, etwa zu Lieferanten oder Kooperationspartnern, dar. Woher wollen Sie Ihre Ware beziehen? Verfügen Sie nur über eine oder mehrere Bezugsquellen?
- Wie schätzen Sie Ihren Personalbedarf ein? Machen Sie alles allein von zu Hause aus, oder stellen Sie Hilfskräfte ein, die Ihnen beim Verpacken und Versenden zur Hand gehen?
- Erstellen Sie einen Kapitalbedarfsplan, in dem Sie Gründungskosten und Betriebsmittel auflisten.
- Berechnen Sie eine Umsatz- und Rentabilitätsvorschau sowie einen Liquiditätsplan.
- Stellen Sie Ihre Eigenkapitalsituation nachvollziehbar dar.
- Machen Sie einige Anmerkungen zu Ihren Zukunftsperspektiven.

Zugegeben: Dahinter steckt zunächst einmal eine Menge Arbeit und Überlegung. Aber wenn Sie wirklich Fördermittel beantragen wollen, kommen Sie um ein Unternehmenskonzept nicht herum.

Unser Tipp

Das Bundeswirtschaftsministerium hat flächendeckend das »Netzwerk Elektronischer Geschäftsverkehr« mit 24 regionalen Kompetenzzentren aufgebaut, um Existenzgründern und Mittelständlern neutrale und kostengünstige Hilfestellung beim Einstieg in den E-Commerce zu geben. Nutzen Sie deren Angebote, die von Info-Abenden und Web-Tutorials bis hin zur konkreten Beratung reichen. Diese Veranstaltungen sind auch wichtige Termine, um Kontakte mit anderen Internet-Unternehmern in der Region zu knüpfen. So mancher hat an einem solchen Abend schon den richtigen Datenbankexperten, den Webdesigner, den Online-Marketing-Spezialisten und nicht zuletzt eigene Kunden aus seiner unmittelbaren Nachbarschaft gefunden.

Rechtsform wählen

Bei der Wahl der Rechtsform sollten Sie genau hinsehen. Jede Rechtsform bietet individuelle Vor- und Nachteile. Grundsätzlich sind drei verschiedene Rechtsformen zu unterscheiden: Einzelunternehmen, Personengesellschaften und Kapitalgesellschaften. An zwei Beispielen wollen wir aufzeigen, welche Konsequenzen die Wahl der Rechtsform hat. Angenommen, Sie entscheiden sich dafür, allein gewerblich tätig zu werden, so empfiehlt sich die Gründung eines Einzelunternehmens. Haben Sie vor, gemeinsam mit einem Kompagnon ins Geschäftsleben zu starten, so können Sie eine Personengesellschaft gründen, etwa eine Gesellschaft bürgerlichen Rechts (siehe auch Tabelle 13.1).

Merkmale	Einzelunternehmen	GbR (Gesellschaft bürgerlichen Rechts)
Gründung	Gewerbeanmeldung	Vertrag, mind. 2 Personen
Firma	Vor- und Zuname des Unternehmers, ggf. mit Branchen- und Tätigkeitsbezeichnung	keine
Mindestkapital	keines	keines
Haftung	unbeschränkt, auch mit Privatvermögen	unbeschränkt, aber beschränkbar
Geschäftsführung	Eigentümer	alle Gesellschafter, individuelle Regelung möglich
Gewinn/Verlust	Inhaber trägt alle Gewinne und Verluste	gleiche Anteile für jeden Gesellschafter oder individuelle Regelung

Tabelle 13.1 Einzelunternehmen und GbR im Vergleich

Fördermöglichkeiten

Es stellt sich natürlich die Frage: Wer fördert Existenzgründungen und wie geht das? Drei Möglichkeiten stehen Ihnen im Wesentlichen offen.

Überbrückungs-geld vom Arbeitsamt Wenn Sie sich aus der Arbeitslosigkeit heraus selbstständig machen wollen, können Sie nach § 57 SBG III beim Arbeitsamt ein so genanntes »Überbrückungsgeld« beantragen. Es wird grundsätzlich für sechs Monate gewährt und berechnet sich aus der Höhe des Betrags, den Sie als Arbeitsloser zuletzt bezogen haben. Hinzu kommen Zuschüsse zu den Sozialversicherungsbeiträgen, die das Arbeitsamt während Ihrer Arbeitslosigkeit getragen hat.

Öffentliche Fördermittel Sollten Sie sich beispielsweise aus einem bestehenden Arbeitsverhältnis heraus als Gewerbetreibender selbstständig machen wollen, so haben Sie die Möglichkeit, staatliche Darlehen zu beantragen. So stellt etwa der Bund mit der European Recovery Program (ERP)-Eigenkapitalhilfe ein Darlehen zur Verfügung, das einen eigenkapitalähnlichen Charakter hat. Das bedeutet, die Förderung taucht in der Bilanz nicht als Verbindlichkeit auf, sondern wird bei den Eigenmitteln ausgewiesen. Die Folge ist eine bessere Bilanzstruktur. Daneben gibt es das ERP-Existenzgründungsprogramm. Gelder aus diesem Programm unterscheiden sich von banküblichen Darlehen durch eine niedrige Verzinsung und lange Laufzeiten. Als sinnvolle Ergänzung dazu bietet sich das Existenzgründungsprogramm der Deutschen Ausgleichsbank (DtA) an. Es wird dann in Anspruch genommen, wenn die Höchstbeträge aus den beiden vorgenannten Programmen ausgeschöpft sind. Ein viertes Förderprogramm zielt speziell auf Kleingründungen: das DtA-Startgeld. Es greift Gründern mit einem vergleichsweise geringen Kapitalbedarf unter die Arme. Der Gesamtkapitalbedarf einschließlich Betriebsmittel darf dabei nicht mehr als 50 000 Euro betragen.

Gefördert werden Investitionen beispielsweise in Erstausstattung und Lager. Die Antragstellung erfolgt immer über eine Bank. Anträge müssen Sie grundsätzlich vor Aufnahme Ihrer Geschäftätigkeit stellen und mit einem tragfähigen Unternehmenskonzept untermauern. Die meisten der Förderprogramme können Sie auch parallel in Anspruch nehmen. Ohne Sicherheiten geht das jedoch nicht. Es werden von Ihnen die banküblichen Konditionen verlangt, also Grundschulden, Bürgschaften und Sicherheitsübereignungen. Weitere Informationen erhalten Sie über das Bundeswirtschaftsministerium, bei der Deutschen Ausgleichsbank und anderen Stellen. Tabelle 13.2 gibt einen Kurzüberblick zur Orientierung über die Fördermöglichkeiten.

Antrag stellen

Förderprogramm	Finanzierungsanteil	Höchstbetrag	Laufzeit/ Tilgung
ERP Eigenkapitalhilfe	max. 25 Prozent	5 Mio. Euro	20 Jahre Laufzeit, 10 Jahre tilgungsfrei
ERP Existenzgründung	max. 50 Prozent	500 000 Euro	10 Jahre Laufzeit, 5 Jahre tilgungsfrei
DtA Startgeld	100 Prozent	50 000 Euro	10 Jahre Laufzeit, 2 Jahre tilgungsfrei
DtA Existenzgründung	75 Prozent	2 Mio. Euro	10 Jahre Laufzeit, 2 Jahre tilgungsfrei

Tabelle 13.2 Förderprogramme im Vergleich

Letztlich haben Sie immer auch die Möglichkeit, zu Ihrer Hausbank zu gehen und ein Darlehen zu beantragen. Aufgrund der derzeitigen Wirtschaftslage sind die Banken allerdings eher zurückhaltend geworden und haben die Hürden hoch gelegt. Wenn Sie dennoch den Versuch wagen, gehen Sie am besten zusammen mit einem Berater in das Finanzierungsgespräch mit Ihrer Bank. Bereiten Sie sich gut vor, und feilen Sie nochmals an Ihrem Unternehmenskonzept.

Bankdarlehen

Wareneinkauf

Eine der wichtigsten Anfangsüberlegungen sollten Sie Ihrer Ware widmen: Wo soll sie herkommen? Bei Büchern ist das klar: Sie haben die Möglichkeit, Ihre Bücher über einen Zwischenhändler zu beziehen. Das hat den Vorteil, dass Sie kein großes Lager einrichten müssen. Barsortimenter wie Koch, Neff, Oettinger oder Georg Lingenbrink (Libri) liefern Ihnen fast alle Bücher am folgenden Tag – sofern die Bestellung vor 16 Uhr aufgegeben wurde. Daneben gibt es Verlagsauslieferungen, Buchimport- und -exportgroßhandlungen sowie Großantiquariate, bei denen Sie auch in den Genuss von Händlerrabatten kommen. Eine Liste der wichtigsten Unternehmen in diesem Bereich finden Sie auf der Internetseite des Börsenvereins des Deutschen Buchhandels unter www.boersenverein.de. Sie können Ihre Ware aber auch über Auktionen aufkaufen. Gerade das Internet bietet hier etliche Möglichkeiten, günstig an entsprechende Artikel zu kommen.

CD-Handel Planen Sie, als CD-Händler in Marketplace aktiv zu werden, können Sie Ware direkt bei den verschiedenen Plattenfirmen und Musikproduzenten bestellen. Dabei den Überblick zu behalten ist jedoch relativ schwierig. Deshalb nützt es, wenn Sie sich der Deutschen Landesgruppe der IFPI (International Federation of the Phonographic Industry) oder dem Bundesverband der Phonographischen Wirtschaft anschließen. Beide vertreten als inländische Verbände der Tonträgerhersteller die Interessen der Musikwirtschaft.

Zentrale CD-Beschaffungs-plattform Im Jahre 1991 gründete der Bundesverband Phono die PhonoNet GmbH, die als Dienstleistungsunternehmen den elektronischen Bestellverkehr zwischen Handel und Tonträgerindustrie betreibt. Via Internet bietet Ihnen www.phononet.de eine Einkaufslösung, über die Sie zuverlässig und Kosten sparend Tonträger der unterschiedlichsten Produzenten beziehen können. Sie brauchen sich nicht darum zu kümmern, wer Ihnen was liefern soll. Sie wählen den gewünschten Artikel aus und fügen ihn in Ihre Bestellung ein. Die Zuordnung zu den Lieferanten erfolgt dann aufgrund des PhonoNet-Artikelstamms vollautomatisch. Sie brauchen nur noch die Auftragsgenerierung zu starten und die Aufträge per Knopfdruck an PhonoNet zu übergeben.

Unser Tipp

Treten Sie einem Verband bei, der Ihre Interessen wahrnimmt. Sie erhalten auf diese Weise viele nützliche Informationen zu Ihrer Branche und Ihrer Geschäftstätigkeit. Oftmals hängen auch Vergünstigungen und Rabatte beim Bezug der Ware von einer Verbandsmitgliedschaft ab.

Anmeldung und Steuern

Sie wissen, wie Sie Ihren Handel aufziehen möchten und haben sich erfolgreich um die Finanzierung und die Warenbeschaffung gekümmert. Ihre Geschäftstätigkeit können Sie jedoch erst beginnen, wenn Sie sich beim Gewerbeamt angemeldet haben.

Gewerbesteuerpflichtig sind Sie immer dort, wo das Geschäft stattfindet, der Ort muss also keineswegs identisch mit Ihrem Wohnsitz sein. Denken Sie daran, dass Sie das Gewerbe vor Aufnahme Ihrer Tätigkeit anmelden. Gehen Sie dazu zu dem für Sie zuständigen Gewerbeamt. Sie müssen Ihren Personalausweis vorlegen und eine Gebühr entrichten, die die jeweilige Kommune festlegt (z. B. in München derzeit 30,50 Euro). In der Regel können Sie innerhalb von drei Tagen mit einer Bestätigung des für Sie zuständigen Gewerbeamtes Ihrer Gemeinde rechnen.

Gewerbe anmelden

Gewerbesteuer berechnen

Die Gewerbesteuer ist kein Buch mit sieben Siegeln. Bemessungsgrundlage der Gewerbesteuer ist der einheitliche Steuermessbetrag. Er ergibt sich auf Basis des Gewerbeertrags. Wenn Sie ein Einzelunternehmen oder eine Personengesellschaft gegründet haben, gilt für Sie die Staffelung des Gewerbesteuersatzes (siehe Tabelle 13.3).

Faktoren	Gewerbeertrag
Ausgangsgröße	Gewinn aus Gewerbebetrieb + Hinzurechnungen – Kürzungen
Abrundung	auf volle 50 Euro
Freibeträge	24 500 Euro nur bei Einzelunternehmen/Personengesellschaften

Tabelle 13.3 Gewerbesteuer

Faktoren	Gewerbeertrag
Steuermesszahl	Staffeltarif von 1 bis 5 Prozent bei Einzelunternehmen/Personengesellschaften 5 Prozent bei Kapitalgesellschaften
Steuermessbetrag	Gewerbeertrag x Steuermesszahl
Gewerbesteuer	Steuermessbetrag x Hebesatz

Tabelle 13.3 Gewerbesteuer (Forts.)

Beispiele Zwei Beispiele: Sie haben Ihr Gewerbe in München angemeldet und haben keine weiteren Betriebsstätten. Als Rechtsform haben Sie die Einzelunternehmung gewählt. In München beträgt der Gewerbesteuer-Hebesatz 490 Prozent (Stand: Nov. 2002). Angenommen Sie erwirtschaften im ersten Jahr einen Gewinn von 22 346 Euro – das ist Ihr Gewerbeertrag. Da Sie unter der Freibetragsgrenze von 24 500 Euro liegen, müssen Sie keine Gewerbesteuer entrichten.

Wenn Sie jedoch einen Gewinn von 80 044 Euro erwirtschaften, müssen Sie eine Gewerbesteuer in Höhe von 7717,50 Euro entrichten (siehe Beispielrechnung in Tabelle 6.4).

Gewerbeertrag vor Abrundung	80 044 Euro	
Gewerbeertrag nach Abrundung	80 000 Euro	
Anwendung der Steuermesszahl	24 500 Euro (Freibetrag)	= 0 Euro
	12 000 Euro x 1 %	= 120 Euro
	12 000 Euro x 2 %	= 240 Euro
	12 000 Euro x 3 %	= 360 Euro
	12 000 Euro x 4 %	= 480 Euro
	7500 Euro x 5 %	= 375 Euro
= Gesamt p. a.	80 000 Euro	1575 Euro
Steuermessbetrag	1575 Euro	
Gewerbesteuer (z.B. München)	1575 Euro x 4,9	= 7717,50 Euro

Tabelle 13.4 Beispielrechnung für Gewerbesteuer

Die Gewerbesteuer führen Sie jeweils an die Stadt- oder Gemeindekasse ab. Bei der Ermittlung der Einkommensteuer können Sie die gezahlte

Gewerbesteuer als Betriebsausgabe abziehen – wie andere Betriebsausgaben mindert sie also den Gewinn.

Umsatzsteuer

Auf alle gekauften und verkauften Waren entfällt Umsatzsteuer. Die Umsatzsteuer beträgt bei Büchern und Zeitschriften sieben, bei allen anderen Produkten 16 Prozent. Die so genannte »Umsatzsteuerschuld« berechnet sich wie folgt: Summe der Umsatzsteuer aus verkauften Produkten minus Summe der Umsatzsteuer aus Produkten, die Sie für Ihren Betrieb einkaufen (Waren, Büromaterial etc.). Das Ergebnis führen Sie monatlich, quartalsweise oder halbjährlich an das Finanzamt ab, und zwar:

▶ Jährlich bei einer Umsatzsteuerschuld unter 512 Euro

▶ Vierteljährlich bei einer Umsatzsteuerschuld von 512 bis 6136 Euro

▶ Monatlich bei einer Umsatzsteuerschuld über 6136 Euro

Wenn von Amazon Payments die erste E-Mail kommt, dass Sie ein Produkt verkauft haben, sehen Sie, dass Amazon weder bei der Verkaufsprovision noch bei der Gutschrift der Versandkosten eine Umsatzsteuer mit ausweist. Selbst wenn Sie innerhalb des üblichen Abrechnungszeitraumes von 14 Tagen einen Umsatz von mehreren tausend Euro in Amazon Marketplace machen, wird Amazon keine Umsatzsteuer ausweisen. Der Grund: Die »Amazon.com International Marketplace, Inc.« unterliegt amerikanischem Recht und ist von der deutschen Umsatzbesteuerung freigestellt. Deshalb wird im Gegensatz zum Amazon.de-Kerngeschäft bei Marketplace, Auktionen und zShops keine Umsatzsteuer in Rechnung gestellt.

Amazon weist keine Umsatzsteuer aus

Unser Tipp

Sie können trotzdem in Ihren Rechnungen an die Kunden eine Umsatzsteuer ausweisen. Dies macht nur bei Freiberuflern und Firmenkunden Sinn, die wiederum die Umsatzsteuer als Vorsteuer von Ihrer Steuerschuld abziehen können. Kündigen Sie in der Artikelbeschreibung »Rechnung mit USt.« an, kann dies der ausschlaggebende Grund sein, warum bei Ihnen teure Fachliteratur gekauft wird. Sie sollten aber mit Ihrem Steuerberater besprechen, wie Sie die Monatspauschale als Power-Anbieter, die Transaktionsprovisionen und die Versandkostengutschriften von Amazon in Ihrer Buchhaltung behandeln.

Einkommenssteuer

Die Einkommenssteuer ist Ihnen auch als Angestellter ein Begriff. Natürlich unterliegen Sie auch als Unternehmer der Einkommensteuerpflicht – schließlich handelt es sich dabei um eine persönliche und keine Unternehmenssteuer. Sie berücksichtigen bei der Ermittlung der Steuerbelastung sämtliche Einkunftsarten, so auch Einkünfte aus Kapitalvermögen oder aus Vermietung und Verpachtung. Aber wie gesagt: Diese Steuer kennen Sie bereits aus Ihrer Zeit als Nicht-Gewerbetreibender.

Soziale Absicherung

Zur Selbstständigkeit gehört auch, dass Sie sich um Ihre soziale Absicherung selbst kümmern müssen.

Krankenversicherung · Bei der Krankenversicherung haben Sie die Wahl zwischen gesetzlicher Krankenkasse, Betriebskrankenkasse und privater Krankenversicherung. Wägen Sie ab, was für Sie günstiger ist. Lassen Sie sich von den jeweiligen Versicherungsträgern errechnen, welche Beiträge Sie bei Ihnen entrichten müssten. Gesetzliche Krankenkassen und Betriebskrankenkassen haben den Vorteil, dass über Sie auch Familienmitglieder automatisch mitversichert sind, die kein eigenes Einkommen haben. Der Beitragssatz hängt jeweils von dem geschätzten Bruttoverdienst pro Jahr ab.

Private Krankenversicherungen sind nur auf die versicherte Person bezogen, sie gelten also nicht für Familienmitglieder. Die Beitragshöhe ist dafür meist geringer als bei den gesetzlichen Kassen. Sie errechnet sich jeweils individuell und ist abhängig vom Geschlecht, dem Eintrittsalter, dem Umfang der Versicherungsleistung und nicht zuletzt von Ihrer Krankenvorgeschichte.

Alters- und Rentenvorsorge · Auch bei der Alters- und Rentenvorsorgeversicherung haben Sie die freie Wahl. So können Sie beispielsweise bei der gesetzlichen Rentenversicherung freiwilliges Mitglied zum Mindestbetrag von 62,08 Euro werden. Oder Sie zahlen als freiwilliges Mitglied den Regelsatz ein, der sich aus einem durchschnittlichen Einkommen errechnet und derzeit 447,90 Euro pro Monat beträgt, wobei Sie sich in den ersten drei Jahren auch zum halben Regelsatz von 223,85 Euro versichern können.

Bei der privaten Altersvorsorge haben Sie eine Vielzahl von Möglichkeiten:

▶ Private Lebens- oder Rentenversicherung

▶ Kapitallebensversicherung

- ▶ Absicherung mittels Rentenfonds
- ▶ Investmentfonds
- ▶ Immobilien
- ▶ Berufs- und Erwerbsunfähigkeitsversicherung

Die Liste ist keineswegs vollständig. Überlegen Sie sich genau, welche Art der Vorsorge für Sie geeignet ist.

Die Berufsunfallversicherung deckt Ihr Risiko während der Arbeitszeit sowie auf beruflichen Fahrten ab. Als Selbstständiger ist es auch hierbei Ihre Angelegenheit, sich gegen Berufsunfälle zu versichern oder es bleiben zu lassen. Auch dabei gilt: Erstellen Sie Preis-Leistungsvergleiche, und informieren Sie sich bei Berufsgenossenschaften und privaten Versicherungsgesellschaften. **Unfallversicherung**

Wenn Sie nicht haftpflichtversichert sind, müssen Sie in einem Schadensfall immer auch mit Ihrem Privatvermögen haften. Es empfiehlt sich also, sich abzusichern und den Zugriff auf das Privatvermögen zu verhindern. Die Berufs- und Betriebshaftpflichtversicherung deckt Risiken und Ansprüche ab, die an Ihr Unternehmen gestellt werden könnten. **Berufs- und Betriebshaftpflicht**

14 Erfolgreich verkaufen

Der eine macht es gut, der andere macht es besser. In der Marktwirtschaft stellt sich der Erfolg selten von alleine ein. In diesem Kapitel wollen wir Ihnen noch einige Anregungen zum Thema Marketing geben.

Marketing bedeutet nicht nur Werbung. Es allein auf diese Formel zu reduzieren, hieße, das Wesen des Marketings zu verkennen. Über das Marketing versuchen Sie vielmehr, Einfluss auf die Kaufentscheidung Ihrer Kunden zu nehmen. Ihnen stehen dazu im Wesentlichen vier Instrumente zur Verfügung:

Was heißt hier Marketing?

▶ Angebot
▶ Preis
▶ Distribution
▶ Kommunikation

Damit Sie in Amazon Marketplace erfolgreich werden, müssen Sie, selbst bei dieser so standardisierten Verkaufsplattform, diese vier Instrumente geschickt einsetzen, um sich trotz der Restriktionen der Plattform von der Konkurrenz abzusetzen.

Denn Ihr Angebot taucht in der Regel in einer standardisierten Liste mit allen Angeboten der Konkurrenz auf. Sie haben nur vier Möglichkeiten, auf sich aufmerksam zu machen:

▶ Anbietername
▶ Preis
▶ Beschreibung
▶ Ihr Bewertungsprofil

14.1 Angebot

Marketing beginnt bereits bei der Einstellung der Ware auf die Marketplace-Plattform. Suchen Sie nach Nischen, die Sie besetzen können. Beschreiben Sie den Zustand Ihrer Artikel ehrlich, aber auch so, dass es Interesse weckt. Nutzen Sie das Eingabefeld für weitere Bemerkungen. Durch eine pfiffige Beschreibung der Artikel können Sie sich positiv von den Mitbewerbern abheben.

Eine wichtige Rolle spielt auch der Name des Anbieters. »Guenstiger_ein-
kaufen« klingt Vertrauen erweckender als »Banane4«. Wo kaufen Sie lieber Bücher oder CDs? In einem hellen und freundlichen Laden mit einer
tollen Schaufensterdekoration oder in einer heruntergekommenen
Bruchbude mit einer kaputten Schaufensterscheibe und einer mehrfach
aufgebrochenen Eingangstür?

Der Anbietername und das vielleicht beim zShop hinterlegte Profil sind
die einzigen Informationen, die der Interessent von Ihnen erhält. Selbst
der Käufer bekommt in der Bestätigungsmail von Amazon Payments nur
Ihren Anbieternamen und die E-Mail-Adresse.

Übrigens: Amazon lässt als Anbieternamen keinen URL wie www.ihr-
name.de zu. Viele behelfen sich daher mit dem Unterstrich, also:
ihrname_de. Das kann aber Ärger mit Amazon geben.

14.2 Preis

Der Preis entscheidet auf einer so standardisierten Verkaufsplattform wie
Amazon Marketplace wesentlich darüber, ob Sie Ihre Ware verkaufen
können oder nicht. Denn Sie haben nicht, wie etwa bei Ebay, die Mög-

lichkeit (und den Aufwand!), selbst das Produkt im besten Licht zu fotografieren, Ihre Angebotsseite in schönstem HTML zu gestalten und professionell zu betexten.

Unser Tipp
Nehmen Sie sich ein Beispiel an Ihrem Supermarkt um die Ecke. Bleiben Sie unter den Preisschwellen: 7,90 Euro sieht nicht nur besser aus als 8 Euro. Die Erfahrungen der Einzelhändler zeigen auch: Es wirkt.

Beobachten Sie die Preise der Konkurrenz: Welchen Wert setzen andere an, die ähnliche oder gleiche Produkte verkaufen? Beobachten Sie die Veränderung des Bewertungsprofils Ihrer Wettbewerber, um zu sehen, ob Sie mit Ihrer Strategie erfolgreich sind. Sie werden sehr schnell ein Gespür für den richtigen Preis bekommen.

Unser Tipp
Warum verkaufen Sie zu Beginn nicht manche Ware etwas günstiger, damit die Käufer auf Sie aufmerksam werden? So können Ihre Kunden Ihren Service schätzen lernen und es Ihnen mit guten Bewertungen danken, die wiederum andere Käufer locken.

Eine andere Strategie ist es, seine Preise für sich abzuwägen und festzusetzen. Wenn Sie gleichzeitig ein paar Hundert neue Artikel aufspielen, werden Sie gar nicht anders handeln können. Spätestens wenn die erwarteten Verkäufe ausbleiben, oder der Umsatz deutlich sinkt, müssen Sie nach den Ursachen suchen und gegensteuern.

Unser Tipp
Zumindest Ihre Umsatzrenner und die Produkte mit den höchsten Stückzahlen im Lager sollten Sie regelmäßig in Ihrem Konkurrenzumfeld analysieren. Wenn Sie nur um ein paar Cent über der Konkurrenz liegen, senken Sie Ihren Preis. Aber lassen Sie sich nicht auf das gefährliche Spiel ein, immer der günstigste Anbieter sein zu wollen. Es wird immer einen geben, der nur dieses eine Buch um jeden Preis verhökern will.

Lowballing

Spottpreise sind geschäfts- schädigend

Gerade weil das einfache Verkaufssystem und die niedrigen Preise (keine Einstellgebühren) es einem so einfach machen, in Amazon Marketplace seine nicht mehr benötigten Bücher oder CDs zu verkaufen, ist diese Plattform so beliebt. Doch schon ein halbes Jahr nach dem Start in Deutschland zeigten sich Probleme: Viele private Anbieter unterboten die professionelle Konkurrenz um Längen. Bei immer mehr Büchern führte ein Schnäppchen-Angebot für wenige Euro oder gar 99 Cent, aber mit der Beschreibung »neu, ungelesen« die Liste der gebrauchten Artikel an, während die Nächstplatzierten – bei gleicher Zustandsbeschreibung – zu 15 und mehr Euro anboten. Ein Preis, der realistisch ist und bislang von den Kunden auch anstandslos bezahlt worden ist. »Wenn schon ein besseres Angebot, dann doch bitte für 12 Euro, aber nicht für nur einen Euro, so werden die Preise kaputt gemacht«, ärgerten sich viele Gebrauchtbuch-Händler. In den USA wird dieses geschäftsschädigende Verhalten, das genauso bei anderen Plattformen beobachtet wird, »Lowballing« genannt.

Aber Patentrezepte gegen Lowballing hat auch dort nach mehreren Jahren Erfahrung mit elektronischen Marktplätzen noch keiner. Einfach übergehen lässt sich das Lowballing nicht. Mit vielleicht nur einem Exemplar im Angebot kann man vielleicht noch abwarten, bis dieses eine Buch endlich einen Käufer gefunden hat. Wenn diese Schnäppchen bereits zehn oder mehr Prozent Ihres eigenen Angebots so blockieren, dann werden Lowballer zu einer ernsten Gefahr für Ihr Geschäft mit gebrauchten oder sogar neuen Artikeln. Denn je niedriger der Preis für gebrauchte CDs oder Bücher ist, desto weiter sinkt natürlich die Hemmschwelle der Kunden, statt dem Neuprodukt doch lieber das gebrauchte zu kaufen. Oder noch schlimmer: Der Preis von 99 Cent mit der Beschreibung »unbenutzt, neu« führt sogar dazu, dass ganz vom Kauf abgesehen wird, weil ja irgendwas mit der Qualität des Buches nicht stimmen kann, wenn es in so gutem Zustand so billig verschleudert werden soll. Nur Ladenhüter werden doch so verramscht.

Nicht nur Private drücken die Preise. In den USA beklagen sich Anbieter im Amazon Seller Forum ständig über Konkurrenten, die offensichtlich mit Software-Hilfe jeden Tag ihre Preise und die der anderen Anbieter prüfen und so korrigieren, dass sie immer der günstigste Anbieter sind. Buhlen zwei automatisiert um die Führung der Rangliste, dann treibt das den Preis bis zu einem festgelegten Limit in den Keller.

Gegen beide Arten von Lowballing scheint Amazon nichts zu unternehmen. Dies wäre ja auch gegen die wichtigste Regel der Firmenphilosophie, wonach die Kunden das beste Einkaufserlebnis bei Amazon haben sollen. Dazu gehört natürlich ein niedriger Preis. Über die Verkaufsprovision pro Posten bei Laien und die Provision bei Profis und Laien verdient das Unternehmen ja weiter am Verkauf, wenn auch weniger. Aber die Kunden wandern zu keinem anderen Anbieter mit besseren Preisen ab. Ganz bewusst hat Amazon kein unteres Preislimit vorgegeben. Bei Ebay hingegen können Sie eine Auktion oder ein Festpreisangebot erst ab einem Euro einstellen.

Unser Tipp

Wenn Lowballing Ihre umsatzstärksten Produkte bedroht, dann kaufen Sie ruhig einzelne Exemplare sofort auf. Selbst wenn dadurch Ihr Einkaufspreis steigen sollte, können Sie und andere, die genauso handeln, eine Marktbereinigung schaffen. Gegen professionelles Preisdumping oder gar den ruinösen Wettbewerb zweier Anbieter hilft wenig. Beobachten Sie solch einen Vorgang bei wichtigen Produkten, warten Sie ab und vertrauen Ihrem längeren Atem, oder weichen Sie mit diesen Artikeln auf andere Marktplätze aus. Als »lachender Dritter« können Sie durch direktes Eingreifen in den Preiskampf auf gar keinen Fall gewinnen.

Mit der Zeit lernen Sie bei Amazon Marketplace Ihre Konkurrenz kennen. Wenn ein oder mehrere Anbieter über Monate Ihre Preise weit unterbieten und so Ihren Umsatz nachhaltig schmälern, dann sollten Sie aktiv werden und Ihre Einkaufs- und Verkaufskonditionen oder Ihre eigenen Fulfillment-Kosten überprüfen und korrigieren.

14.3 Distribution

Das beste Marketing besteht natürlich darin, gute Bewertungen zu erhalten. Sie können einiges tun, um sie in Ihrem Sinne ausfallen zu lassen. Grundsätzlich muss dazu Ihr Service stimmen: Der Zustand ist korrekt ausgezeichnet, und die Ware wird sofort geliefert. Überraschen Sie den Käufer dadurch, dass Sie beispielsweise ein kleines Präsent der Lieferung beilegen, eine kleine Aufmerksamkeit. Darüber hinaus sollten Sie den Käufer darauf hinweisen, dass es die Möglichkeit zur Bewertung gibt, und dass Sie sich freuen würden, wenn er sie wahrnimmt.

Fulfillment

Es ist einfach und nebenbei erledigt, jeden Monat mal zwei oder drei Päckchen zu versenden. Etwas völlig anderes jedoch, wenn Sie plötzlich täglich dutzende Pakete zu schnüren und zu versenden haben. Der logistische Aufwand eines Power-Anbieters unterscheidet sich wesentlich von demjenigen des privaten Anbieters, der alle Schaltjahre einmal ein Buch in Marketplace an den Kunden bringt.

Käufererwartung oft unrealistisch

Der Käufer erwartet, dass er seinen Einkauf so schnell geliefert bekommt, wie er es bei Amazon gewohnt ist. Leider verwirren die Kaufangaben auf der Website und die Standard-E-Mail von Amazon Payments, mit der der Verkauf bestätigt wird, die Kunden. Diese erwarten dann nämlich, dass innerhalb von zwei bis drei Tagen geliefert wird. Tatsächlich verpflichten sich die Marketplace-Partner aber, das Produkt innerhalb von zwei Tagen nach Kauf zu verschicken. Für eine gewöhnliche Büchersendung der Deutschen Post AG muss man aber immer mit mehr als zwei Tagen Laufzeit rechnen.

Preise aushandeln

Die Paketdienste (Servicenummern siehe Tabelle unten) stellen für Geschäftskunden extra Services und auch extra Preise zur Verfügung. Die Konditionen sind dabei oft Verhandlungssache. Informieren Sie sich vorher über verschiedene Angebote, damit Sie bei Preisverhandlungen vorbereitet sind und Ihren Vorteil nutzen können. Achten Sie auch genau darauf, was einzelne Anbieter unternehmen, wenn sie den Empfänger nicht antreffen. Wird ein zweites Mal zugestellt? Kann man das Paket in der Nähe abholen? Zumindest in den großen Städten ist das bei allen Diensten möglich. Aber schon in Kleinstädten ist der Weg zum nächsten Depot eines Post-Konkurrenten oft weit. Einige Amazon-Partner haben nur deswegen bereits schlechte Bewertungen erhalten. Dazu kommt, dass Amazon mit der Deutschen Post verschickt, und die Kunden dies offensichtlich auch von Marketplace-Verkäufern erwarten.

Versender	Service-Telefon
Deutsche Post (Briefe)	01805 5555
Deutsche Post (Pakete)	01805 047777
DPD	06021 8430
FedEx	0800 1230800
German Parcel	01805 252700
UPS	0800 8826630

Tabelle 14.1 Servicenummern der Paketdienstleister

Geschäftskunden können bequem über das Internet Paketscheine ausfüllen und drucken. Die vielen Pakete müssen Sie natürlich nicht selbst zum Postamt schleppen, zumal viele Zustelldienste nicht wie die Deutsche Post über ein dichtes Filialnetz verfügen. Ein Anruf genügt, und die Pakete werden abgeholt. Preisvergleiche lohnen sich auch hier. Oftmals können Sie – wie bei der Deutschen Post – Preise variabel aushandeln.

Paketscheine via Internet

Unser Tipp

Das Abholen durch die Post kann sehr bequem sein. Aber achten Sie darauf, dass Ihre gelben Boxen auch wirklich noch am selben Tag im Brief- oder Frachtzentrum weiterbefördert werden. So mancher Händler berichtet, dass 200 Büchersendungen gerne mal erst am nächsten Tag bearbeitet werden, vor allem, wenn sie erst am späten Nachmittag abgeholt wurden. Da ist es oft sinnvoller, Ihre Lieferung am Nachmittag selbst zu einem Postamt oder einem Fracht- oder Briefzentrum mit Parkplatz zu bringen. Wenn Sie vor 16 Uhr oder nach 17.30 Uhr kommen, müssen Sie meist auch nicht lange warten. Sprechen Sie mit den Mitarbeitern über den optimalen Anlieferungszeitpunkt. Da deren Filiale ständig über das erreichte Postaufkommen bewertet wird, werden sie Ihnen gerne helfen. In vielen Orten gibt es nur noch Post-Agenturen, die zum Beispiel von Schreibwarenhändlern betrieben werden. Diese bekommen für jedes Paket Provision, mit ihnen können Sie sicher einen optimalen Anlieferungszeitpunkt (z. B. kurz vor Geschäftsöffnung am Nachmittag) vereinbaren.

Wenn Sie die Business-Services der Paketdienste nutzen wollen, müssen Sie sich zunächst anmelden. Sie erhalten dann einmalig Zugangscodes, mit denen Sie online Ihre Sendungen verfolgen und den jeweiligen Status abrufen können. Mittlerweile bietet jeder Paketdienstleister einen bequemen Retourenservice an, und Verpackungsmaterial erhalten Sie als Geschäftskunde ebenfalls meist zu günstigen Konditionen.

Unser Tipp

Machen Sie nicht nur Geschäfte im Internet, sondern nutzen Sie auch für den Einkauf von günstigem Verpackungsmaterial das Internet.

14.4 Kommunikation

Halten Sie Kontakt zum Kunden. Informieren Sie ihn, wenn die Ware Ihr Haus verlässt, oder wenn es Verzögerungen geben sollte. Fragen Sie nach: Ein paar Tage, nachdem die Ware an den Käufer raus ist, können Sie ihm eine Mail schicken, in der Sie sich erkundigen, ob alles zufrieden stellend gelaufen ist – auch bei dieser Gelegenheit sollten Sie an die Bewertungs-möglichkeit erinnern.

Nutzen Sie auch die Möglichkeiten des Online-Marketings. Eine optisch ansprechende und informative Internetseite ist durchaus bezahlbar. Sie wissen, dass Amazon in Marketplace keine Links duldet, die auf externe Angebote verweisen, aber es hindert Sie niemand daran, Ihrer Ware einen Hinweis auf Ihre Online-Präsenz beizulegen.

Bewertungssystem

Ihre Bewertung durch Kunden gibt neben dem Preis, der kurzen Beschreibung des Produkts und Ihrem Verkäufer-Namen Interessenten wichtige Hinweise, ob er bei Ihnen kaufen soll oder nicht. Auf alle genannten Faktoren haben Sie Einfluss. Aber ausgerechnet auf die wichtige Bewertung am geringsten. Natürlich müssen Sie alles tun, um eine schlechte Bewertung zu verhindern. Sie müssen das Produkt ehrlich beschreiben, freundlich den Kauf und Versand bestätigen, sehr gut in einen neuen Luftpolsterumschlag einpacken und es möglichst schnell auf den Postweg bringen. Aber damit endet Ihr Einfluss auch schon.

> **Unser Tipp**
> Vergleichen Sie ruhig noch einmal vor dem Versand, ob die Ware wirk-lich in dem beschriebenen Zustand ist. Es kann schon mal vorkommen, dass im Lager die CD-Hülle verkratzt oder die Schutzhülle eines Buches verschmutzt wird. Bevor Sie eine schlechte Bewertung riskie-ren, können Sie ganz einfach über Amazon Payments Ihrem Kunden einen Teil der Kaufsumme erstatten. »Geld zurück« kommt immer gut an, ein bis drei Euro weniger Umsatz tun dem Verkäufer weniger weh als eine schlechte Beurteilung.

Stimmt die Adresse des Kunden wirklich noch? Blieb der Umschlag irgendwo zwischen Ihrem Postamt und dem Empfänger hängen? Liefert die Post ihm wirklich die Büchersendung, oder wird sie einfach bei strö-mendem Regen vor die Haustür gelegt? Hat der Kunde um 16 Uhr bestellt und die Ware bis zum nächsten Morgen erwartet? Vergisst der ansonsten aufmerksame Nachbar drei Tage lang, dem wirklichen Empfänger das Päckchen zu übergeben? Hat Ihr Kunde ein anderes Buch (neuere Auflage, Hardcover statt Taschenbuch) erwartet, aber falsch bestellt? Gefällt ihm das Video, die CD oder das Buch einfach nicht? Egal, was passiert ist, Ihr Kunde kann es Ihnen heimzahlen, gnadenlos: Er bewertet Sie mit null Punkten. Schon gerät Ihr Verkäufer-Image ins Wanken. Gerade, wenn Sie erst anfangen, in Amazon Marketplace zu verkaufen, kann eine solche Bewertung unter den ersten fünf Feedback-Einträgen fast schon ein Todesstoß für Ihr Geschäft sein. Und das, obwohl Sie alles richtig gemacht haben.

Leider kann man sich nicht gegen unfaires Kundenfeedback wehren. Im Gegensatz zu Ebay haben Sie bei Amazon wenig Möglichkeiten, öffentlich unter Ihrer Bewertung auf das Feedback zu reagieren. Amazon will nicht, dass – wie zuweilen bei Ebay – über das Bewertungssystem private Fehden ausgetragen werden, gibt aber die Möglichkeit zu reagieren. Zwar können und sollen Sie bei Amazon auch den Käufer bewerten. Aber die Funktion ist so versteckt, dass sie kaum jemand kennt, und vor allem das so entstehende Käuferprofil erst offen gelegt wird, wenn der Kunde selbst als Verkäufer oder Auktionsteilnehmer auftritt.

Sie können auch den Käufer bewerten

Das Amazon-Bewertungssystem ist vor allem mit der Möglichkeit, den Verkäufer mit fünf bis null Punkten (perfekt, gut, durchschnittlich, schwach, schlecht) zu bewerten, nur vordergründig ein Vorteil gegenüber Konkurrenten wie Ebay. Dort lassen sich Käufer wie Verkäufer und die Ware nur positiv, neutral oder negativ einstufen. Die positiven Bewertungen unterschiedlicher Partner werden addiert, kommt eine negative Einschätzung dazu, wird eine Bewertung abgezogen. Neutrale Beurteilungen fließen nicht in die Rechnung mit ein. Bis es zu einer negativen Bewertung kommt, muss allerdings schon sehr viel passieren. Faustregel: Mehr als drei Prozent negative Bewertungen sollten es nicht sein.

Bei Amazon dagegen wird der Durchschnitt der Bewertungen mit der Zahl der Sterne angezeigt. Das führt dazu, dass – wie in der Schule – ein Ausreißer lange Ihren Schnitt drücken kann. Ein noch harmloses Beispiel: Bei sieben Bewertungen wurde sechs Mal die Bestnote »Perfekt, 5« vergeben, aber nur einmal »Gut, 4«, schon sinkt der Bewertungswert auf 4,8. Schlimmer wird es, wenn plötzlich einer verärgert die drei oder zwei Sterne vergibt. Schon jetzt gelten unter den Profi-Verkäufern allein vier Sterne als Stigmatisierung. »Damit brauche ich kein weiteres Buch mehr

Ausreißer drücken den Schnitt

einstellen«, sagt einer. Sinkt die Bewertung gegen drei Sterne, dann gilt nicht einmal mehr die »Amazon-A-Z-Garantie«.

Kunden bewerten oft unfair Klickt man sich aber durch die Bewertungsprofile der Amazon-Verkäufer, dann kann man oft nur verwundert den Kopf schütteln: Punktabzug gibt es bereits, wenn einem das Buch nicht gefällt, wenn man Hardcover statt Taschenbuch bestellt hat, wenn das Buch länger als drei Tage unterwegs war. Und immer wieder steht »Perfekt«, aber es werden nur vier Punkte vergeben.

Unser Tipp

Geben Sie immer Ihre Telefonnummer in Ihren E-Mails und auf dem Packzettel an, bitten Sie bei Fragen einfach anzurufen. Nutzt ein unzufriedener Käufer diesen Kommunikationskanal, dann sind Sie einer Lösung schon sehr nahe. Am Telefon können Sie das Problem diskutieren und gemeinsam lösen, die Erfahrung mit E-Mail hat gezeigt: Die elektronischen Nachrichten taugen nicht, um Probleme zu diskutieren. In der Regel verhärten sich die Positionen nur. Die Folge ist dann oft eine schlechte Bewertung aus Ärger oder Rache (»Dem zeige ich's jetzt«).

Kein festes Ritual Während Ebay-Kunden die Bewertung als festes Ritual pflegen, ist das Rating des Verkäufers bei Amazon-Kunden noch nicht so fest im Kopf verankert. Viele Profi-Verkäufer, die auf beiden Plattformen aktiv sind, beobachten, dass sie bei Ebay von etwa der Hälfte bis zwei Drittel ihrer Kunden bewertet werden, während es bei Amazon meist weniger als ein Drittel sind. Zwar bittet Amazon die Marketplace-Kunden automatisch sechs Wochen nach dem Kauf um eine Bewertung, aber auch darauf reagiert nur ein kleiner Teil.

Außerdem ist aus dem klassischen Beschwerdemanagement bekannt, dass unzufriedene Kunden eher ein Feedback geben als zufriedene. Deshalb ist es für den Online-Verkäufer wichtig, die zufriedenen Kunden für ein positives Feedback zu aktivieren.

Unser Tipp

Bitten Sie bereits in Ihrer Mail, mit der Sie den Versand bestätigen in freundlichen Worten um eine Bewertung des Einkaufes. Erklären Sie, wie Ihre Kunden auf der Amazon-Website den Weg zur Bewertung finden. Bitten Sie ruhig ausdrücklich um eine »positive Bewertung«, und bieten Sie an, bei Unzufriedenheit mit Ware oder Versand die Unstimmigkeiten besser gleich direkt per E-Mail oder telefonisch zu klären. Ihr Standardsatz kann ruhig ungefähr so lauten: »Ich freue mich über eine positive Bewertung Ihres Einkaufs bei Amazon Marketplace. Sollten Sie mit der Ware oder dem Versand unzufrieden sein, dann würde ich mich freuen, wenn wir dies per E-Mail oder am Telefon direkt untereinander klären könnten.«

Anhang

A   Teilnahmebedingungen Amazon Marketplace

Wenn Sie die Amazon Marketplace-, Auktionen- und zShops-Plattform nutzen möchten, so gelten ausschließlich die nachfolgenden Teilnahmebedingungen. Diese Teilnahmebedingungen (einschließlich der Bestimmungen zu Privatsphäre und Datenschutz) müssen Sie bei der Registrierung für diese Dienstleistungen durch Anklicken des Feldes »Ich stimme zu« akzeptieren.

Amazon stellt Ihnen die Marketplace-, Auktionen- und zShops-Plattform zur Verfügung, auf der die Teilnehmer als Verkäufer oder Käufer nach erfolgreicher Registrierung Verkäufe zu Festpreisen tätigen können, eine Auktion selbst initiieren oder auf eine Auktion bieten können. Wichtig: Amazon wird dabei nicht selbst Vertragspartner, sondern stellt als Dienstleister lediglich die Plattform zur Verfügung.

Amazon stellt Plattform zur Verfügung

Die Teilnahmebedingungen gliedern sich in vier verschiedene Bereiche:

1. Allgemeine Bedingungen
2. Besondere Bedingungen für Verkäufer
3. Besondere Bedingungen für Käufer
4. Besonderer Bedingungen für Verkäufer zu Festpreisen und Auktionen

A.1   Allgemeine Bedingungen

Als Teilnehmer können sich registrieren lassen:

Wer darf teilnehmen?

▶ Alle voll geschäftsfähigen natürlichen Personen, die mindestens 18 Jahre alt sind

▶ Juristische Personen

Voraussetzung ist eine ordnungsgemäße Anmeldung unter wahrer Angabe aller geforderten Informationen auf dem betreffenden Registrierungsformular, insbesondere der Angabe von gültigen Kreditkarteninformationen oder einer deutschen Bankverbindung. Ein Anspruch auf Teilnahme besteht nicht.

Kreditkarte oder deutsche Bankverbindung

Die Teilnehmer sind verpflichtet, alle Änderungen von Informationen, die bei der Registrierung abgefragt wurden, unverzüglich von sich aus Amazon anzuzeigen. Werden bei der Registrierung unwahre Angaben gemacht oder unterlässt ein Teilnehmer die Anzeige von Änderungen, so kann der Teilnehmer mit sofortiger Wirkung von Amazon ausgeschlossen werden.

Die Teilnehmer sind allein für die Sicherheit ihres Passwortes verantwortlich. Eine Weitergabe an Dritte ist nicht gestattet. Das Passwort darf nur dafür benutzt werden, Zugang zur Amazon Marketplace-, Auktionen- und zShops-Plattform zu erlangen und die dort angebotenen Services in Anspruch zu nehmen. Der Teilnehmer ist allein für sämtliche unter seinem Namen getätigten Aktionen verantwortlich. Sollte das Passwort Unbefugten bekannt geworden sein, ist der Teilnehmer gehalten, sein Passwort unverzüglich zu ändern.

Allgemeine Grundsätze/Richtlinien

Der Teilnehmer verpflichtet sich bei jeglicher Benutzung der Amazon Marketplace-, Auktionen- und zShops-Plattform, die in diesen Teilnahmebedingungen niedergelegten Regeln anzuerkennen und einzuhalten. Eine nähere Erläuterung dieser Regeln ist in den Hilfeseiten enthalten, die von Zeit zu Zeit geändert werden können. Der Teilnehmer sollte daher regelmäßig die Hilfeseiten aufsuchen und auf aktuelle Änderungen hin überprüfen.

Amazons Rolle

Zwischen den Teilnehmern und Amazon bestehen Vertragsbeziehungen nur insofern, als Amazon den Teilnehmern im Rahmen dieser Teilnahmebedingungen eine Werbeplattform für Verkäufe und Auktionen zur Verfügung stellt. Sofern Amazon nicht als Verkäufer auftritt, kommen keine Kaufverträge zwischen Amazon und dem jeweiligen Käufer zu Stande. Ein Kaufvertrag kann immer nur zwischen Verkäufer und Käufer zu Stande kommen. Amazon ist weder Vertreter, Agent, Mittler oder Auktionator für die Teilnehmer.

Keine Vermittlung im Streitfall Amazon ist nicht an dem Zustandekommen (insbesondere Vertragsverhandlungen) und der Abwicklung der auf der Amazon Marketplace-, Auktionen- und zShops-Plattform geschlossenen Vertragsverhältnisse beteiligt und vermittelt daher auch nicht bei Streitfällen zwischen den Parteien oder bei der Durchsetzung der Erfüllung dieser Vereinbarungen. Amazon fordert Käufer und Verkäufer auf, im Falle von Konflikten zu kooperieren und gemeinsam eine Lösung zu finden.

Aus diesen Teilnahmebedingungen entstehen keine Rechte oder Ansprüche für Personen, die nicht an dem hier begründeten Rechtsverhältnis beteiligt sind.

Datenschutz

Die Teilnehmer sind über Art, Umfang, Ort und Zweck der Erhebung, Verarbeitung und Nutzung der für die Registrierung für Auktionen oder zShops und die Tätigung von Geschäften erforderlichen personenbezogenen Daten durch Amazon und die mit Amazon verbundenen Unternehmen ausführlich unterrichtet worden (siehe Privatsphäre und Datenschutz). Die Teilnehmer stimmen dieser Erhebung, Verarbeitung und Nutzung personenbezogener Daten ausdrücklich zu.

Daten anderer nur bei Transaktionen verwenden

Soweit nicht eine ausdrückliche Genehmigung vorliegt, verpflichten sich die Teilnehmer, keine der auf der Site einsehbaren oder ihm durch die Nutzung der Amazon Marketplace-, Auktionen- und zShops-Plattform bekannt gewordenen Daten anderer Teilnehmer in irgendeiner Form zu verwenden, es sei denn die Verwendung dient der Anbahnung und dem Abschluss von Transaktionen. Insbesondere ist es verboten, solche Informationen für Werbung, unerbetene E-Mails, andere unerwünschte Kontaktaufnahmen oder für andere unzulässige Zwecke zu verwenden.

Verbotene Artikel

▶ Es ist verboten, Artikel anzubieten, deren Angebot, Verkauf oder Erwerb gegen gesetzliche Vorschriften oder gegen die guten Sitten verstößt. Insbesondere dürfen folgende beispielhaft und nicht abschließend genannte Objekte nicht oder nur stark eingeschränkt angeboten oder erworben werden, gleichgültig von welcher Länderplattform aus das Angebot erfolgt.

▶ Artikel, deren Bewerbung, Angebot oder Vertrieb Urheber- und Leistungsschutzrechte, gewerbliche Schutzrechte (z. B. Marken, Patente, Gebrauchs- und Geschmacksmuster) sowie sonstige Rechte (z. B. das Recht am eigenen Bild, Namens- und Persönlichkeitsrechte) verletzen.

▶ Propagandaartikel und Artikel mit Kennzeichen verfassungswidriger Organisationen sowie gewaltverherrlichendes oder rassistisches Material

▶ Pornografie

▶ Lebende Tiere

▶ Alkohol

▶ Kriegswaffen, Waffen, Munition und Teile davon

▶ Gestohlene Güter

- Werbung, auch durch Links

- Arzneimittel, Drogen aller Art

- Sonstige Gegenstände, die weder rechtmäßig angeboten, noch rechtmäßig vertrieben werden dürfen oder deren Anbieten oder Veräußerung Wert- oder Moralvorstellungen oder Rechte anderer Teilnehmer oder Dritter verletzen können

Sofern Produkte über das Amazon-Weltweit-Listing angeboten werden, sind die Teilnehmer verpflichtet, die Liste der unzulässigen Gegenstände der jeweiligen Länderplattform zu beachten.

Die Teilnehmer benutzen die Amazon-Seite auf eigene Gefahr. Amazon übernimmt keine Gewähr dafür, dass die angebotenen Gegenstände rechtmäßig vertrieben werden dürfen und die beschriebenen Eigenschaften besitzen.

Offenlegung von Informationen

Amazon behält sich das Recht vor, bei dem Verdacht einer strafbaren Handlung die Daten des jeweiligen Teilnehmers (z. B. Teilnehmer-Kontaktdaten, IP-Adresse und Surf-Informationen und veröffentlichte Inhalte) an den Vertragspartner, andere Dritte oder an die zuständigen Ermittlungsbehörden zu melden. Die gleichen Rechte hat Amazon bei nicht einwandfreien Angeboten, ungenauen Listungen oder ungenauer Kategorisierung eines Artikels oder Angeboten, die nach dem Community Leitfaden nicht angeboten werden können oder dem sonstigen Verdacht eines Missbrauchs der Amazon Marketplace-, Auktionen- und zShops-Plattform.

Sofortiger Ausschluss von Teilnehmern/Sperren von Inhalten

Bei Verstoß gegen die Teilnahmebedingungen ist Amazon berechtigt, einzelne Inhalte oder Teilnehmer unverzüglich zu sperren oder Inhalte zu verändern oder andere geeignete Gegenmaßnahmen zu ergreifen. Solche Maßnahmen können Warnungen, Unterbrechungen oder Kündigung der Teilnahme an den Diensten, Verweigerung des Zugangs zur Site und/oder die Beseitigung von jeglichem Material auf der Seite sein.

Amazon-Weltweit-Listing

Sofern der Verkäufer sich entschließt, seinen Gegenstand auch international auf den Amazon-Seiten anzubieten (Amazon.com; Amazon.co.jp; Amazon.co.uk; Amazon.fr), gelten jeweils die Regeln der jeweiligen Plattform, die in den entsprechenden Teilnahmebedingungen enthalten sind. Bei Listungen unter Auktionen oder für einen Verkauf auf den internationalen Plattformen, ist der Verkäufer dafür verantwortlich, die jeweils geltenden gesetzlichen Bestimmung, insbesondere zu Import und Export von Waren, dem Verbot des Inverkehrbringens und Verkaufens bestimmter Gegenstände, zu beachten.

Beurteilungssystem

Den Teilnehmern ist bekannt, dass ein wesentliches Merkmal der Amazon Marketplace-, Auktionen- und zShops-Plattform das Beurteilungssystem darstellt. Jeder Teilnehmer willigt darin ein, dass Beurteilungen über ihn und über mit ihm durchgeführte Auktionen oder Festpreisverkäufe von anderen Teilnehmern öffentlich zugänglich gemacht werden. Die Beurteilung dient dazu, Online-Veräußerungen möglichst zuverlässig für Käufer und Verkäufer zu gestalten.

Jeder Teilnehmer ist berechtigt, über jeden anderen Teilnehmer wahrheitsgemäße Aussagen in Bezug auf dessen Verhalten bei Online-Geschäften auf der Amazon Marketplace-, Auktionen- und zShops-Plattform auf der jeweiligen Beurteilungsseite des betroffenen Teilnehmers einzustellen. Käufer und Verkäufer können darüber hinaus Sternchen von 1 bis 5 für die ordnungsgemäße Durchführung des Verkaufes vergeben. Fünf Sternchen sind dabei die Höchstwertung. Amazon macht sich die Bewertungen nicht zu eigen und ist zur Überprüfung der Beurteilungen nicht verpflichtet und für den Inhalt nicht verantwortlich.

Bewertungen werden nicht geprüft

Teilnehmerausschluss

Teilnehmer, die versuchen unwahre, beleidigende, wettbewerbswidrige, strafbare oder sonst rechtswidrige Inhalte über andere einzustellen, können sofort ausgeschlossen werden.

Keine Gewähr

Amazon übernimmt keinerlei Gewähr dafür, dass die Site und die Amazon Marketplace-, Auktionen- und zShops-Plattform ständig zur Verfügung stehen. Amazon übernimmt auch keine Verantwortung für die Richtigkeit der von den Teilnehmern getätigten Angaben zum Kaufgegenstand.

Haftung

Höchstsumme
12 500 Euro Amazon haftet bei der leichtfahrlässigen Verletzung einer Pflicht, deren Einhaltung für die Erreichung des Vertragszwecks von besonderer Bedeutung ist (Kardinalpflicht) nur für vorhersehbare Schäden, mit deren Entstehung typischerweise gerechnet werden musste. Die Haftung ist zudem summenmäßig beschränkt auf die Höhe des Höchstgebotes einer streitgegenständlichen Auktion oder eines Festpreisverkaufs, höchstens jedoch 12 500 Euro. Im Übrigen ist die Haftung für leichte Fahrlässigkeit ausgeschlossen.

Für Vorsatz und grobe Fahrlässigkeit seiner gesetzlichen Vertreter und leitenden Angestellten bei einem Personenschaden, Ansprüchen nach §§ 1, 4 Produkthaftungsgesetz oder Schadensersatzansprüchen wegen Nichterfüllung gem. §§ 434, 440 Nr. 3, 280, 281, 283 BGB haftet Amazon unbeschränkt.

Für den Verlust von Daten und/oder Programmen haftet Amazon nur in Höhe des Aufwandes, der entsteht, wenn der Kunde regelmäßig und anwendungsadäquat Datensicherung durchgeführt und dadurch sichergestellt hat, dass verloren gegangene Daten mit vertretbarem Aufwand wiederhergestellt werden können.

Haftungsfreistellung

Die Teilnehmer verpflichten sich, Amazon von jeglicher Haftung freizustellen, wenn zwischen zwei oder mehr Teilnehmern Unstimmigkeiten in Zusammenhang mit einer getätigten oder geplanten Transaktion entstehen. Die Teilnehmer stellen Amazon von Ansprüchen Dritter aufgrund von Immaterialgüterrechten an Inhalten, welche die Teilnehmer im Rahmen des Online-Angebotes an Amazon übermitteln, frei. Dies gilt insbesondere für alle Texte, Bilder, Bildfolgen, Kennzeichen, welche Verkäufer im Rahmen ihres Angebotes verwenden.

Urheberrecht, Lizenz, Nutzungsrechte

Die Teilnehmer übertragen Amazon ein vergütungsfreies, zeitlich unbefristetes, umfassendes Nutzungsrecht, insbesondere zur Vervielfältigung, Verbreitung, Bearbeitung an allen Werken oder Werkteilen, die Teilnehmer im Rahmen des Online-Angebotes von Amazon an Amazon übermitteln, einschließlich des Rechts, diese Inhalte in Printmedien, online, auf CD-ROM etc. zu publizieren, auch zu Werbezwecken.

Beendigung der Services

Amazon darf nach eigenem Ermessen ohne vorherige Ankündigung und ohne Nennung von Gründen diese Teilnahmebedingungen, den Zugang zur Site oder der Amazon Marketplace-, Auktionen- und zShops-Plattform, einer Auktion oder einem Verkauf zu Festpreisen jederzeit beenden. Insbesondere ist Amazon berechtigt, einzelne Teilnehmer von der Amazon Marketplace-, Auktionen- und zShops-Plattform auszuschließen. Sollte einem Teilnehmer der Zugang zu einer der internationalen Amazon-Seiten gekündigt werden oder die Teilnahmebedingungen einer dieser Seiten beendet werden, so ist auch Amazon berechtigt, diese Teilnahmebedingungen zu kündigen. Ebenso sind die internationalen Amazon-Seiten berechtigt, die eventuell dort bestehenden Teilnahmebedingungen zu beenden, wenn Amazon diese Teilnahmebedingungen beendet.

Beteiligung von Amazon

Sowohl Amazon als auch Amazon-Mitarbeiter als Privatleute dürfen als Teilnehmer auftreten. Für sie gelten die gleichen Regeln wie für alle anderen Teilnehmer auch.

Änderung der Teilnahmebedingungen

Amazon wird auf den Amazon Marketplace-, Auktionen- und zShops-Plattform-Seiten oder per E-Mail Änderungen der Teilnahmebedingungen mitteilen. Widerspricht der Teilnehmer der Änderung nicht innerhalb von zwei Wochen nach Zugang der Mitteilung über die Änderung, so gelten die geänderten Bedingungen. Widerspricht ein Teilnehmer der Änderung der Teilnahmebedingungen ist Amazon berechtigt, dem Teilnehmer zu kündigen.

Schlussvorschriften

Für das Verhältnis zwischen Amazon und Teilnehmern gilt deutsches Recht unter Ausschluss des UN-Kaufrechts. Sofern Teilnehmer Kaufleute sind, wird als Gerichtsstand München vereinbart.

Sollte eine Bestimmung in diesen Teilnahmebedingungen oder eine Bestimmung im Rahmen sonstiger Vereinbarungen unwirksam sein oder werden, so wird hiervon die Wirksamkeit der sonstigen Bestimmungen oder Vereinbarungen nicht berührt.

A.2　Besondere Bedingungen für Verkäufer

Rolle des Verkäufers　Der Verkäufer entscheidet, welche Produkte zu welchen Bedingungen er auf der Amazon Marketplace-, Auktionen- und zShops-Plattform anbieten möchte. Gegenstände, die in Marketplace angeboten werden, müssen zum Zeitpunkt der Listung bereits im Besitz des Verkäufers sein. Es ist unzulässig, die Gegenstände erst dann von einem anderen Verkäufer, sei es ein Marketplace-, Auktionen- oder zShops- Verkäufer oder eine Amazon Gesellschaft, zu erwerben, wenn der Gegenstand verkauft wurde.

Um sich als Verkäufer für die Amazon Marketplace-, Auktionen- und zShops-Plattform registrieren zu können, muss der Teilnehmer

▶ eine natürliche in Deutschland lebende Person oder eine juristische Person mit Sitz in Deutschland sein,

▶ müssen sich die verkauften Gegenstände zum Zeitpunkt des Verkaufs physisch in Deutschland befinden und

▶ der Ort der Erfüllung der angebotenen Waren oder Dienstleistungen muss sich in Deutschland befinden.

Pflichten des Verkäufers　Der Verkäufer ist verpflichtet, den Kaufgegenstand entsprechend den in diesen Teilnahmebedingungen geregelten Vorschriften, insbesondere den Richtlinien zu den Qualitätsstandards so zutreffend und genau wie möglich zu beschreiben und nach Zustandekommen eines Kaufvertrages dem Käufer zu übersenden und zu übereignen. Er hat bei der Angabe des Kaufpreises die Versandkosten so zu berechnen, wie sie von Amazon vorgegeben werden. Dem Verkäufer ist bewusst, dass bei Nichterfüllung dieser Verpflichtung das jeweilige Verhalten zu einer gerichtlichen Verfolgung führen kann. Amazon behält sich das Recht vor, Schadensersatz vom Verkäufer zu verlangen, wenn der jeweilige Käufer des Gegenstandes aufgrund einer ungenügenden Erfüllung des Kaufvertrages nach den Regeln der A bis Z Garantie von Amazon entschädigt wird.

Der Verkäufer ist verpflichtet zu ermitteln, ob bei den von ihm angebotenen Produkten oder Dienstleistungen Steuern, insbesondere Mehrwertsteuer, Abgaben und Zölle, anfallen und diese zu berechnen und ordnungsgemäß abzuführen. Amazon ist hierfür nicht verantwortlich, Amazon hat insoweit auch keine Mitteilungspflicht.

Der Verkäufer sichert zu, dass er berechtigt ist, die angebotenen Objekte zu veräußern, dass keine Rechte Dritter an diesen Objekten bestehen, die die Veräußerung verhindern könnten und dass die Produkte sicher sind und insbesondere allen Sicherheitsanforderungen entsprechen (z. B. CE-Zeichen).

Zustandekommen des Vertrages

Durch Anklicken des Buttons »Kaufen« durch einen Käufer kommt ein Kaufvertrag zwischen dem Käufer und Verkäufer zu Stande.

Im Falle des Zustandekommens eines Vertrages zwischen den Teilnehmern unterrichtet Amazon den Verkäufer über die Adressdaten des Käufers. Der Verkäufer ist verpflichtet, den Gegenstand innerhalb von zwei Werktagen nach Zustandekommen des Kaufvertrages an den Käufer zu schicken. Der Versandort der Ware muss jeweils von einer deutschen Adresse aus erfolgen. Der Käufer zahlt den Kaufpreis über Amazon Payments. Die Bezahlung ist nur durch Kreditkarte oder Bankeinzug möglich. Steht der Payment-Service aufgrund einer Störung nicht zur Verfügung, ist der Käufer berechtigt, sein Angebot zu widerrufen.

Auseinandersetzungen in Zusammenhang mit dem Kauf tragen die Teilnehmer untereinander aus, ohne dass Amazon eingreifen würde. Amazon fordert Käufer und Verkäufer auf, im Falle von Konflikten zu kooperieren und gemeinsam eine Lösung zu finden oder die Amazon A bis Z Garantie in Anspruch zu nehmen. Amazon ist nicht verpflichtet, bei Streitfällen zwischen den Parteien zu vermitteln oder die Erfüllung dieser Vereinbarungen durchzusetzen.

Amazon greift nicht in Transaktionen ein

Amazon Payments

Bestandteil der Amazon Marketplace-, Auktionen- und zShops-Plattform ist auch der Zahlungsservice (Amazon Payments). Dieser ermöglicht es dem Verkäufer, die Kaufpreiszahlung vom Käufer durch Inanspruchnahme von Amazon-Software zu erhalten. Für diesen Service muss sich der Verkäufer vor dem ersten Verkauf registrieren. Durch Amazon Payments wird die Abwicklung des Kaufvertrages für die Teilnehmer vereinfacht. Nach Zustandekommen des Kaufvertrages wird die von dem Käufer angegebene Kreditkarte belastet und der Betrag dem Amazon-Payments-Konto gutgeschrieben. Der Käufer darf die Zahlung mit jeder von Amazon anerkannten Kreditkarte (dies sind derzeit Visa, Visa Electron, MasterCard und American Express) oder durch Erteilung einer Bankeinzugsermächtigung tätigen.

Amazon Payments gilt nur für natürliche vollgeschäftsfähige Personen und solche juristischen Personen, die teilnahmeberechtigt sind und die nicht aus anderen Gründen von der Nutzung ausgeschlossen sind. Voraussetzung ist weiterhin, dass sich der Teilnehmer mit einer deutschen

Teilnahmeberechtigte Personen

Rechnungsadresse anmeldet. Zahlungen können nur auf ein deutsches Bankkonto gutgeschrieben werden.

Das Amazon-Payments-Konto

Der Verkäufer hat die Möglichkeit, alle während der letzten 30 Tage getätigten Umsätze auf der Kontoübersicht einzusehen, nachdem er sich angemeldet hat. Das dort ausgewiesene Guthaben wird das erste Mal 14 Tage nach der Registrierung dem Bankkonto des Verkäufers gutgeschrieben, dann automatisch alle 14 Tage. Darüber hinaus hat der Verkäufer die Möglichkeit, jederzeit die Überweisung auf das Bankkonto durch Klicken auf den »Zahlungsbeträge auf mein Bankkonto überweisen«-Button auszulösen. Bei einer Gutschrift wird jeweils der gesamte Betrag, der von dem Käufer eingezogen wurde und ein eventuelles Guthaben aus einer Rückerstattung abzüglich der für die Transaktion angefallenen Gebühren, zuzüglich des auf den Verkäufer entfallenden Anteils der Versandkosten ausbezahlt. Der Verkäufer hat die Möglichkeit, den Stand seines Guthabens jederzeit über die Kontoübersicht zu überprüfen.

Überweisungen

Überweisungen auf das Konto des Verkäufers werden in der Regel innerhalb von fünf Werktagen ausgeführt und dem Konto gutgeschrieben. Überweisungen an den Verkäufer können nur an Werktagen erfolgen, die keine Feiertage sind. Werktage sind Montag bis Freitag, wobei bundeseinheitliche Feiertage ausgenommen sind. Nach jeder erfolgten Zahlung auf ein Verkäufer-Konto wird der Verkäufer über die Zahlung per E-Mail informiert. Sollte die Bank des Verkäufers keine elektronische Überweisung akzeptieren, wird die Gutschrift durch Übersenden eines Schecks durchgeführt.

Amazon behält sich vor, in Fällen, in denen aus welchen Gründen auch immer, ein zu hoher Betrag auf das Konto des Verkäufers überwiesen wurde, diesen wieder vom Verkäuferkonto einzuziehen. Amazon benachrichtigt den Verkäufer hierüber.

Rückerstattung des Kaufpreises

Sollte ein Käufer in einer Auktion oder einem Verkauf zu Festpreisen einen zu hohen Betrag gezahlt haben oder hat der Käufer den Artikel an den Verkäufer zurückgesandt, ist der Verkäufer verpflichtet, dem Käufer den Kaufpreis rückzuerstatten. Dafür bietet Amazon Payments die Möglichkeit, über den »Betrag erstatten«-Button die Erstattung über Amazon Payments abzuwickeln. Sofern nur ein Teil des Kaufbetrages zurückzuerstatten ist, sind die Teilnehmer gehalten, diese Erstattung untereinander auszumachen. Im Rahmen von Auktionen und zShops hat der Verkäufer die Möglichkeit, eine Nachbelastung des Käufers über Payments auszulösen, wenn dieser einen zu geringen Betrag gezahlt hat. Diese einmalige Nachbelastung ist nicht für Verkäufe über Amazon Marketplace verfügbar.

Sollte ein Gegenstand nach Zustandekommen eines Kaufvertrages nicht verschickt werden können, ist der Verkäufer verpflichtet, unverzüglich eine Erstattung des Kaufpreises an den Käufer vorzunehmen. Der Verkäufer kann dazu entweder Amazon Payments nutzen oder den Betrag direkt an den Käufer auszahlen.

Ausschluss von Teilnehmern; Sicherheitsmaßnahmen

Amazon ist berechtigt, die Möglichkeit von Transaktionen hinsichtlich der Höhe oder Häufigkeit für einzelne oder alle Teilnehmer zu beschränken. Ebenso kann Amazon die Auszahlung des Guthabens verzögern, wenn dies aus Gesichtspunkten der Sicherheit oder wenn der Verdacht besteht, dass Käufer oder Verkäufer die Regeln dieser Teilnahmebedingungen verletzt haben könnten, geboten scheint. Amazon ist dem Verkäufer gegenüber nicht haftbar, wenn eine Transaktion oder Erstattung nicht ausgeführt wird, weil dadurch ein als Sicherheitsmaßnahme festgesetztes Limit überschritten würde oder wenn es einem Käufer erlaubt wird, sein Angebot zum Abschluss eines Kaufvertrages zurückzuziehen, weil der Payment-Service von Beginn der Transaktion an nicht zur Verfügung stand. Ungeachtet anders lautender Regelungen in diesen Bedingungen ist Amazon berechtigt, jegliche Zahlung an den Verkäufer zu verweigern und das vorhandene Guthaben entweder auf ein Treuhandkonto einzuzahlen oder den Betrag dem Käufer zurückzuerstatten, wenn nach billigem Ermessen eine Verletzung dieser Teilnahmebedingung durch den Verkäufer vorliegt. Amazon haftet in diesen Fällen nicht.

Gebühren

Die Höhe der Gebühren richtet sich nach der jeweils aktuellen Gebührenübersicht. Für den jeweiligen Verkauf sind die Gebühren maßgeblich, die an dem Tag des Verkaufs auf der Seite angegeben waren. Sie sollten daher bevor Sie einen Gegenstand listen, den aktuellen Stand der Gebühren überprüfen. Alle anfallenden Gebühren sind sofort fällig und durch Kreditkarte oder Bankeinzug zu zahlen.

Schlägt der Forderungseinzug fehl, hat der Teilnehmer Amazon die deswegen anfallenden Mehrkosten zu ersetzen. Durch das Listen eines Gegenstandes auf die Seite wird Amazon ermächtigt, die angegebene

Einzugsermächtigung für Amazon

Kreditkarte oder das angegebene Bankkonto mit den fälligen Gebühren zu belasten.

Amazon ist berechtigt, Zinsen, die durch die zeitliche Differenz zwischen der Zahlung durch den Käufer und der Belastung des Kontos für die Gutschrift des Guthabens auf das Konto des Verkäufers entstehen, einzubehalten.

Schadensersatzpflicht des Verkäufers

Amazon behält sich das Recht vor, vom Verkäufer eine Erstattung zu verlangen, wenn Amazon nach billigem Ermessen entscheidet, einen Käufer nach den Regeln der A bis Z Garantie zu entschädigen, dem Käufer eine Rückzahlung zu gewähren, wenn der Verkäufer nicht rechtzeitig/unverzüglich den Gegenstand liefert, irrtümliche oder doppelte Transaktionen entdeckt oder eine Abbuchung aus Gründen der Sphäre des Teilnehmers fehlschlägt.

Beendigung der Teilnahme

Der Verkäufer kann seine Teilnahme an Amazon Payments jederzeit durch eine Mitteilung an Amazon beenden. Ebenso ist Amazon zu jeder Zeit berechtigt, die Mitgliedschaft eines Verkäufers durch Benachrichtigung ohne Angabe von Gründen zu beenden. Bei Beendigung der Mitgliedschaft werden alle bisher angefallenen Gebühren sofort fällig. Mit der Beendigung endet auch die Verkäufereigenschaft bei Amazon.

A.3 Besondere Bedingungen für Käufer

Rolle des Käufers   Der Käufer kann jeden von einem Verkäufer angebotenen Gegenstand durch Anklicken des »Vom Verkäufer kaufen«-Button kaufen. Er nimmt damit das Angebot des Verkäufers an. Mit dem Anklicken kommt der Kaufvertrag zu Stande. Der Verkäufer bucht sodann über Amazon Payments den Kaufpreis von der Kreditkarte oder dem Bankkonto ab. Beide Parteien des Kaufvertrages werden dann über das Zustandekommen des Kaufvertrages informiert.

Die Amazon A bis Z Garantie

Amazon stellt als Dienstleister lediglich die Amazon Marketplace-Plattform zur Verfügung und wird daher nicht Vertragspartner der jeweiligen Transaktionen. Für die Durchführung des Angebots ist es jedoch sehr wichtig, dass die Teilnehmer auf die Erfüllung der geschlossenen Kaufverträge vertrauen können. Hier setzt die Amazon A bis Z Garantie an, die Amazon als selbstständige Garantie anbietet.

Amazon verpflichtet sich, jedem Käufer den Preis bis zu einem Maximalbetrag von 2500 Euro zu ersetzen, unter folgenden Voraussetzungen:

Amazon gibt Garantie

▶ Entweder der Verkäufer liefert nicht trotz ordnungsgemäßer Zahlung des vereinbarten Betrages durch den Käufer, oder das erworbene Objekt weicht maßgeblich in einer verkehrswesentlichen Eigenschaft von den vom Verkäufer im Rahmen des Angebotes gegebenen Beschreibungen ab.

▶ Der Käufer hat den Kauf über Amazon Payments getätigt. Wurde die Bezahlung nicht über Amazon Payments abgewickelt (insb. bei Auktionen- oder zShops-Verkäufen) beträgt die Höchstsumme der Garantie 250 Euro, wenn die übrigen Voraussetzungen erfüllt sind.

▶ Der Käufer ist eine natürliche Person mit erstem Wohnsitz in Deutschland, Großbritannien oder USA und hat eine entsprechende Rechnungsanschrift für die Rückzahlung.

▶ Der Verkäufer war im Amazon-Beurteilungssystem zum Zeitpunkt der Gebotsabgabe durch den Käufer mit mindestens drei Sternen bewertet, oder die Bewertung betrug null Sterne, weil der Verkäufer noch nicht beurteilt worden war.

▶ Der Käufer wird Amazon auf Anfrage Belege, Quittungen, Korrespondenz, den Artikel selbst und andere zur Klärung des Vorgangs erforderliche Dokumente zur Verfügung stellen und dem Verkäufer eine weitere Frist mit Ablehnungsandrohung setzen und vom Vertrag zurücktreten oder diesen anfechten, wenn Amazon das verlangt.

▶ Der Käufer hat den Kaufpreis voll bezahlt und keine Rückzahlungsansprüche gegenüber einer die Zahlung vermittelnden Bank geltend gemacht.

▶ Der Käufer übermittelt Amazon frühestens dreißig, spätestens jedoch sechzig Tage nach Ende der Auktion oder des Festpreisverkaufs den vollständig ausgefüllten Garantieantrag. Der Käufer hat Amazon die Auktions- oder Festpreisverkaufnummer mitzuteilen. Außerdem hat der Käufer schriftlich seine Forderungen gegen den Verkäufer wegen des beanstandeten Kaufes an Amazon abzutreten.

▶ Jeder Teilnehmer kann die Garantie insgesamt nur dreimal für die von Amazon Int.'l Marketplace, Inc. angebotenen Plattformen (Amazon.com; Amazon; Amazon.co.uk) in Anspruch nehmen.

Amazon behält sich einen Ausschluss des Käufers bei missbräuchlicher Geltendmachung der A bis Z Garantie vor (z. B. Nichtzahlung ohne rechtlichen Grund, Negativbewertung eines redlichen Verkäufers).

A.4 Besondere Bedingungen für Verkäufe zu Festpreisen und bei Auktionen

Bedingungen für Festpreisverkäufe

Bei Verkäufen zu einem Festpreis ist der Verkäufer verpflichtet, den Gegenstand zu dem angegebenen Preis an den Käufer zu verkaufen, der durch Anklicken des Buttons »Jetzt von Marketplace-Verkäufer kaufen« oder in zShops durch andere Kontaktaufnahme das Angebot des Verkäufers angenommen hat. Der Verkäufer ist an sein Angebot gebunden, solange dieses auf der Amazon Marketplace-, Auktionen- und zShops-Plattform zugänglich ist. Er kann sein Angebot widerrufen, solange noch kein Kaufgebot vorliegt. Der Verkäufer kann weder bestimmte Käufer ablehnen, noch sein Angebot widerrufen, wenn ein Käufer das Angebot angenommen hat, außer in den gesetzlich bestimmten Fällen.

Zustandekommen des Kaufvertrages. Sobald ein Teilnehmer den Button »Kaufen« klickt, nimmt er damit das Angebot des Verkäufers, den Kaufgegenstand zu dem festgelegten Preis und den festgelegten Bedingungen zu kaufen, rechtsverbindlich an. Eine Ausnahme hiervon sind Geschäfte, die Formzwang unterliegen. Bei mehreren Annahmen entscheidet der Zeitpunkt der Computerregistrierung des Gebots bei Amazon.

Sofern der Kaufvertrag einem Formzwang unterliegt und notariell beglaubigt oder anderer Form bedarf (z. B. bei Geschäften mit Immobilien), kommt ein Kaufvertrag jedoch erst zu Stande, wenn die entsprechende Form gewahrt wird (z. B. notarielle Beurkundung).

Sollte der Artikel nach 60 Tagen noch nicht verkauft worden sein, behält sich Amazon die Beendigung der Listung vor. In diesem Fall werden keine Gebühren fällig.

Bedingungen für Auktionen

Auktionen haben grundsätzlich kein Mindestgebot. Möchte der Verkäufer den Gegenstand nicht unter einem bestimmten Preis abgeben, kann er einen Mindestpreis festsetzen.

Der Verkäufer hat die folgenden Möglichkeiten einer Auktion zur Auswahl:

▶ **Standard-Auktion:** Bei der Standardauktion wird ein Objekt zu einem Anfangsgebot bzw. Mindestpreis vom Verkäufer angeboten. Der Kaufvertrag – ggf. unter Berücksichtigung einer bestimmten notariellen Form – kommt mit demjenigen Käufer zu Stande, der am Ende der Auktionszeit das höchste Gebot abgegeben hat.

▶ **Preissturz-Auktion:** Bei der Preissturz-Auktion werden mehrere Exemplare gleichartiger Gegenstände angeboten. Interessenten müssen neben ihrem Preisgebot auch angeben, wie viele Exemplare sie zu diesem Preis abnehmen. Am Ende der Auktionszeit werden die verschiedenen Käufer nach ihrem jeweiligen Höchstgebot gelistet. Den höchsten Rang hat derjenige Käufer, der den höchsten Preis geboten hat. Die Anzahl der angebotenen Exemplare werden nun gemäß der Rangfolge und gemäß der von den jeweiligen Käufern angebotenen Abnahmemengen verteilt. Der Preis bestimmt sich nach dem Gebot des niedrigsten Preisgebotes, welches noch mit mindestens einem Exemplar bedacht wird.

Der Verkäufer kann die Dauer der Auktion zwischen einem Tag und zwei Wochen festsetzen. Eine Auktion endet nach Ablauf der festgelegten Frist erst dann, wenn zehn Minuten vor Auktionsende kein neues Gebot abgegeben wurde. Wenn ein angebotener »Mitnahme-Preis« oder ähnliche die Auktionsdauer abkürzenden Preisgestaltungen vom Käufer angenommen werden, endet die Auktion mit der Annahme.

Beginn und Dauer

Wird eine Auktion durch eine Störung unterbrochen, so wird sie entsprechend der Dauer der Störung verlängert.

Der Verkäufer legt ein Anfangsgebot fest, welches von Bietern nicht unterschritten werden kann. Daneben steht es dem Verkäufer frei, einen Mindestpreis festzulegen. Den Teilnehmern wird mitgeteilt, dass ein Mindestpreis besteht, nicht jedoch die Höhe. Jedoch können die Teilnehmer erkennen, ob der Mindestpreis bereits erreicht ist.

Angebot

Der Verkäufer ist an sein Angebot während der gesamten Auktionsdauer unwiderruflich gebunden. Er kann jedoch sein Angebot widerrufen, solange noch kein Kaufgebot vorliegt oder solange der etwaige Mindestpreis nicht erreicht ist.

Der Verkäufer hat die technische Möglichkeit, eine Auktion abzubrechen. Er trägt hierbei das Risiko der Inanspruchnahme durch potenzielle Käufer. Darüber hinaus werden in diesem Fall alle Auflistungs- und Abschlussgebühren dennoch fällig.

Gebot Jedes Gebot ist verbindlich. Der Teilnehmer, der ein Gebot abgibt, verpflichtet sich, das Auktions-Objekt zum gebotenen Preis in der gebotenen Menge abzunehmen, auch wenn ein höheres Gebot vorliegt, es sei denn, der Bieter hat sein Gebot gelöscht.

Löschung eines abgegebenen Gebots: Ein bereits abgegebenes Gebot kann nur in Ausnahmefällen nachträglich wieder gelöscht werden. Eine Löschung eines bereits abgegebenen Gebotes kommt nur in den gesetzlichen Fällen in Betracht oder wenn die Sternchenbewertung des Anbieters sich seit der letzten Abgabe eines Gebotes durch den Bieter klar verschlechtert hat. Die Löschung des Gebotes ist unverzüglich geltend zu machen und durchzuführen. Nach Löschung des Gebotes darf der Bieter an der jeweiligen Auktion nicht mehr teilnehmen, es sei denn er gibt ein neues höheres Gebot ab. Gelöschte oder unwirksame Gebote gelten als nicht abgegeben.

Vertragsabschluss Der Kaufvertrag kommt zwischen dem Verkäufer und dem Bieter mit dem jeweils höchsten Gebot gemäß den oben genannten Bedingungen der jeweiligen Auktionsart zu Stande. Bei gleichen Geboten entscheidet der Zeitpunkt der Registrierung des Gebotes durch Amazon. Gebote, die als nicht abgegeben gelten, bleiben außer Betracht. Sofern Formzwang besteht, kommt der Kaufvertrag erst mit notarieller Beurkundung oder Registrierung zu Stande.

Grundlagen der Nutzung von Amazon Payments Amazon Payments ermöglicht es Ihnen, Ihr Geld schnell und unkompliziert zu erhalten, Probleme bei der Zahlungsabwicklung werden vermieden und so können Sie Ihre Ware zügiger versenden. Die Käufer werden die bequeme und schnelle Zahlungsabwicklung ebenfalls zu schätzen wissen.

Überweisungen erfolgen automatisch Sobald der Betrag vom Käufer eingeht, wird Ihrem Payments-Konto der volle Zahlungsbetrag gutgeschrieben und die Gebühr für die Zahlungsabwicklung abgezogen. Alle zwei Wochen werden die auf Ihrem Payments-Konto eingegangenen Beträge direkt auf Ihr Bankkonto überwiesen.

Amazon bietet Ihnen die gewohnte Sicherheitsgarantie. Wenn Ihre Bank Sie zur Zahlung eines Eigenanteils verpflichtet, übernimmt Amazon diesen bis zu einer Höhe von 50 Euro.

Nutzungsgebühren von Amazon Payments Für Verkäufe in Amazon Auktionen oder Amazon zShops zahlen Sie 0,20 Euro zuzüglich 3,5 Prozent des Gesamtpreises einschließlich Versandkosten.

Für Verkäufe in Amazon Marketplace sind alle Gebühren bereits in der Verkaufsgebühr von 0,99 Euro zuzüglich 15 Prozent (bei Verkäufen von Artikeln aus der Kategorie Elektronik & Foto 10 Prozent) des Verkaufspreises enthalten. Achtung: Für Power Anbieter entfällt zusätzlich die Abschlussgebühr von 0,99 Euro.

Alle Hilfsmittel zur Verwaltung Ihres Payments-Kontos finden Sie auf der Website von Amazon. Benutzen Sie den Link »Mein Konto« und öffnen Sie dann Ihr Verkäufer-Konto. Es steht Ihnen der Link »Mein Amazon-Payments-Konto verwalten« zur Verfügung. Klicken Sie auf »Zusammenfassung Ihres Amazon-Payments-Kontos« und melden Sie sich an. Sie erhalten eine detaillierte Aufstellung Ihres aktuellen Kontostandes für den laufenden Auszugszeitraum. Außerdem stehen Ihnen folgende weiterführende Links zur Verfügung:

Verwaltungsfunktionen für Ihr Payments-Konto

▶ Verkäufergebühren: Dazu gehören unter anderem die Gebühr für Ihre Registrierung als Power Anbieter, für Sonderplatzierungen sowie die Abschlussgebühren für erfolgreich beendete Auktionen

▶ Verkaufsgebühren: Dazu gehören unter anderem die bei einem Verkauf in Amazon Marketplace anfallenden Abschlussgebühren

▶ Zahlungseingang: Alle erhaltenen Zahlungen aus Verkäufen in Amazon Auktionen, Amazon zShops oder Amazon Marketplace

▶ Rückerstattungen an Käufer: Auflistung aller Rückerstattungen an Käufer für den laufenden Auszugszeitraum

Sie haben weiterhin die Möglichkeit, Tabellen mit Ihren Transaktionsinformationen zu erstellen und diese dann auf Ihrem PC zu speichern. Klicken Sie dazu auf den Link »Transaktionen herunterladen« und speichern Sie die exportierte Datei auf Ihrem PC. Merken Sie sich, wo Sie die Textdatei abgelegt haben, damit Sie sie später in andere Anwendungen importieren können.

Da Kunden per Bankeinzug/Kreditkarte ihre Bezahlung tätigen, hat Amazon einige Begrenzungen für Transaktionen eingeführt, um Missbrauch des Payments-Services zu vermeiden. Verkaufslimits gibt es sowohl für einzelne Payments-Transaktionen als auch für die Gesamtbeträge Ihrer Verkäufe innerhalb eines bestimmten Zeitraums. Für einzelne Transaktionen beträgt das Limit 2500 Euro. Das Limit der Gesamtbeträge Ihrer Verkäufe innerhalb eines bestimmten Zeitraums richtet sich danach, wie Amazon Ihre Anmeldung bewertet. Im Fall, dass Sie Ihr Verkaufslimit erreichen, erhalten Sie von Amazon eine E-Mail mit weiteren Anweisungen.

Transaktionslimits

Datenschutz

Amazon benutzt eine zuverlässige Technologie: Die Sicherheitsserver-Software SSL ist eine der besten in Sachen sicherer Online-Handel. Diese Sicherheitsserver-Software verschlüsselt die gesamten persönlichen Daten wie Kreditkartennummer, Bankleitzahl, Bankkontonummer, Name und Adresse. Diese Informationen können bei der Übertragung im Internet nicht von Unbefugten gelesen werden. Bei der Verschlüsselung werden die eingegebenen Zeichen in einen Code verwandelt, der sicher im Internet übertragen werden kann.

Schutz der Privat-sphäre Amazon verwendet die gesammelten Informationen über Sie, um Bestellungen auszuführen und Ihnen den Einkauf bei allen Amazon-Unternehmen zu ermöglichen.

Amazon übernimmt im Schadensfall einen Eigenanteil von bis zu 50 Euro, falls dies nicht durch Ihre Bank abgedeckt ist.

Welche Informationen werden gesammelt? Wenn Sie bei eine Bestellung aufgeben, muss Amazon nach Ihrem Namen, Ihrer E-Mail-Adresse, Ihrer Versandadresse, Ihrer Bankleitzahl und Ihrer Kontonummer fragen bzw. nach Ihrer Kreditkartennummer und dem Ablaufdatum der Kreditkarte. So kann Amazon Ihren Auftrag bearbeiten und ausführen und Sie über Ihren Bestellstatus auf dem Laufenden halten. Amazon verwendet diese Informationen auch, um die so genannte 1-Click-Bestellung zu aktivieren.

Für die Anmeldung zum E-Mail-Benachrichtigungsdienst (z. B. »Amazon Newsletter«) benötigt Amazon nur Ihre E-Mail-Adresse. Natürlich schickt Amazon Ihnen im Rahmen von »Amazon Newsletter« nur E-Mail-Benachrichtigungen über die Themen, zu denen Sie sich angemeldet haben.

Wenn Sie als Kunde eine Online-Rezension schreiben wollen, dann bittet Amazon Sie aus Sicherheitsgründen um die Angabe Ihrer E-Mail-Adresse. Nur auf Ihren Wunsch hin wird diese jedoch auch mit Ihrer Rezension veröffentlicht. Beteiligen Sie sich an einem Wettbewerb oder einer anderen Sonderaktion, benötigt Amazon Ihren Namen, Ihre Adresse und Ihre E-Mail-Adresse, um Sie gegebenenfalls benachrichtigen zu können.

Die Daten aus Ihrem Einkauf werden weiter verwendet, um ihre persönlichen Empfehlungen zu verfeinern. Um Aussehen und Aufbau des Angebots zu verbessern, analysiert Amazon auch das Verhalten seiner Kunden auf der Website. Die bei Amazon gespeicherten Informationen werden auch verwendet, um Sie über Sonderangebote, Neuerscheinungen und andere Aktionen zu benachrichtigen. Sie können jederzeit entscheiden, diese Informationen nicht weiter zu erhalten, indem Sie das betreffende Kästchen auf der Seite »Mein Konto« deaktivieren.

Sofern die Daten zentral zum Zwecke der Verbesserung des Kundenservices oder aus technischen Gründen innerhalb der Amazon-Unternehmensgruppe (Amazon.com und Tochtergesellschaften) verarbeitet werden, will Amazon durch geeignete Maßnahmen sicherstellen, dass die datenschutzrechtlichen Belange der Kunden berücksichtigt werden.

Bei Zahlung auf Rechnung prüft und bewertet Amazon Ihre Datenangaben. Bei berechtigtem Anlass pflegt Amazon einen Datenaustausch mit anderen Unternehmen innerhalb des Amazon-Konzerns, Wirtschaftsauskunfteien und ggf. mit der Firma Bürgel Wirtschaftsinformationen GmbH & Co. KG, Postfach 50 01 66, 22701 Hamburg. Das Ergebnis dieser Prüfung hat nur Einfluss auf die Zahlungsweise, nicht die Lieferung an sich.

Cookies sind kleine Informationen, die die Benutzung des Online-Angebots von Amazon erleichtern. Sie werden von Ihrem Browser auf der Festplatte Ihres Computers gespeichert. Natürlich können Sie auch ohne diese Cookies bei Amazon einkaufen. Sie ermöglichen es Amazon jedoch, Ihnen Komfortfunktionen wie die 1-Click-Bestellung anzubieten und Artikel in Ihrem Einkaufswagen zwischen Ihren Besuchen aufzubewahren. Die Cookies enthalten keine personenspezifischen Informationen, so dass Ihre Privatsphäre geschützt ist. Die meisten Web-Browser akzeptieren Cookies automatisch. Sie können die Einstellungen Ihres Browsers jedoch ändern, um dies zu vermeiden.

Was sind »Cookies«?

Amazon stellt Ihre persönlichen Daten nicht Dritten außerhalb der Amazon.com-Unternehmensgruppe zur Nutzung zur Verfügung. Amazon schließt allerdings nicht aus, dass die Kundendatenbank von Amazon durch Dritte anonym analysiert und verbessert wird. Dies geschieht jedoch unter Wahrung der Vertraulichkeit Ihrer Daten. Es ist auch möglich, dass Amazon Statistiken über Kunden, Umsatz, Kundenverhalten und darauf bezogene Site-Informationen vertrauenswürdigen Dritten bereitstellen. Diese werden jedoch so weit zusammengefasst sein, dass einzelne Personen nicht mehr identifizierbar sind.

Wenn Amazon sich entscheidet, die Richtlinien über Privatsphäre und Datenschutz zu ändern, veröffentlicht Amazon die Änderungen auf der Website.

Veröffentlichung von Änderungen

B   Literatur

Behm, Holger u.a.: Büchermacher der Zukunft. 2. Auflage, Darmstadt 1999

Bleiber, Reinhard: Crashkurs Controlling. Alle Zahlen fest im Griff. München 2001

Dach, Christian: Internet Shopping versus stationärer Handel. Stuttgart 2002

Dearlove, Des und Coomber, Stephen: Die Gurus des E-Business. 50 Vordenker und Unternehmer, die jeder kennen muss. München 2002

Epstein, Jason: Vom Geschäft mit Büchern. St. Gallen/Zürich 2001

Fantapié Altobelli, Claudia (Hg.): Print contra Online? Verlage im Internetzeitalter. München 2002

Frieling, Wilhelm Ruprecht: Wörterbuch der Verlagssprache. 3. Auflage, Berlin 1997

Heinold, Wolfgang Ehrhardt: Bücher und Büchermacher. 5. Auflage, Heidelberg 2001

Heinold, Wolfgang Ehrhardt: Bücher und Buchhändler. 4. Auflage, Heidelberg 2001

Hinze, Franz: Gründung und Führung einer Buchhandlung. 8. Auflage, Frankfurt a. M. 2001

Kalakota, Ravi und Robinson, Marcia: Praxishandbuch E-Business. Der Fahrplan zum vernetzten Zukunftsunternehmen. München 2001

Kautter, Frank und Kraeft, Jochen: Kleines Verlagslexikon. Itzehoe 1995

Kollmann, Tobias: Virtuelle Marktplätze. Grundlagen, Management, Fallstudie. München 2001

Kussmaul, Heinz: Betriebswirtschaftslehre für Existenzgründer. München/Wien 1998

Möhlenbruch, Dirk und Hartmann, Michaela (Hg.): Der Handel im Informationszeitalter. Konzepte – Instrumente – Umsetzung. Wiesbaden 2002

Müller, Arno und Thienen, Lars von: e-Profit: Controlling-Instrumente für erfolgreiches E-Business. Freiburg i. Br. 2001

Paulerberg, Herbert (Hg.): ABC des Buchhandels. 9. Auflage, Würzburg 1998

Paulerberg, Herbert: Die Kunst, Bücher zu verkaufen. Würzburg 1999

Rumler, Andrea: Marketing für mittelständische Unternehmen. Berlin 2002

Saunders, Rebecca: Business the Amazon.com Way. Secrets of the World's Most Astonishing Web Business. Dover 1999

Smith, Ellen Reid: Der e-loyale Kunde. Beziehungsmarketing im Internet. München 2001

Spector, Robert: Amazon.com. Get big fast. New York 2002

Stojek, Michael und Ulbrich, Thomas: e-loyalty. Kundengewinnung und -bindung im Internet. Landsberg/Lech 2001

Stolpmann, Markus: Kundenbindung im E-Business. Loyale Kunden – nachhaltiger Erfolg. Bonn 2000

Thomsen, Iris: Crash-Kurs Buchführung für Selbständige. München 2001

Vögele, Siegfried: Dialogmethode: Das Verkaufsgespräch per Brief und Antwortkarte. Landsberg/Lech 1998

Weis, Hans Christian: Marketing. 10. Auflage, Ludwigshafen 1997

Windwalker, Stephen: Selling Used Books Online. The Complete Guide to Bookseling At Amazon's Marketplace and other Sites. Belmont 2002

Winkelmann, Peter: Marketing und Vertrieb. Fundamente für die Marktorientierte Unternehmensführung. 3. Auflage, München/Wien 2002

Zimmermann, Gebhardt: Grundzüge der Kostenrechnung. 7. Auflage, München/Wien 2001

C   Linkliste

Buchhandel

Barsortimente (Buchgroßhandlungen):

Koch, Neff & Oettinger & Co. GmbH, Stuttgart: www.buchkatalog.de

Koehler & Volckmar GmbH, Köln: www.buchkatalog.de

Barsortiment Könemann GmbH & Co. KG, Hagen: www.koenemann.de

Georg Lingenbrink GmbH & Co., Hamburg: www.libri.de

G. Umbreit GmbH & Co. KG: Bietigheim-Bissingen: www.umbreit-bs.de

Barsortiment Wehling GmbH & Co. KG, Bielefeld: www.wehlingbuch.de

Großhandlungen mit Spezialgebieten:

Alpina Spezialhaus für Führer- und Kartenwerke Johann Neumann, Aschheim: www.alpina.net-con.net

EDIS GmbH Editionsdistribution, Sauerlach: www.edis-online.de

GeoCenter, Touristik Medienservice GmbH, Stuttgart: www.geocenter.de

Gleumes & Co., Landkartenhaus, Köln: www.landkartenhaus-gleumes.de

Koch Media Deutschland GmbH, Planegg: www.kochmedia.com

Stephanie Naglschmid, Stuttgart: www.naglschmid.de

Schröder & Weise GmbH, Hannover: www.schroederweise.de

Silenzio Media Group GmbH, Music & Multimedia, Forchheim: www.silenzio.de

VandEros books Michael Klencher, Bielefeld: www.vanderos.de

Verlagsauslieferungen:

BDK Bücherdienst GmbH, Köln: www.b-d-k.de

Brockhaus Kommissionsgeschäft GmbH, Kornwestheim: www.bro-com.de

Bugrim Verlagsauslieferung Dr. Laube & Lindemann GbR, Berlin: www.bugrim.de

Cornelsen Verlagskontor GmbH, Bielefeld: www.cvk.de

Herold Verlagsauslieferung GmbH, Oberhaching: www.herold-va.de

Koch, Neff & Oettinger & Co Verlagsauslieferung GmbH, Stuttgart: www.kno-vs.de

Paedexpress Verlagsauslieferungs GmbH & Co. KG, Mülheim/Ruhr: wwwpaedexpress.de

Petersen Logistik GmbH, Hamburg: www.petersen-logistik.com

pnv Vertriebsservice GmbH, Kiel: www.pnv.de

Prolit Verlagsauslieferung GmbH, Fernwald: www.prolit.de

Runge Verlagsauslieferung GmbH, Steinhagen: www.rungeva.de

SFG Servicecenter Fachverlage GmbH, Kusterdingen: www.s-f-g.com

Stuttgarter Verlagskontor GmbH, Stuttgart: www.svk.de

Thomi-Berg, Musikverlag & Verlagsauslieferungen, Planegg: www.thomi-berg.de

G. Umbreit GmbH & Co. KG, Bietigheim-Bissingen: www.umbreit-kg.de

VAH Jager Verlagsauslieferungen GmbH, Berlin: www.vah-jager.de

Vereinigte Verlagsauslieferung VVA, Gütersloh: www.vva-online.net

Verlegerdienst München GmbH & Co. KG, Gilching: www.verleger-dienst.de

VSB Verlagsservice Braunschweih GmbH, Braunschweig: www.vsb-service.de

Wmi verlagsservice GmbH & Co. KG, Landsberg am Lech: www.wmi-verlagsservice.de

Vertretung/Vertrieb:

M8 das medienteam, Handelsvertretungs- und Vertriebs-GmbH, Runkel-Steeden: www.m8team.de

MSM Marketing GmbH, Bietigheim-Bissingen: www.msmmarketing.de

Buchimport- und -exportgroßhandlungen:

BSB Distribution Christiane Bender, Koblenz: www.bsb.de

Bugrim Import GmbH, Berlin: www.bsb.de

CBT China Book Trading GmbH, Rödermark: www.cbt-chinabook.de

Dokumente-Verlag GmbH, Offenburg: www.dokumente-verlag.de

It'Art Bücher aus Italien Giovanni di Fiore, Berlin: www.itart.de

Kubon & Sagner, Buchexport-Import GmbH, München: www.kubon-sag-ner.de

Minerva GmbH Buch- und Zeitschriftenimport, Frankfurt a.M.: www.read-a-book.de

Missing Link Versandbuchhandlung, Bremen: www.missing-link.de

Petersen Buchimport GmbH, Oststeinbeck: www.petersen-buchim-port.com

Vollmer Communications Werbung und Verlag GmbH, Martinsried: www.vollmer-communications.com

VVB Laufersweiler IPS, Wettenberg: www.vvb-ips.de

Großantiquariate:

Abebooks: www.abebooks.de

sk-buecherboerse GmbH, Oldenburg: www.sk-buecherboerse.de

Zanolli Buch- und Medienversand, Köln: www.zanolli.de

Zentrales Verzeichnis Antiquarischer Bücher: www.zvab.com

Pressegrossisten:

Bonner Pressevertrieb Lenze GmbH, Osnabrück: www.bpv-online.com

Presse-Grosso Könemann GmbH & Co. KG, Hagen: www.koenemann.de

Mölk Pressegrosso GmbH & Co. KG, Osnabrück: www.moelk.de

Nordbayerische Presse Vertriebs GmbH & Co. KG, Nürnberg: www.npv.pressegrosso.de

Grossohaus Salzmann KG, Braunschweig: www.salzmann.presse-grosso.de

Presse Schiessl GmbH & Co. KG, Regensburg: www.schiessl.de

Wilhelm Schmitz GmbH & Co. KG, Duisburg: www.schmitz.presse-grosso.de

G. Umbreit GmbH & Co. KG, Bietigheim-Bissingen: www.umbreit.presse-grosso.de

A. Victor Wehling Zeitungs- und Zeitschriften-Großvertrieb, Bielefeld: www.avwehling.de

Vereine und Verbände

Börsenverein des Deutschen Buchhandels e.V.: www.boersenverein.de

Verband Bayerischer Verlage und Buchhandlungen e.V.: www.buchhandel-bayern.de

Bundesverband der Phonographischen Wirtschaft e.V.: www.ifpi.de

Bundesverband Audiovisuelle Medien e.V.: www.bvv-medien.de

Verband der Unterhaltungssoftware Deutschland e.V.: www.vud.de

Gesellschaft für Unterhaltungs- und Kommunikationselektronik: www.gfu.de

Marktforschung

Allensbacher Computer und Telekommunikationsanalyse: www.acta-online.de

Nielsen//NetRatings: www.nielsennetratings.com

Gesellschaft für Konsumforschung: www.gfk.de

Sonstige

PhonoNet GmbH: www.phononet.de

D Glossar

Amazon Payments: System zur Zahlungsabwicklung. Käufer und Verkäufer müssen bei Payments angemeldet sein, um über Amazon Transaktionen abwickeln zu können. Dafür sind Angaben zur Person, Bankverbindung und E-Mail-Account notwendig.

Antiquariat: An- und Verkauf von alten, älteren oder gebrauchten Büchern, die in der Regel nicht (mehr) der Buchpreisbindung unterliegen.

Artikel im Fokus: Auf der Startseite eines jeden zShops wird immer ein ausgewähltes Produktangebot präsentiert. Diese »Artikel im Fokus« wählt entweder Amazon per Zufall aus, oder der Anbieter kennzeichnet sie beim Hochladen für diese Funktion. Werden mehr als fünf Artikel ausgewählt, dann Erscheinen sie im Wechsel. Der Status »Artikel im Fokus« kann jederzeit verändert werden.

A-Z Garantie: Amazon garantiert Käufern den Preis eines Artikels. Erstattet werden bis zu 2500 Euro, wenn der Artikel bereits bezahlt, aber nicht geliefert wurde. Auch wenn der Artikel zwar geliefert wurde, aber in wesentlichen Punkten nicht der Beschreibung des Verkäufers entspricht, gilt die A-Z Garantie.

Backlist: Alle noch lieferbaren älteren Titel eines Verlages, im Gegensatz zu den Neuerscheinungen.

Barsortiment: Zwischenstufe im Buchhandel zwischen den Verlagen und den örtlichen Buchhändlern. Der Barsortimenter bezieht auf eigene Rechnung größere Mengen Bücher von den Verlagen und verkauft sie dem Buchhändler weiter.

Benutzer-Konto: Jeder Nutzer, der über Amazon kaufen oder verkaufen möchte, muss ein Benutzer-Konto einrichten. Dafür sind Angaben zur Person, Bankverbindung und E-Mail-Adresse notwendig.

binding (Format): Formattyp (gebunden, Taschenbuch etc.). Pflichteingabefeld für noch erhältliche, Wahleingabefeld für vergriffene Bücher. Für die ISBN-Zuweisung und für das Anbieten in zShops jedoch empfohlen. Hinweis: Damit Ihre Titel korrekt verarbeitet und dargestellt werden, geben Sie bitte nur die von Amazon vorgeschriebenen Einbandarten und entsprechende Abkürzungen an.

Boldface (Fettdruck): Optionales Datenfeld des Amazon-Assistenten für Angebote in zShops und Auktionen. Tragen Sie ein »y« ein, wenn die Produktbezeichnung in Fettbuchstaben erscheinen soll.

Book on Demand (BoD): Günstiges Herstellungsverfahren, um auch Kleinstauflagen von Büchern wirtschaftlich produzieren zu können. Das Exemplar wird erst dann gedruckt, wenn eine Bestellung vorliegt.

B2B (Business-to-Business): Der Geschäftsverkehr, Wareneinkauf und Ähnliches zwischen Unternehmen auf elektronischem Wege.

B2C (Business-to-Consumer): Geschäftsbeziehungen zwischen Unternehmen und Endverbrauchern.

Buch-Assistent: Um Buchhändlern, die bei Amazon.de ihre Bücher anbieten, das Hochladen ihrer Angebote zu erleichtern, wurde der Buch-Assistent entwickelt. Über den Assistenten wird den Angeboten automatisch die richtige ISBN-Nummer aufgrund von bibliographischen Angaben zugewiesen. Bücher können nur über die ISBN in Amazon.de Marketplace gelistet werden.

Buchhändler-Abrechnungs-Gesellschaft (BAG): Zentrale Abrechnungsstelle der Buchhandelsbranche mit Sitz in Frankfurt am Main. Jedes Mitglied bekommt eine BAG-Nummer, unter der Forderungen und Gutschriften von Barsortimentern und Verlagen verbucht werden. Viele Einzelrechnungen werden so gebündelt und müssen monatlich nur einmal ausgeglichen werden.

Buchpreisbindung: Durch Gesetz geregelte Festlegung des Endverkaufspreises durch die Verlage. Alle Buchhändler dürfen neue Bücher nur zu diesem Preis verkaufen. Eine Buchpreisbindung existiert nur im deutschen Sprachraum (Deutschland, Österreich und Schweiz).

Category1 (Kennziffer der Kategorie): Datenfeld des Amazon-Assistenten. Zahlencode der Kategorie, in der der Artikel angeboten werden soll. Für jeden Artikel muss ein eigener Code angegeben werden.

comments (Kommentare): Allgemeine Beschreibung des Buches und Kommentare. Wahleingabefeld des Buchassistenten.

condition (Zustand): Zustand des Buches (gut, sehr gut, wie neu etc.). Wahleingabefeld des Buchassistenten.

edition (Ausgabe): Angaben zur Ausgabe. Wahleingabefeld des Buchassistenten.

Erstbieterrabatt: Der Verkäufer räumt dem ersten Bieter einer Auktion einen Rabatt von zehn Prozent ein, wenn dieser auch noch am Schluss der Höchstbietende ist. Amazon will so die Schwelle des ersten Gebotes senken. Der Erstbieterrabatt wird auf der Auktionsseite von Amazon mit dem Symbol »10 %« gekennzeichnet. Der Erstbieterrabatt kann nicht mit dem »Mitnahmepreis« kombiniert werden. Mit dem Erstbieterrabatt passt Amazon auch automatisch seine Gebühren an.

European Article Number (EAN): Eine Erkennungsnummer, die jeweils einem bestimmten Artikel eindeutig zugeordnet ist. Die Nummer findet sich meist auf der Verpackung oder der Rückseite des Artikels.

Feature-in-category (Sonderplatzierung in Kategorie): Optionales Datenfeld des Amazon-Assistenten für Angebote in zShops und Auktionen. Wird wieder ein »y« eingetragen, erscheint die Auktion in der Sonderplatzierung auf der Kategorieseite.

Fehlerprotokolldatei: Die Fehlerprotokolldatei ist eine Aufstellung, die Informationen über eventuelle Fehler oder Warnungen im aufgespielten Datensatz enthält. Sie liefert Anbietern, die gleichzeitig sehr viele Produkte mit Hilfe des Assistenten hochgeladen haben, wertvolle Informationen. Sie kann mit einem Texteditor wie Windows Notepad oder mit Excel geöffnet werden. Das Fehlerprotokoll enthält die Zeilennummer jedes erkannten Fehlers oder einer Warnung, die SKU und die Artikelbezeichnung. Es enthält weiter den Nachrichtentyp (Statusnachricht, Datenfehler, Tabellenfehler etc.) und die Nachricht selbst. So lassen sich die Fehler ausbessern, und die Daten können neu aufgespielt werden.

First-bidder-discount (Erstbieterrabatt): Optionales Datenfeld des Amazon-Assistenten für Angebote in Auktionen. Wenn der Bieter, der das erste Gebot abgegeben hat, die Auktion gewinnt, erhält er auf das Höchstgebot einen Rabatt von zehn Prozent. Wird diese Option gewünscht, ist in der Spalte ein »y« einzutragen.

illustrator (Illustrator): Buchillustrator (falls zutreffend). Wahleingabefeld für den Buchassistenten.

Image-url (Bild-URL): Datenfeld des Amazon-Assistenten. Vollständige URL der Bilddatei, die den Auktionsgegenstand zeigt. Beispiel: http://www.meineseite.de/bild.gif.

International Standard Book Number (ISBN): Eine Erkennungsnummer, die jeweils einem bestimmten Buch eindeutig zugeordnet ist. Die Nummer findet sich bei Taschenbüchern meist auf der Buchrückseite oder im

Buchinnern. Die ISBN ist in vier Teile gegliedert: Die erste Zahl nennt die Sprache (Deutsch = 3), dann folgt die zwei- bis sechsstellige Kennnummer des Verlages, dann die Titelnummer und zuletzt eine Prüfziffer (oder manchmal nur ein X).

Item-description (Produktbeschreibung): Datenfeld des Amazon-Assistenten. Beschreibung des Artikels.

Item-name (Produktname): Datenfeld des Amazon-Assistenten. Bezeichnung des Artikels, maximal 80 Zeichen lang. HTML-Code ist nicht zugelassen.

Kundenspezifische Linkbox: Für jeden zShop kann eine kundenspezifische Linkbox eingerichtet werden, um auf Sonderangebote und Besonderheiten des Shops zu verweisen. Über diese Linkbox kann das eigene Angebot individuell verschlagwortet werden.

Logoleiste: Die Logoleiste rahmt den zShop des Partners ein und soll den Kunden Orientierung geben, in welchem zShop sie sich gerade befinden. Der zShop-Händler kann diesen Platz nutzen, etwa um dort sein eigenes Firmenlogo zu platzieren. Die Farbe der Leiste kann individuell angepasst werden.

Makulatur: Bücher und Zeitschriften mit Produktionsfehlern oder -mängeln, die aussortiert werden und im normalen Sortiment nicht verkauft werden können.

Marketplace: Der Amazon Marketplace fungiert als große Einkaufsmeile, auf der – zusammen mit der entsprechenden Amazon-Neuware – die gleichen Produkte von Privatpersonen oder Händlern auch gebraucht zu einem festgesetzten Preis angeboten werden.

Min-bid (Anfangsgebot): Datenfeld des Amazon-Auktions-Assistenten. Anfangsgebot in Euro.

Mindestpreis: Amazon lässt bei Auktionen einen Mindestpreis zu, der über dem Preis für das erste Gebot liegen darf. Erreicht das Höchstgebot bei Auktionsende den Mindestpreis nicht, so kommt der Verkauf nicht zustande.

Mitnahmepreis: Zu dieser Summe ist der Anbieter bereit, eine Auktion sofort abzubrechen und den Artikel zum »Mitnahmepreis« zu verkaufen.

Modernes Antiquariat: An- und Verkauf von Büchern zweiter Wahl oder Titeln, bei denen die Preisbindung aufgehoben wurde.

Partie: Besondere Bezugsform des Buchhandels. Bei Abnahme einer bestimmten Menge eines Titels erhält er kostenlos ein oder mehrere Exemplare dazu.

Power-Anbieter: Händler, der gewerblich große Stückzahlen verschiedener Artikel via Internet verkauft.

Preissturzauktion: Auktionsform bei größerer Stückzahl des Artikels. Dabei bestimmt das niedrigste erfolgreiche Gebot den Stückpreis, aber die Zuteilung erfolgt nach dem Höchstgebot. Beispiel: Es werden 30 Lampen versteigert. Susi bietet je 65 Euro für zehn Stück, Stefan will alle für je 20 Euro und Max will eine für 15 Euro. Susi bekommt ihre zehn Lampen, Stefan nur 20, aber beide bezahlen pro Lampe nur 20 Euro. Max geht dabei leer aus.

Print on Demand: Das Buch (der Katalog, die Broschüre usw.) wird erst gedruckt, wenn eine Bestellung vorliegt. Interessant nur für Kleinauflagen. Siehe auch: Book on Demand (BoD)

pub-date (Erscheinungsdatum): Erscheinungsdatum der Ausgabe. Geben Sie bitte das vollständige Jahr an (z. B. 1991). Pflichteingabefeld für noch erhältliche, Wahleingabefeld für vergriffene Bücher. Für ISBN-Zuweisung und für das Anbieten in zShops jedoch empfohlen. Eingabefeld für den Buchassistenten.

publisher (Verlag): Buchverlag. Pflichteingabefeld für noch erhältliche, Wahleingabefeld für vergriffene Bücher. Für die ISBN-Zuweisung und für das Anbieten in zShops jedoch empfohlen. Eingabefeld für den Buchassistenten.

Quantity (Menge): Optionales Datenfeld des Amazon-Assistenten für Angebote in zShops und Auktionen. Die Voreinstellung für diese Spalte beträgt 1. Hier kann die Menge auf bis zu 1000 erhöht werden. Auktionen, bei denen eine höhere Stückzahl als 1 gelistet wird, werden automatisch zu Preissturzauktionen.

Quick-fix-Datei: Die Quick-fix-Datei liefert Anbietern, die gleichzeitig sehr viele Produkte mit Hilfe des Assistenten hochgeladen haben, eine durch Tabs getrennte Aufstellung über gescheiterte Listings. Sie enthält nur die Zeilen, die Fehler enthalten und aufgrund fehlender oder unangemessener Informationen nicht auf die Seite aufgespielt werden konnten. Von hier aus können die erkannten Fehler berichtigt und die Datei kann aufgespielt werden. Angebote, die erfolgreich von der Quick-fix-Datei aufgespielt werden konnten, erscheinen dann in einem neuen Datensatz.

Remission: Rückgabe nicht verkaufter Bücher gegen Gutschrift des Einkaufspreises.

Remittenden: Nicht verkaufte Bücher, die zur Gutschrift an das Barsortiment oder die Verlagsauslieferung zurückgegeben werden können.

Reserve-price (Mindestpreis): Optionales Datenfeld des Amazon-Assistenten für Angebote in Auktionen. Mindestpreis in Euro. Bei einer Preissturzauktion kann kein Mindestpreis eingetragen werden.

Shipping-fee (Versandkosten): Optionales Datenfeld des Amazon-Assistenten für Angebote in zShops und Auktionen. Produktspezifische Kosten für den Versand innerhalb Deutschlands in Euro.

Sortimentsbuchhandlung: Klassische Buchhandlung mit Büchern aus den verschiedensten Bereichen. Alle nicht vorrätigen Bücher können kurzfristig bestellt werden. Auch »Verbreitender Buchhandel« genannt.

Stock Keeping Unit (SKU – Lagerhaltungsnummer): Eigene Artikel- oder Lagerhaltungsnummer, die für jeden Artikel eindeutig sein muss. Hilfreich, um bei vielen angebotenen Waren den Überblick nicht zu verlieren.

Stöberbox: Auf der linken Seiten eines jeden zShops befindet sich die Stöberbox, von Amazon manchmal auch »Stöbernbox« genannt. Eine einfache Navigation für den zShop, um die Kunden leichter zu einzelnen Artikelgruppen und Sonderangeboten zu lotsen. Jeder zShop-Besitzer kann seine Stöberbox selbst einrichten und verändern.

Suchbox: Suchtool in jedem zShop, womit Waren im aktuellen und in allen anderen zShops gesucht und gefunden werden können.

Take-il-price (Mitnahmepreis): Mitnahmepreis für den Sofort-Kauf.

titel (Titel): Buchtitel. Pflichteingabefeld für ISBN-Zuweisung und für das Anbieten in zShops.

Universal Product Code (UPC): Eine Erkennungsnummer, die jeweils einem bestimmten Produkt eindeutig zugeordnet ist. Die Nummer steht meistens auf der Verpackung oder auf dem Produkt selbst.

UIEE-Dateien (Universal Information Exchange Environment): Internationales Standard-Katalogdatenformat für den Buchhandel. Das UIEE-Format unterscheidet sich durch die Tabulatorentrennung von einer Textdatei. Im UIEE-Format wird jedes Feld durch zwei Buchstaben und eine

»pipe« (| – das lange vertikale Symbol auf der Tastatur) gekennzeichnet. AA| Autor erscheint dann zum Beispiel als AA| J.K. Rowling.

Verkehrsnummer: Die Buchhändler-Vereinigung des Börsenvereins des deutschen Buchhandels vergibt an die Mitgliedsunternehmen fünfstellige Verkehrsnummern, um Bestellungen und Abrechnungen zwischen Verlagsauslieferern und Barsortimentern mit den Buchhändlern vor Ort zu vereinfachen.

Verlagsauslieferer: Dienstleister, der für einen oder mehrere Verlage die Lagerung, Auslieferung, Fakturierung und Remissionsbearbeitung übernimmt.

Verramschen: Verkauf von Büchern weit unter Ladenpreis durch den Verlag. Dafür muss die Preisbindung vom Verlag aufgehoben werden.

Verzeichnis lieferbarer Bücher (VLB): Aufstellung aller in Deutschland lieferbaren Bücher, wird von der Buchhändler-Vereinigung aufgestellt.

zShops: Bei Amazon.de können Händler einen eigenen Shop einrichten, den zShop. Der Käufer sieht auf einen Blick alle Angebote eines Händlers sowie dessen bisherige Bewertungen. Der eigene zShop ist unter www.amazon.de/[benutzername]/zShop erreichbar.

Zwischenbuchhandel: Handelsstufe zwischen Verlag und dem Verbreitenden Buchhandel, zum Beispiel Barsortimenter.

E   Die Autoren

Marcus Simon liebt die Grenzregionen: Geboren 1969 im Saarland, aufgewachsen im Oberallgäu zog es ihn zum Abitur und zum Studium wieder in die saarländische Heimat. Während des Studiums schrieb er für das Feuilleton der Saarbrücker Zeitung. Anschließend lockte ihn ein Volontariat zu einem Hochschulmagazin nach Konstanz an die Schweizer Grenze. Nach Abschluss der Lehrjahre siedelte er nach München, um als Redakteur bei <e>MARKET, einem Fachmagazin für Online-Marketing und E-Commerce, einzusteigen. Dort half er mit, den Online-Auftritt und den Newsletter erfolgreich einzuführen. Seit Sommer 2002 ist er als freier Journalist tätig und schreibt für verschieden Magazine und Unternehmen. Seine Spezialgebiete sind Feuilleton, Informations- und Telekommunikationstechnologie, Internet, E-Commerce, Online-Marketing und Hochschulpolitik. Des Abends schreibt er an seiner literaturwissenschaftlichen Dissertation zu Arno Schmidt.

Kontakt: ms@simontext.de

Bernd Wetzenbacher (Jahrgang 1967) verkauft nicht nur Bücher bei Amazon Marketplace. Der Journalist arbeitete nach seinem Volontariat bei der Augsburger Allgemeinen mehrere Jahre in verschiedenen Lokalredaktionen der großen Regionalzeitung, zuletzt war er der erste Online-Journalist des Blattes. Ab Mai 2000 baute er als Chef vom Dienst <e>MARKET mit auf. Dort war er u.a. für den Internet-Auftritt und die Newsletter verantwortlich. Seine Themenschwerpunkte sind E-Mail-Marketing und One-to-one-Marketing im Internet. Heute ist er im Europa Fachpresse Verlag Leiter der Poolredaktion Online. Daneben berät er Selbständige und kleine Unternehmen bei der Planung und Umsetzung ihrer E-Commerce-Strategie.

Kontakt: wetzenbacher@selbstverstaendlich.de

Index

A

Abebooks 95, 147
Abmeldung als Power-Anbieter 87
Abschlussgebühr
  zShops 104
Adobe 13
Aldi 22
Alters- und Rentenvorsorgeversicherung 156
Amazon A-Z-Garantie 199
  bei zShops 103
Amazon Payments 68, 80, 181, 199, 200, 201, 202, 203, 204, 205
  bei zShops 103
Amazon-Weltweit-Listing 176
American Express 104
Anbietername 160
Angebot 159
Anlieferung 165
Antiquariat 199
Antiquarische Artikel 63
Auktionen 113
  Assistent 119
  Dauer 115
  Erstbieterrabatt 116
  Gebote 115
  Kategorien 119
  Listing-Gebühr 113
  Mindestpreis 117
  Mitnahmepreis 117
  Preissturzauktion 118
Ausschluss von Teilnehmern 176, 183
Axel Springer Verlag 18, 20

B

B2B 200
B2C 200
BAG -> s. Buchhändler-Abrechnungs-Gesellschaft
Bankverbindung 69
Barnes & Noble 13
Bericht 89
Bertelsmann 20

Berufs- und Betriebshaftpflichtversicherung 157
Berufsunfallversicherung 157
Beurteilungssystem 177
Bewertungssystem 81, 166
Bezos, Jeff 13, 14, 16, 17, 37
Bezos, Mackenzie 14
Bild hinzufügen 98
binding 199
BoD -> s. Book on Demand
Bohlen, Dieter 20
BOL.de 19
Boldface 200
Book on Demand (BoD) 200
book-butler.com 59
Booxtra 18, 19, 20
Börsenverein des Deutschen Buchhandels 22
Buch.de 19
Buch-Assistent 95
Buch-Format 97
Buchhändler-Abrechnungs-Gesellschaft (BAG) 200
Buchpreisbindung 59
Buchprodukion 21
Bundesverband Phono 23, 152
Büro Direkt 75
Businessplan 140

C

Category1 200
Collaborative Filtering 14
comments 200
Community-Regeln 46
Computer- und Konsolen-Markt 27
condition 200
Consumer Electronic-Markt 29
Cookies 191
Cross-Selling 103

D

Darlehen 150
Datenschutz 72, 175, 190
Deckungsbeitrag 140

Detailsuche 49
Deutsche Post 75, 76, 164
Deutsche Telekom 23
Deutscher Paket Dienst (DPD) 77
Distribution 163
DPD -> s. Deutscher Paket Dienst
DtA-Startgeld 151
Dussmann 21
DVD/VHS-Markt 25
   Internet-Vertrieb 26
   Umsatz 25

E
EAN -> s. European Article Number
Ebay 9, 16, 59, 75, 85, 93, 113, 114, 163,
   167
edition 200
Einkommenssteuer 156
Einzugsermächtigung für Amazon 183
ERP-Existenzgründungsprogramm 150
European Article Number (EAN) 49,
   201
Existenzgründung 148

F
Feature-in-category 201
FedEx 77
Fehler 123
Fehlerprotokolldatei 122
First-bidder-discount 201
Fördermittel 148
Frantzen, Jonathan 18
Fulfillment 73, 164

G
Gebühren 64, 183
   zShops 104
German Parcel 77
Gewerbeschein 85
Gewerbesteuer 153
Grundeinstellungen 91
Gutschrift 79

H
Haftung 178
   Freistellung 178

Holtzbrinck Verlag 18, 20
Hugendubel 21

I
IFPI -> s. International Federation of
   the Phonographic Industry
illustrator 201
Image-url 201
Inkasso 16, 73
International Federation of the Phono-
   graphic Industry (IFPI) 24, 152
International Standard Book Number
   (ISBN) 49, 201
ISBN -> s. International Standard Book
   Number
Item-description 202
Item-name 202

K
Karstadt 27
Kiepert 21
Kleber, Ralf 15, 19, 33, 78
Kommentare zu Bewertungen 81
Kommunikation 166
Konkurrenzanalyse 161
Konto einrichten 69
Konto verwalten 70
Krankenversicherung 156

L
Lowballing 162

M
Makulatur 202
Marketing 159
MasterCard 104
Mediantis 20
MeineAngebote 64
Microsoft 13
Middelhoff, Thomas 20
Min-bid 202
Modernes Antiquariat 202
musicnet 23

N
Napster 23
Nintendo 13, 29

O

officio 75
Online-Buchmarkt 19

P

Packsets 75
Packzettel 67, 73
Paketdienste 164
Paketnummer 74
Passwort 174
Payments -> s. Amazon Payments
Payments-Konto 91
PhonoNet 152
Power-Anbieter 85
Preis 160
Preisbindungsgesetz 59
Preisfindung 59
preistester.de 59
Preistipps 61
Preisvergleichtools 59
pressplay 23
Print on Demand 203
pub-date 203
publisher 203

Q

Quantity 203
Quick-fix-Datei 123, 203

R

Real Networks 13
Rechtsform 149
Reserve-price 204
Rücksendung 79

S

Schadensersatz 184
Schormann, Dieter 22
Schwarzes Brett 92
Schwellenpreise 63, 161
Secure Sockets Layer (SSL) 70
SellerEngine 93
Shipping-fee 204
Sicherheitsserver 72
SKU -> s. Stock Keeping Unit
Sony 28
Sortimentsbuchhandlung 204

SSL -> s. Secure Sockets Layer
Stöber-Pfad 98
Stock Keeping Unit (SKU) 98, 204
Suchbox 204

T

Tabellenfelder 97
Take-it-price 204
Teilnahmebedingungen 173
Teilnahmeberechtigte Personen 181
titel 204
T-Online 20
Tonträger
    Internet-Absatz 23
Tonträgermarkt 23
    Gesamtumsatz 23
    Musikangebote im Internet 23
Transaktionslimit 71
Transaktionslimits 189

U

Überbrückungsgeld 150
UIEE -> s. Universal Information
    Exchange Environment
UIEE-Dateien 204
Umsätze anzeigen 71
Umsatzsteuer 155
United Parcel Service (UPS) 77
Universal Information Exchange Envi-
    ronment (UIEE) 96
Universal Information Exchange Envi-
    ronment -> s. UIEE-Dateien
Universal Product Code (UPC) 49, 204
UPC -> s. Universal Product Code
UPS -> s. United Parcel Service
Up-Selling 103
Urheberrecht 178
Urlaubseinstellung 91
Urlaubseinstellungen 67

V

Verbotene Artikel 175
verbotene Artikel 44
Verkäufer-Konto 64, 80
Verkaufslimit -> s. Transaktionslimit
Verkaufsmitteilung 67
Verkaufsmodalitäten 91

Verkehrsnummer 205
Verlag 203
Verlagsauslieferer 205
Vermittlung im Streitfall 174
Verpackung 73
Verramschen 205
Versanddauer 79
Versandkartons 75
Versandkosten 74
Versandkostenpauschale 78
Versandkostenzuschuss 74
Versandtaschen 75
Verzeichnis lieferbarer Bücher (VLB) 205
Visa 104
VLB -> s. Verzeichnis lieferbarer Bücher

W
Warnungen 123
Weltbild 18, 20, 27
Windwalker, Stephen 140

Z
Zahlungsabwicklung 68
Zahlungsgarantie 72
zShops 103, 205
   Artikel im Fokus 109
   Einrichtung 105
   Gebühren 104
   kundenspeziische Linkbox 110
   Logo-Leiste 108
   Suchbox 108
Zustandsbeschreibung 49, 160
Zwischenbuchhandel 205

Bücher
der Wirtschaft

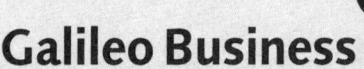